JN062167

〈第3版〉

Social Security

社会保障

生活を支えるしくみ

田 畑 洋 一
岩 崎 房 子
大 山 朝 子
山 下 利恵子

編著

学 文 社

執　筆　者（所属，執筆箇所　＊は編者）

＊田畑　洋一（鹿児島国際大学大学院客員教授，第1章A，第5章B）

＊大山　朝子（鹿児島国際大学福祉社会学部教授，第1章B，D　第3章D）

＊山下利恵子（鹿児島国際大学福祉社会学部准教授，第1章C　第3章B）

　川﨑　竜太（広島国際大学健康科学部講師，第2章A）

　田畑　寿史（麻生医療福祉専門学校専任講師，第2章B）

　笠野　恵子（第一保育短期大学教授，第2章C）

　大野さおり（東海学園大学総合福祉学部講師，第2章D）

＊岩崎　房子（鹿児島国際大学福祉社会学部教授，第3章A，第4章C）

　新田　博之（鹿児島国際大学大学院博士後期課程，第3章C）

　中村　秀一（九州大谷短期大学教授，第4章A）

　園田　和江（久留米信愛短期大学講師，第4章B）

　石踊紳一郎（鹿児島国際大学福祉社会学部非常勤講師，第5章A，C，）

　谷村　紀彰（山陽学園短期大学准教授，第5章D，E）

は し が き

　わが国の社会保障制度は，戦後の国民経済の混乱と復興への息吹のなかで，生存権保障の理念の下で相次いで創設された。以後，その時々の社会保障ニーズに対応して各種の施策が整備され，わが国の社会保障はいちじるしい発展を遂げた。だが，近年の少子高齢化の急速な進行や経済の低迷など社会保障をめぐる環境が大きく変化し，社会保障の構造改革が必要になった。とくに21世紀型社会保障を実現するためには，多様なライフコースに合致した社会保障制度を構築することが重要になるが，その際は経済効率のみではなく，公平性の確保や制度・施策の総合化の視点を重視し，国民・利用者の立場から見直しを推進することが必要である。

　こうした観点から，本書は社会福祉養成カリキュラムを踏まえ，既刊の拙編著『新社会福祉・社会保障』を全面的に加筆・修正したものである。本書も既刊書同様，テキストとして執筆するという制約から，社会保障改革等との問題について深く言及することはできなかったが，社会保障の全体像を学んだ上で，各法制度をわかりやすく解説し，実務にも有用で使いやすいように編纂した。たとえば，データや資料などはできるだけ最新のものを用い，とくに新しくなった法制度の内容を的確に述べることとした。また，社会保障がその役割をより効果的に発揮するためには，関連する各施策間の連携を保ってこそ可能となるため，本書では，各制度間の有機的関連を学ぶことにも力点をおいている。

　社会保障を学ぶには，断片的・一面的ではなく，全体として捉えることが必要だが，そうした点を考慮し，本書は従来のテキストの範囲を超え，社会福祉制度，社会福祉の担い手や実践方法ならび協働・共生を目指す地域包括ケア，そして各国の社会保障について詳述している。これもまた本書の特徴である。そして，本書は単なるテキストとしてではなく，社会福祉士国家試験に向けての基本図書ないし参考書としても役立つよう心がけたため，既刊書に比べかなりのページ増になった。巻末には，年表・索引を掲げておいたので，学習を深めるために活用していただきたい。

　以上の特徴と狙いをもつ本書が，多少なりとも学習意欲を増進させ，読者のみなさまのお役にたつことができれば幸いである。執筆にあたっては，研究会を組織し，最終的には全体を調整してきたが，不十分な点が多々あると思う。その点については，読者の助言を仰ぎつつ他日を期したい。

　私たちは，社会保障を学ぶことによって，社会保障を必要とする人びとの生活と叫びに思いを馳せることができる。

　経済発展から取り残されて街角に横たわるホームレスの人たち，人の命を奪うまで人間性を喪失した少年たち，何年もの間薄暗い部屋にこもりきりの不登校や引きこもりの青少年たち，愛を注いでくれるはずだった親に虐待され死んでいく幼い子どもたち，孤立して追い詰められていく母親たち，リストラが原因で自らの命を絶っていく中高年の人たち，わずかな年金でひっそりと暮らす老人たち，世代を超えて広がる生活困難に呻吟するその他の人たち。

社会保障論は，真にこのような大衆の人間的生存の保障と福祉の増進に傾注する学問である。社会保障の権利が人間の尊厳・平等を基盤として成り立っている権利である以上，社会保障を必要とするにもかかわらず，その網から漏れる人があってよいわけではない。私たちは，"誰もが人間として尊厳を持って生き抜くために社会保障はどうあるべきか"を，問い続けていきたいと思う。

　最後になったが，出版状況が困難な折，前書につづき，本書の刊行を快くお引き受けいただいた学文社社長田中千津子さんに深く感謝申し上げたい。

2016年3月

編著者一同

第2版はしがき

　本書（『社会保障—生活を支えるしくみ—』）は，初版を上梓してからわずか1年しか経ておらず，通常であれば，必要最低限度の見直しにとどめるべきであるが，この間に社会情勢の変化や法制度の改廃などがみられたため，初版の執筆方針を堅持しつつ，執筆者の交代も含めて，かなり大幅な加筆・修正を行い，読者のニーズに応えるように配慮した。本書がよりよい生活への一助として寄与できれば幸いである。

2017年2月16日

編著者一同

第3版はしがき

　初版を上梓してから4年が経過した。その間，社会福祉・社会保障を取り巻く環境が大きく変化し，それに伴い法・制度も改められた。そのため，新たに執筆者4名を加え，2017年に刊行した第2版をかなり大幅に修正・加筆を行った。ここに，第3版として改訂・刊行することとした。
　本書が，読者の皆さんのニーズに応え，社会保障のしくみを学ぶのに役立ち，よりよい社会生活をおくる一助になれば幸いである。

2020年2月25日

編著者一同

目　　次

第1章

現代社会と社会保障

A 社会保障とは何か

1. 現代社会の変化と社会保障

1）人口動態の変化

　わが国の人口は明治以降大幅に増加し，明治元年の1868年には3,330万人であったが，その後増加を続け，1967年に初めて1億人の大台を超えた。2008年には1億2,808万人まで増えたが，翌年からそれをピークに減少に転じた[1]。国立社会保障・人口問題研究所の推計によると，わが国の人口は2048年に9,913万人と1億人を割り込み，2060年には8,674万人まで減少すると見込まれている。人口の推移をより長期的に見ると，明治時代後半の1900年頃から100年をかけて増えてきたわが国の人口が，今後100年のうちに再び同じ水準に戻ることが見込まれ，これまでの歴史を振り返っても類を見ない水準の人口減少を経験することになる（図表1-1）。2015年の「国勢調査」によれば，わが国の総人口は1億2,709万人で，2010年の調査結果に比べて，96万人減少している。

　こうした人口減少の主要な要因は，出生率の大幅な低下である。戦後の出生数の推移を見ると，1940年代後半の第1次ベビーブーム，1970年代前半の第2次ベビーブームを経た後，出生数は減少し，特に1970年代から1980年代にかけて大きく減少した。その後も減少は続き，2011年には過去最低の出生数（105万人）となった[2]。総人口が増えも減りもしない均衡状態の合計特殊出生率[3]は2.08といわれているが，わが国では2018年現在1.42で，国際的にも低い水準となっている。2017年

1）1872年以前は，鬼頭宏（2000）『人口から読む日本の歴史』講談社，森田優三（1944）『人口増加の分析』日本評論社）による。1872年から2004年までは総務省統計局「国勢調査」，「10月1日現在推計人口」による。2005年以降は国立社会保障・人口問題研究所「日本の将来推計人口（2002年1月推計）」。

2）主な国の2017年の合計特殊出生率は，フランス1.92，スウェーデン1.85，英国1.79，アメリカ1.77，ドイツ1.57，日本1.43，イタリア1.34である（「グローバルノート―国際統計・国別統計専門サイト」）。

3）当該年次の「15歳から49歳までの女性の年齢別出生率を合計した数値」で，一人の女性が仮にその年次の年齢別出生率で一生の間に生むとしたときの子どもの数に相当する。

図表1−1　わが国人口の長期的な推移

資料：2010年以前は総務省「国勢調査」，同「平成22年国勢調査人口等基本集計」，国土庁「日本列島における人口分布の長期時系列分析」
　　　（1974年），2015年以降は国立社会保障・人口問題研究所「日本の将来推計人口（2012年1月推計）」より国土交通省作成
出所：国土交通省『国土交通白書2015』2015年，p.3を一部改変

　の合計特殊出生率を都道府県別にみると，沖縄県（1.94），宮崎県（1.73），島根県（1.72），長崎県
（1.70），熊本県（1.67）が高く，東京都（1.21），北海道（1.29），京都府（1.31），宮城県（1.31），奈良
県（1.33）が低い（厚生労働省「人口動態統計」）。

　出生数減少や合計特殊出生率の低下の要因には，晩婚・晩産化および未婚率の上昇，出生児数の
減少などがあげられる。その背景には，高学歴化，仕事と育児の両立の負担感増大，育児そのもの
の負担感増大，雇用の不安定さによる経済的な不安などが考えられる。

　厚生労働省の人口動態統計の年間推計によると，出生児数は第2次ベビーブーム期以降減少傾向
が続いており，2018年は92万1千人で前年に比べ2万5千人の減少となった。一方，死亡者は136
万9千人で前年に比べ2万9千人の増加となった。その結果，出生児数が死亡者数を44万8千人下
回り，12年連続の自然減となり，減少幅は拡大してきた。なお，2017年の死亡数は134万4,000人で，
前年の130万7,748人より3万2,649人増加し，死亡率（人口千対）は10.8で前年の10.5より上昇した。
死因別にみると，悪性新生物〈腫瘍〉の死亡数は37万3,334人（死亡総数に占める割合は27.9％），死
亡率（人口10万対）は299.5であり，前年に続き死因順位の第1位となった。なお，第2位は心疾患，
第3位は脳血管疾患となっている。

　ところで，1960年代の前半までは，わが国では肺炎や腸の感染症で亡くなる赤ちゃんが多く，諸
外国と比べて乳児死亡率が高かったが，半世紀を経た今，新生児死亡率，乳児死亡率とも世界最低
水準となっている。人口動態統計調査（厚生労働省）によると，2017年に生後1年未満に死亡した
乳児死亡数は1,761人だった。乳児死亡率（出生1,000対比）は1.9となり，2015年と並び過去最低と
なっている。生後4週までの新生児死亡率（出生1,000対比）は0.9で，乳児死亡率，新生児死亡率とも
に，世界的に見てわが国は有数の低率国といってよい。

　総人口を年齢3区分別人口で見ると，2018の年少人口（0〜14歳）は1,542万人，生産年齢人口
（15〜64歳）は7,546万人，老年人口（65歳以上）は3,558万人であり，総人口に占める割合は，年少人
口12.2％，生産年齢人口59.7％，老年人口28.1％となっている。75歳以上人口も上昇を続け，2018

年には14.2％で過去最高となった。年少人口の割合を都道府県でみると，沖縄県が18.4％ともっとも多く，滋賀県15.3％，佐賀県14.9％，愛知県14.8％，福井県14.6％と続いている。一方，東京都が11.6％と最も低く，次いで秋田県が12.1％，北海道が12.6％，高知県が12.7％，徳島県が12.9％などとなっている。

　人口高齢化は，以上のように，主として高齢者人口が増加して出生率が低下したことによる。高齢者人口の増加は，死亡率が低下し，平均寿命が伸びていることが要因になっている。厚生労働省の簡易生命表の概況によると，2018年の日本人の平均寿命は女性が87.32歳，男性が81.25歳で，ともに過去最高を更新した。前年に比べて女性は0.05歳，男性は0.16歳延びた。過去最高の更新は女性が6年連続，男性は7年連続である。長寿社会の深まりにより，社会保障など幅広い分野の改革が求められている。

2）世帯構成の変化

　人口減少・少子高齢化の進行は，世帯構成にも反映される。かつて一般世帯総数の40％超を占めた夫婦と子の世帯は，1985年の1,519万世帯をピークに既に減少傾向に入っているが，今後それが加速し，2010年の1,447万世帯（27.9％）から2035年の1,153万世帯（23.3％）にまで減少すると見込まれている[4]。1世帯当たりの平均人数は，1970年の平均が3.41人だったものが2017年時点では2.47人と，既に3人を大きく割り込んでいる。高齢化の進行とともに，65歳以上の高齢者のいる世帯は次第に増加してきており，2017年で，約2,379万世帯（全世帯数の47.2％）を占めている。

　世帯数の増大の内訳としては，単独世帯，夫婦のみの世帯，ひとり親と子の世帯の増加が大きい。単独世帯は1960年の358万世帯（16.2）から一貫して増加していたが，高齢者の単独世帯の増加や未婚化・晩婚化の進展による未婚単身者の増加等を受け，1990年代以降，特に増加が進んだ。国立社会保障・人口問題研究所「日本の世帯数の将来推計　2018年推計」により，2015年と2040年を比較してみると，2015年に34.5％だった単独世帯の割合は，2040年には39.3％まで上昇し，10軒に4軒が単独世帯になる。

　周知のように，単独世帯は同居家族がいないので，友人や地域の人との付き合いがなければ孤立しやすい。また，高齢夫婦世帯は，夫婦がそろって健康でいる間はよいが，どちらかが亡くなったあと，子どもと同居しなければ単独世帯となる可能性が高い。65歳以上の高齢者のいる世帯の世帯構成をみると，三世代世帯が減少し，単独世帯・夫婦のみ世帯が増えており，世帯構成の観点からみた社会的孤立のリスクは高まる。高齢者のみの世帯が増えることによって，高齢者が高齢者を介護する「老老介護」も増えている。

4）国勢調査によると，「一般世帯」とは住居と生計を共にしている人の集まりで持ち家や借家等の住宅に住む世帯，下宿や会社の独身寮に住む単身者や住宅以外に住む世帯を意味する。これに対して寮や寄宿舎に住む学生と生徒，病院や療養所の入院者，老人ホームや児童保護施設，自衛隊営舎の居住者，そのほか定まった住居を持たない世帯等を「施設等の世帯」としている。

3）労働・雇用情勢の変化

　1990年代後半以降，グローバル資本主義の展開と，それにともなう法規制の変化によって，雇用状況は大きく変化してきた。1990年代に入ってから労働者派遣法が数次にわたって改正されるなど，非正規雇用を巡る規制緩和が進んだことがその背景にある。そのようななかでも1998年までは正規雇用と非正規雇用はともに増加していたが，その後不況の中で正規雇用は減少し，一方，非正規雇用だけは増加した。総務省の「労働力調査」によると，結果，全労働者に占める非正規雇用労働者[5]の割合は，2018年平均で36.7％となっている。

　非正規雇用とは，雇用期間の限定のない労働契約による雇用を正規とみなし，その枠組みから外れる労働契約による雇用を指す。正規雇用は一般に，長期雇用，常用雇用，フルタイム，社会保険の適用といった特徴を有し，非正規雇用はこれらを有さない。また，雇用関係にはない請負やインディペンデント・コントラクターも実質的に雇用関係に類する働き方をしている場合，非正規（雇用）問題の範疇で議論されることが多い。もちろん個人的な理由から非正規に就くことを選択する者もある。だが，非正規雇用という働き方が増えたのは本人の責任ではない。それは国際的な経済状況，国家の労働政策，人口構造などに起因する。非正規雇用の増加は，生活困窮の拡大の直接的要因ではなく，問題は非正規雇用という働き方が生活困窮につながりやすい社会的な仕組みにある。非正規雇用であっても，適切な生活保障のもとで生活を立て直すような制度があれば，非正規雇用が生活困窮につながるリスクは低減される。失業した人がなかなか職に就けなかったり，経済的に困窮したり，生きる意欲を失ったりするのは，支援制度そのものが十分でなかったり，仮に制度があっても，それが必要な人々に届きにくかったりするからである。

　こうした非正規雇用という就業形態は，それまでの終身雇用・年功序列賃金などで特徴づけられていた日本的雇用を大きく変化させることになった。かつて，夫や父親が生計主体者として正規雇用で働き，主婦や若者がパートやアルバイトといった非正規雇用で働いていた時代には，非正規雇用労働者の増加は問題とは認識されていなかった。しかし，現在は非正規雇用労働者でありながら，主たる稼ぎ手であるケースが多い。彼らの経済力は脆弱で，「ワーキングプア」と呼ばれ，社会問題になっている。これを解決するためには年金，医療，雇用などに関する社会保障の仕組みや生活保護のような社会保障制度について，非正規雇用の存在に配慮しながら制度全体の整合性がとれるような新たな枠組みを再設計する必要がある。ただ，非正規雇用が増える傾向は日本だけではなく，世界的な傾向でもあり，EU主要15カ国でも1990年代にパートタイム労働者や有期契約労働者が増加している[6]。

　労働時間でみれば，非正規雇用労働者が増えたことにより，短時間労働者が増加したが，他方，

5）非正規雇用労働者には，勤め先での呼称が「パート」「アルバイト」「労働者派遣事業所の派遣社員」「契約社員」「嘱託」「その他」である者。割合は，正規雇用労働者と非正規雇用労働者の合計に占める割合。
6）パートタイム労働者が全就労者に占める割合はEU主要15カ国平均で1992年の13.5％から2007年には18.2％に，有期雇用契約労働者が占める割合も，1992年の10.8％から，2007年の14.8％へと増加している（OECD統計）。

正規雇用労働者は長時間労働が問題となっている。わが国ではフルタイムで働く30代，40代男性のうちの2割弱が1週間に60時間以上働いているという報告もあり，こうした長時間労働によりワーク・ライフ・バランス[7]を保てない状態がみられる。そのため2007年に「ワーク・ライフ・バランス憲章」を策定し，これを促進する試みが取られている。

　総務省の「労働力調査」によると，女性の労働力人口は，2017年で2,937万人となっており，これは15歳以上の女性人口の51.1％となっている。このことは，結婚，出産後も働き続ける女性が増加していることを示している。こうした状況を背景に，2015年には「女性活躍推進法」（女性の職業生活における活躍の推進に関する法律）が成立し，数値目標を盛り込んだ行動計画の策定や公表を企業に義務付ける施策が講じられるようになった（2016年4月完全実施）。

2．ライフサイクルと社会保障

　人が生まれてから亡くなるまでの過程において，安心して生活できるようにするために，さまざまな場面で社会福祉・社会保障制度が整備されている[8]。図表1−2は，個人のライフサイクルからみたわが国の社会保障制度を表したものである。

　保健・医療保障分野では，出生前には母子保健制度による母子健康手帳の交付，妊産婦健診があり，出生後は乳幼児健診や各種予防接種，学校健診がある。企業に就職すると事業主が実施する健康診断がある。医療費の保障としては，医療保険制度により，医療費は3割（小学校就学前は2割）の一部負担金がある他は保険給付で対応される。70歳以上になると一部負担が2割に軽減される（現役並み所得の者は原則3割負担）。

　社会福祉分野では，児童福祉として，共働き世帯等の保育に欠ける子どもが利用できる保育所，社会的に支援が必要な児童を入所させる児童養護施設や母子家庭に対応する母子自立支援施設等の施設がある。小学校就学後には，放課後児童クラブや児童館等の健全育成事業がある。経済的支援としては，0歳から中学校修了までの児童を養育する家庭に支給される児童手当制度やひとり親世帯等に対する児童扶養手当制度がある。障害者福祉としては，障害者自立支援制度において介護給付や訓練等給付，自立支援医療，地域生活支援事業のサービスがある他，特別障害者手当等の給付がある。高齢者福祉としては，2000年4月から介護保険制度が施行されており，介護が必要な高齢者が居宅介護や施設介護サービスを利用している。また，円滑に社会生活を営むことができるように在宅や施設において各種福祉サービスが提供されている。

　所得保障として，老後においては公的年金制度の役割が年々大きくなっている。高齢者世帯の収

7）ワーク・ライフ・バランス（work-life barance）とは，仕事と生活の調和と訳され，「国民一人ひとりがやりがいや充実感を持ちながら働き，仕事上の責任を果たすとともに，家庭や地域生活などにおいても，子育て期，中高年期といった人生の各段階に応じて多様な生き方が選択・実現できる」ことを指す。仕事と生活の調和（ワーク・ライフ・バランス）推進のための国民運動―「カエル！ジャパン」キャンペーンがある。

8）かつては「ゆりかごから墓場まで」といわれたが，今は「お母さんのおなかの中（母子保健）から介護・葬儀まで」なのである（川池 2012：31）。

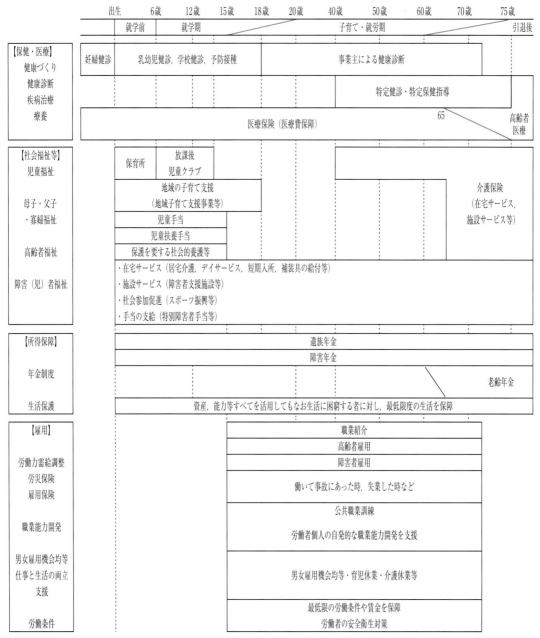

図表1-2　ライフサイクルと社会保障・社会福祉

出所：社会保障入門編集委員会編『社会保障入門2019』中央法規，2019年，p.4を一部修正

入の約7割は公的年金となっており，高齢者の生活を支えている。老齢年金以外に，遺族年金は被保険者死亡後の配偶者や家族の生活保障機能を，また，障害年金は障害者の所得保障の役割を果たしている。このほか，失業，病気，障害，高齢などさまざまな理由から生計を維持することが困難な場合は，生活保護制度が最後のよりどころとして生活を支える役割を果たしている。

　労働者である現役世代においては，失業時の雇用保険制度，業務上の災害や通勤時の事故に対する労働者災害補償保険が生活安定機能を果たしている。

公衆衛生や環境衛生には，安全で良質な水の確保，食品や医薬品の安全性の確保，廃棄物の適正な処理などがあり，生涯にわたって安心で快適な生活を送るうえで欠かすことができないものである。

3．社会保障の理念

社会福祉・社会保障の理念とは，社会福祉・社会保障に内在する基本的な考え方ないし姿勢をいう。近年では，生存権保障を前提にしつつ，ナショナル・ミニマム，人権の尊重，ノーマライゼーション，ソーシャルインクルージョンなどが，その理念として強調されている。

1）ナショナル・ミニマム

国家が国民に最低限度の生活を保障すべきという考えである。わが国では，この理念が日本国憲法第25条に生存権として定められ，生活保護法などの法制や社会保障制度の基礎となっている。

この理念を最初に提唱したのはウェッブ夫妻[9]である。イギリスでは，産業革命以降，多数の賃金労働者が過酷な搾取と劣悪な労働環境の下におかれるようになり，19世紀後半にはその矛盾が先鋭化していた。こうしたなかで，斬新的な社会改革を目指すフェビアン協会が創立された。ナショナル・ミニマムの概念はこうした取り組みの理論的指導者であったウェッブ夫妻の『産業民主制論』のなかで提唱されたものである。ナショナル・ミニマムの論旨は，労働者の労働条件や生活条件が資本家の思うままに放置されれば，国民経済の発展にとって好ましくない結果を招き，これを国家が規制すべきであるというもので，その具体的な内容として，最低賃金制度，労働時間，労働安全などの基準の設定，人権上の社会権，殊に生存権を巡る国家による法制度的な権利の保障等である。わが国では，社会福祉・社会保障の生活全般にわたる公共施策により，国がすべての国民に対して保障すべき最低生活水準のこととしてとらえられている。このナショナル・ミニマムの考えは，1942年の「ベヴァリッジ報告」では具体的な政策目標として示された[10]。

2）人権の尊重

第二次世界大戦は，国際社会の平和を維持するためには，各国において人権が尊重されることが不可欠であることを痛感させた。そこで，国連は人権の尊重をその目的の一つとして掲げ，「人権」の具体的な内容を明らかにするため，国際人権章典の制定に取り組み，すべての国民および国家が

9）ウェッブ夫妻（Webb Sidney（1859-1947），Webb Beatrice（1858-1943））は，イギリスの研究者で，社会運動家である。夫妻は多数の共著を著し，『産業民主制論』（1897）でナショナル・ミニマムの概念を提唱した。夫人のベアトリスは救貧法に関する王立委員会のメンバーでもあり，「少数派報告」（1909）では救貧法の改革を訴えた。また，フェビアン協会の中心メンバーであり，イギリス労働党の創設に関わるなど，社会面や政治面など幅広い分野で活躍した。

10）ナショナル・ミニマム（national minimum）に対して，地方自治体が市民のために備えるべき社会保障，社会資本（教育・医療・住宅等）の基準を明確にし，市民生活基準の策定に市民参加が重視されるような考え方をシビル・ミニマム（civil minimum）という。

守るべき基準として，1948年12月10日の第3回国連総会において採択したのが「世界人権宣言」である。

「世界人権宣言」は前文と30条からなり，「すべての人は生まれながらにして自由であり，かつ尊厳と権利とについて平等である」（第1条），「すべての人はあらゆる種類の差別待遇—例えば人種，皮膚の色，性，言語，宗教，政治上その他の思想，国家的または社会的出生，財産，家柄その他の身分による差別待遇—を受けることなく，本宣言にかかげる権利と自由とを享有する権利がある」（第2条），「すべての人は法の前に於いて平等である」（第7条），「何人も働く権利，職業の自由選択権，失業に対して保護される権利をもつ」（第23条），「何人も，自己および家族の健康と福祉に十分な生活水準を保持し，失業，病気，老齢の場合に於ける保障を受ける権利をもつ」（第25条），その他多くの理想的な規定を掲げている。

これは法的拘束力をもつものではないが，世界のすべての国の国民および国家が達成すべき共通の基準となる人権の具体的な内容を示している。このような人権思想は，アメリカの独立宣言やフランスの人権宣言において確立されたが，二度の世界大戦を体験した20世紀に，人類社会の基底をなす共通理念として承認されたのである。1950年の第5回国連総会では，この宣言の採択の日である12月10日を「人権の日」として定め，人権思想の普及・啓発のための行事などを実施するよう呼びかけた。

わが国においては，1946年に制定された「日本国憲法」において基本的人権の享有（第11条），幸福追求権（第13条），国民の平等性（第14条）などが国民の権利として規定されている。第25条には，国民の生存権を保障する国家責任が明記されている。この生存権保障は，社会福祉・社会保障の憲法上の根拠として，それらの制度を規定するだけでなく，労働法・環境法という多くの社会立法を生み出している。

3）ノーマライゼーション

ノーマライゼーションとは，誰もが同じ平等な一人の人間として，共に生きることのできる社会，すなわち障害のある人も，また障害のない人も，同じステージで大切な自分の一生を満足に暮らせるように，社会生活の場の物的環境条件を整備したり，障害のある人々への支援システムを構築したり，また誰もが，あたりまえの一人の自立した人間として，自らの意思で生活を切り開き，人生を全うできる社会を創りあげていこうとする考え方である。

この考え方は，1952年からデンマークの知的障害児の親の会が，施設における劣悪な処遇の改善を求めることに端を発している。ノーマライゼーションの父といわれるバンク＝ミケルセン（Bank-Mikelsen, N. E.）は，この考えを具体化し，他の人々と同じように社会のなかで日常生活を送ることが当然という概念の普及に尽力した。わが国では，1981年の「国際障害者年」を皮切りに，ノーマライゼーションが展開されている。

ノーマライゼーションは，今日では障害者福祉の分野にとどまらず，社会的に不利を負わされているすべての人に対する権利擁護の理念へと発展しており，その実現は21世紀に持ち越された人類

社会全体の課題である。今後のノーマライゼーションにとっては，市民みんなが担う運動という担い手の広がりも必要である。社会で起きている権利侵害に注意を向け，その是正のために活動することは，権利を侵害されている人だけではなく，権利擁護を進める担い手にとっても意味のあることであり，さらに両者が所属している社会全体の利益となっていくのである。なお，ノーマライゼーションを具体化する方法として，バリアフリーやユニバーサルデザイン[11] などの思想があり，わが国ではいわゆるバリアフリー新法（高齢者，障害者等の移動等の円滑化の促進に関する法律）等で取り入れられている。

4）ソーシャルインクルージョン

　生存権保障やノーマライゼーションの理念と関連して，新しい社会福祉・社会保障の理念として「ソーシャルインクルージョン」がある。ソーシャルインクルージョンのインクルージョンとは，「社会的包含」の訳で，今まで排除してきた人々を仲間として受け入れることであって，しかもそれは脱落していくことや脱落する人に問題の原因を求めるのではなく，脱落させてしまっている既存の社会や制度に問題があると考える。したがって，ソーシャルインクルージョンとは既存の制度や法律，障害や福祉に対する固定観念，偏見や差別，無関心や無理解などに対応する概念である。たとえば，障害や社会的不利益を抱えている人を，他人事として見ず，他人を受け入れるのである。相手を中心に考え，相手の世界に入ることでもある。そのことによって，社会の不公正や問題が理解でき，また相手にとっても社会での存在を認められ，社会参加への意欲も生まれるのである。ソーシャルインクルージョンは，その人だけに特別な支援や援助を付与して，こちら側に入ってもらう意味ではなく，対象者に変化を求めることでもない。その人の特異な面を障害としてではなく，個性としてとらえることで，すべての人の社会参加が可能になると考えるのである。

4．社会保障の概念

　社会保障は生存権に基づいて国民生活を保障することを目的とする政策・制度を示す概念である。換言すれば，社会保障は貧困に陥った人びとの救済にとどまらず，広く，疾病，障害，死亡，加齢などの生活を脅かす危機から国民の生活を守り，その安定を図る体系である。その意味で，現代の社会保障制度はすべての国民の生活に不可欠なものとして構造的に組み込まれ，その仕組みはいわば「生活の前提」となっている。

1）社会保障の登場

　社会保障の概念やそれを構成する諸制度が構想され実施されるようになったのは，世界的にも比較的最近のことである。事実，社会保障という用語が法制度上の名称として正式に使用されたのは，1935年アメリカ社会保障法（Social Security Act）を嚆矢とする。同法は，ルーズベルト大統領のい

11）ユニバーサルデザインとは，障害の有無，年齢，性別等を問わず，すべての人が利用しやすいように製品，建築物等を設計することであり，ロナルド＝メイス（Ronald L. Mace）によって提唱された。

わゆるニュー・ディール（New Deal）[12] の一環として制定されたもので，社会保険，公的扶助および社会福祉事業の三部門から構成されていた。社会保険には老齢年金と失業保険が含まれ，公的扶助には①老齢扶助，②盲人扶助，③被扶養児童扶助の３つを，また社会福祉事業としては，①母子保健サービス，②児童福祉サービス，③肢体不自由児サービスの３つを認めていた。このうち連邦政府が直接管理運営するのは老齢年金のみであって，他はいずれも連邦が州の実施する諸制度に補助金を支給するというものであった。

　同法の老齢年金は低賃金者のみを対象としていたので，適用範囲が狭く，給付に要する費用は労使折半の保険料で賄い，国庫負担はなかった。また失業保険の給付内容は各州で自由に定め，給付に要する費用は事業主が納付する保険料で賄われ，労働者負担や国庫負担はなかった。

　こうした生活保障システムの創設は画期的なことであったが，同法では医療保険や労災保険を欠いていたばかりでなく，公的扶助の対象から一般生活困窮者が除外されていたため，包括的な社会保障制度という意味での「社会保障」の法制度としては不十分なものであった。

　包括性・統一性の点で注目すべきは，むしろ1938年にニュージーランドで成立した社会保障法である。同法はニュージーランドの全国民に対し，老齢，廃疾，疾病，失業その他の事故につき所定の給付を行うことにより，国民の基本的な生活水準の確保を企図したものである。これが世界で最初の完備した統一的な社会保障制度であった。

２）社会保障の概念規定に関する諸見解

⑴　ベヴァリッジの社会保障計画

　イギリスでは，第二次世界大戦中に戦争終了後の国民生活の安定をはかるための具体策を立案すべく，ベヴァリッジ[13] を委員長とする社会保険および関連サービスに関する関係各省委員会が設置された。「社会保険および関連サービス（ベヴァリッジ報告）」（Beveridge Report-Social Insurance and Allied Services, 1942年）とは，同委員会が作成した社会保障に関する報告書である。それは，過去の社会保険および関連諸制度の抜本的改革により，国が国民生活の最低水準（national minimum）を統一的・包括的に保障することを提唱し，のちのイギリス福祉国家の基礎を形づくったばかりでなく，各国の社会保障制度に対しても重要な影響を与えたのである。

　この報告書「社会保険および関連サービス」では，社会の発展を阻む「五つの巨人」（窮乏，疾病，無知，不潔，失業）への広範な社会政策の必要性を強調し，これら社会悪のうちの窮乏に対する攻撃の手段が社会保障であるとした。そして社会保障実現のための中核に社会保険を位置づけ，それを公的扶助と任意保険で補完する体系を構想し，社会保障を次のように定義した。

12）ニュー・ディール（New Deal）とは，ルーズベルト（F. D. Roosevelt）による1933年に導入された救済・復興・革新を遂行するための一連の経済政策のこと。政府の主導によって需要を喚起し，雇用を創出しようとするものである。

13）ベヴァリッジ（1879-1963）は，ロンドン・スクール・オブ・エコノミクスの学部長を務め，イギリスの政府委員会に多数参画し，社会保障の拡充に貢献した。後に国会議員となり社会改革の実施を主張した。

「『社会保障』とは，失業，疾病もしくは災害によって収入が中断された場合にこれに代わるための，また老齢による退職や本人以外の者の死亡による扶養の喪失に備えるための，さらにまた，出生，死亡および結婚などに関連する特別の支出をまかなうための，所得の保障を意味する」（山田雄三監訳『ベヴァリッジ報告　社会保険および関連サービス』至誠堂，1969年，p.185）

　この定義からうかがわれるように，ベヴァリッジは社会保障を基本的に所得保障として理解していた。そして社会保障の中核に位置づける社会保険の原則として，対象者には均一拠出・均一給付を適用する均一主義，ナショナル・ミニマムの保障および全国民を対象にする包括性を挙げた。このこともあって，ベヴァリッジは社会保障の不可欠の前提としては，①児童手当の支給，②包括的な保健・医療サービスの確立，③完全雇用の達成，が必要であるとした。このようなベヴァリッジの提案を基礎にして，イギリスでは，第二次世界大戦後，相次いで一連の立法が制定された。すなわち，1945年には家族手当法（Family Allowance Act）が，そして1946年には国民保険法（National Insurance Act）国民保健サービス法（National Health Service Act）が制定され，さらに1948年には，国民扶助法（Natiomal Assistance Act），児童法（Children Act）が制定された。

　これらの立法による諸制度がイギリス社会保障とその関連制度を構成しているのであるが，とくに注目されるのは，社会保険によらない国営の医療給付制度（国民保健サービス法）がつくられた点である。これにより国民は無料で医療をうけることができるようになったが，それは医療そのものよりも，疾病に対する予防措置を重視するところから設けられたものであった。しかし，その後，予測された以上の医療費の膨張にともない受診者本人から若干の自己負担が徴収されるようになった。

　ベヴァリッジ報告およびそれにもとづくイギリス社会保障制度のもっとも大きな特色の一つは，フラット制であろう。それは，国民の従前所得や労働経験に関係をもたせることなく，各人の最低生活水準のみを社会保障によって保障しようとするものであり，それ以上の生活水準の確保は，私保険等の活用により個別的に行われるべきであるとするものである。この方式の意義は，いうまでもなく，何人に対しても生活の最低水準の確保を可能にすることである。しかし，事故発生前の生活水準と社会保障給付による生活水準との間にあまりに大きな格差が生じることは，それ自体受給者に転落感を与えるのみならず，インフレが所得保障の内容を空洞化し，経済成長による国民の生活水準の上昇が，最低生活水準を時代おくれのものとする。そのため，報酬比例制の併用によるフラット制の修正が行われざるをえなかった。1961年の報酬比例年金法によるフラット制の修正は，このようなフラット制の欠点を是正するための一つの試みであった。

(2)　ラロック・プラン
　フランスにおいても第二次世界大戦直後，新しい社会保障制度の基礎がつくられた。これには，当時労働省の社会保障総務長官であったラロック[14]の社会保障についての考え方が強く影響して

いるといわれている。

　ベヴァリッジ報告に基づくイギリスの社会保障計画が，国家による社会保障制度の構築をめざしたものであるとするならば，1945年にラロックの作成したフランスの社会保障計画は，国家とは一線を画す自律的な社会保障制度の構築を基本理念とするものであった。

　ラロックによると，戦後フランスの社会保障は「一般化」「統一化」「民主化」の三原則を基礎に樹立すべきであるとする。このうち，一般化原則とは，たとえば制度の枠外にあった失業などを包摂し，また加入に際しての所得制限を撤廃し，全被用者，ひいては全国民を対象に包含するということを意味する。また，統一化原則とは単一金庫の原則とも呼ばれ，乱立している社会保障金庫を単一の金庫に統一し，それをもって統一的な社会保障組織にしようとするものである。そして最後の民主化原則とは，社会保障金庫および関係機関が労働者を中心とする当事者代表によって自主的に管理されることを要請するもので，当事者自治による自律性原則とも呼ばれる。

　しかし，フランス社会保障制度は，必ずしもラロックの策定した三原則の枠組みにしたがって展開されてきたわけではない。まず一般化原則は，将来達成されるべき目標とされるにとどまった。また統一化原則は，商工業の被用者を対象とする一般制度の成立に導いたものの，各職業集団の個別利害のため，職域別の多様な制度を残す結果となった。他方，当事者自治というラロックの「民主化」構想は，十分に生かされたとみることができる。たとえば，一般制度では，初級金庫，地方金庫，全国金庫のそれぞれの階級の管理運営に労働者＝被保険者が参加することとされており，しかも労使代表の比率は3対1で労働者代表が高いのである。ここには，共済組合，相互扶助組合の自治的管理の伝統が生きており，財源も可能な限り当事者の拠出で賄うものであるという当事者拠出の原則が生まれる。労働者の強い発言力を保障する制度的枠組みと当事者拠出の原則とが合流したところから，先進国の中で使用者拠出割合が高いという特徴を示している。

　1956年，社会保障法典が編成されたが，それによれば，フランスの社会保障は，社会保険部門（疾病，出産，障害，老齢，遺族，死亡），労働災害・職業病（労災補償）部門，家族手当部門の3部門から構成されているということができる。家族手当が社会保障のなかで重要な位置を占めているのは，フランスの特色の一つである。しかし，社会保険には失業保険が含まれず，また社会福祉・公的扶助および公衆衛生部門は社会保障一般制度から除外され，それらが補足的制度として位置づけられている。

(3)　ILO の社会保障構想

　1919年に創設された ILO（国際労働機関）は，1942年に『社会保障への道』と題した研究報告を発表し，「社会保障」という概念を定義するに至った。すなわち，「社会保障とは，社会が適切な組織を通じてその構成員がさらされている一定の危険に対して与える保障である」とし，「したがって，

---

14) ラロック（Pierre Laroque）はフランスを代表する社会保障専門家。フランス社会保障計画（1945）の策定を主導したことで有名である。イギリスのベヴァリッジ報告（1942）との対比でみたラロック・プランの顕著な特色は，社会保障の自主管理や給付の個別性を重視した点である。

国家がその市民一般の福祉のために存在する市民の結合体である以上，社会保障の促進はその国家の本来的な活動作用である」と定義した。

この ILO の構想は，1944年に発表された「フィラデルフィア宣言」において具体化され，これを受けて採択された「所得保障に関する勧告」（67号勧告），「医療保障に関する勧告」（69号勧告），「雇用サービスに関する勧告」（72号勧告）は，社会保障概念の明確化と普及に貢献した。そして1952年には「社会保障の最低基準に関する条約」（102号条約）が採択され，そこでは①「医療」，②「傷病給付」，③「失業給付」，④「老齢給付」，⑤「業務災害給付」，⑥「家族給付」，⑦「母性給付」，⑧「障害給付」，⑨「遺族給付」の９部門に分け，各部門ともほぼ統一的に給付事由，給付対象者の範囲，給付の形態と内容，資格取得の期間または要件，および給付期間の順で国際的な最低基準を規定し，この国際的基準が社会保障の世界的発展に果たした役割は極めて大きい。

(4) 社会保障制度審議会勧告
◇50年勧告

1949年には総理大臣の諮問機関として「社会保障制度審議会」が設置され，翌年10月には同審議会による「社会保障制度に関する勧告」が出された。この勧告は，社会保障を憲法第25条に示されている理念を具現化するものとして，次のように規定した。

> 「社会保障とは，疾病，負傷，分娩，廃疾，死亡，老齢，失業，多子，その他困窮の原因に対し，保険的方法または直接公の負担において経済保障の途を講じ，生活困窮に陥った者に対しては，国家扶助によって最低限度の生活を保障するとともに，公衆衛生および社会福祉の向上を図り，以てすべての国民が文化的社会の成員たるに値する生活を営むことができるようにすることをいう」

この勧告は，生活保障の責任主体が国家にあることを明確に打ち出すとともに，その制度の維持・運用に必要な社会的義務が国民にあることも明記している。その上で，同勧告は「社会保障は，社会保険，国家扶助，公衆衛生・医療および社会福祉の各行政が，相互の関連を保ちつつ一元的に運営されてこそ初めてその究極の目的を達成できるであろう」としている。

この勧告によれば，わが国の社会保障制度は「社会保険」「国家扶助」「公衆衛生・医療」「社会福祉」の４分野から構成され，より広義には，この４分野の他に，「戦争犠牲者援護」と「恩給」が加えられ，さらに社会保障関連制度として「住宅対策（公営住宅等）」および「雇用対策（職業紹介・職業訓練等）」が含まれることになる。

わが国の社会保障制度の整備は，基本的には，この勧告の方向で行われてきた。しかし，1950年勧告が描いた構想は，その後のわが国の社会の発展・変化を完全に見通していたわけではなかった。

◇62年勧告

　1962年，同審議会は「社会保障制度の総合調整の方策に関する答申と社会保障制度の推進に関する勧告」を出し，社会保障制度を構成する社会保険・公的扶助・公衆衛生および医療等の各制度間および社会保障制度全般を通じての総合調整を図るとともに，各制度間の不均衡の是正を最重点政策課題とした。一般所得階層には社会保険が，貧困階層には公的扶助が，そして低所得階層には社会福祉をそれぞれ対応させ，なかでも社会福祉の防貧的な役割を強調した。また同勧告は「社会保障は，救貧から防貧への発展といわれている。すなわち救貧に次いで，防貧が社会保障の目標としてあげられるが，防貧のなかでも低所得階層対策と，それを目標とする社会福祉政策が，この際とくに重視されなければならない」と述べ，社会福祉は高齢者・身体障害者・知的障害者・母子・内職者・日雇労働者・失業者のうち，生活保護を受けないまでもそれとあまり変わらないボーダーライン階層や，職業や生活が安定しないためにいつ貧困に陥るかわからない不安定階層（すなわち低所得者階層）に対して支援を行い，貧困階層への転落を未然に防ぐところにその役割があるとしている。

◇95年勧告

　21世紀を間近に控えた1995年，同審議会は，後述するように，「社会保障体制の再構築─安心して暮らせる21世紀の社会保障を目指して─」の勧告を行い，これまでの要保護者（階層）に対する生存権保障は，最低限の措置にとどまってきたことを指摘，措置制度の見直しを提起し，介護保険制度の創設を強く示唆した。同勧告では，社会保障制度の新しい理念を，「広く国民に健やかで安心できる生活を保障すること」と定めたうえで，国民による社会連帯に基づいて制度構築を図る必要があると説いた。また，従来にない新しい提言として，社会福祉サービスの利用者の選択性を重視したサービス供給体制の確立を打ち出した。

5．社会保障の機能

　社会保障が個人の力のみでは対処できない事故が発生した場合の安全網として機能することにより，それは経済・社会の発展に寄与することになる。しかも，それは人々の生活保障を中心としつつ，その他諸々の機能が付着する多機能的性格をもつものである。

1）生活安定機能

　社会保障の生活安定機能は人生のリスクに対応し，国民生活の安定の実現を図る機能である。たとえば，失業というリスクに対しては，雇用保険を通じて失業者に必要な給付を行い，労働者の生活の安定を図る。病気やけがに対しては，医療保険により負担可能な程度の自己負担により医療の給付を受けることができる。高齢期には，老齢年金や介護保険が対応し，老後の所得保障を行うとともに，介護保険による介護の社会化を図っている。業務上の傷病等を負った場合には，労災保険により，自己負担なしで給付される。また，職業と家庭の両立支援策により，子育てや介護と就業

継続が可能になり，その生活を保障し安心をもたらしている。このように，社会保障は生活困窮に陥れるさまざまなリスクに対応する安定装置としての機能を果たしている。

2）所得再分配機能

　租税制度と同様，社会保障は所得を移転させて所得再分配を行い，国民生活の安定化を図る機能がある。所得再分配機能の機能は，公的扶助・社会保険といった保障方法を問わずみられるが，所得再分配の形としては，垂直的再分配，水平的再分配および世代間再分配がある。

　垂直的再分配とは，高所得者から低所得者への再分配のことで，たとえば累進的な所得税や資産課税で徴収した税で基礎年金や生活保護の費用を賄えば，高所得者から低所得者への所得の再分配が行われたことになる。また水平的再分配とは，同一階層者間の所得の再分配のことで，たとえば働いている人々から働けなくなった人々への再分配や多子家庭への再分配などがそうである。世代間再分配は，老齢年金保険の財政方式に賦課方式がとられるとき，世代間の再分配が行われたことになる。

3）経済の自動安定機能

　社会保障は資本主義社会に不可欠な制度であり，それは資本主義経済の自動安定装置（Build-in Stabilizer）として機能していることが指摘されている。それは，社会保障給付が有効需要を喚起し，資本主義経済の安定化に寄与するという側面に着目してのことで，とくに公的扶助や雇用保険がそうである。雇用保険についていえば，保険料率が固定されている場合，好景気時には失業者が少ない反面，所得が増加して，徴収される保険料も増加し，それによって景気の過熱を防ぐことになる。逆に，不況時には，失業者の多発とともに，徴収される保険料が減少し，そのかわりに失業保険金の支給額が増加し，これが購買力を支え，景気後退をくい止めるとされる。公的扶助についても，ほぼ同様のことがいえるが，これらが実際にどの程度の機能を発揮するかは明確ではない。

4）その他の機能

　社会保障が文化的な生活を保障し，生活の安定と分配の公正に役立つことができれば，階級間の対立も緩和され国民の連帯感も高まる。こうした社会保障の機能を社会的統合機能と呼んでいる。その他，社会保障にはリスク分散機能がある。たとえば，社会保障は生活遂行上生じうるさまざまな社会的リスクに備えて，財源をプールしておき，リスクが現実に発生した際，ここから給付を行う仕組みである。この機能は，典型的には社会保険にみられる。

B 社会福祉・社会保障の発展

1. 社会福祉の歴史を学ぶ意義

　社会福祉は，私たちの生活にとって必要不可欠なものであるが，社会福祉における救済はかつての自助的，個人的なものから公的，社会的なものへと変化し，今日に至っている。すなわち社会福祉の歴史を学ぶということは，個人的な救済が社会的な制度として成立・発展するまでの過程を，各時代における生活問題に対し，社会や国家がどのようにとらえ対応してきたのか等について理解することである。

　社会福祉は，歴史的・社会的存在であるために，その時々の経済的・政治的状況の変化によって変革されていくが，その際，社会福祉の変革が真に国民生活を豊かにする方向でなされているか否かという点に注目することが必要である。このように私たちは，表面の事象のみに目を奪われることなく，その真の姿を見極めなければならない。そして，そうすることによってのみ，社会福祉実践のさらなる発展が可能となるのである。

2. イギリス社会福祉の歴史

1）中世から近世までのヨーロッパ社会

　中世ヨーロッパ社会では，農民たちは荘園内部での地域共同体による相互扶助，あるいは領主によって，その生活をある程度守られていた。また都市でも，市民たちは基本的な構成単位とされた商人ギルドや職人ギルドといったギルドの相互扶助によって，生活問題に対応することができた。一方，こういった地域，あるいは職域の共同体扶助の援助を期待できない困窮者を救済したのが，キリスト教による慈善であった。歴代のローマ法王は教区司祭に救貧の義務を説いたため，教区を中心とした貧民救済活動は次第に活発となった。当初は旅行者に休憩施設を提供する程度にすぎなかったが，やがて寺院宿泊所となり，さらに外国人，老人，病人，孤児のための入所施設が設けられた。こうした施設の運営は各教区に納められた税，寄付金，遺産寄進などによってまかなわれた。

2）救貧法の成立と展開

　14～15世紀のイギリスでは農業革命，その後のエンクロージャー（囲い込み運動）などによる農奴制の崩壊により，大量の貧民が発生した。その後，世界に先駆けて資本主義経済体制を確立し，富の蓄積が図られたものの，他方においては貧困問題をはじめとする多くの生活問題を発生させ，貧民問題はイギリス国家の大問題となった。

こうしたなかエリザベス1世統治下のイギリスでは，貧民の救済，就労の強制，並びに浮浪者の排除を目的とした，貧民に対する抑圧的・懲罰的な条例が実施され，1601年にはそれらを集大成したエリザベス救貧法が公布された。

　しかし，この法律の内容は救貧法というには程遠く，労働能力の有無を基準に，①労働可能な貧民（有能貧民）に対しては強制労働を課し，これを拒絶する者に対しては懲治院または一般の監獄への収容，②労働不可能な貧民（無能貧民）に対しては親族扶養を義務とし，これができない場合には救貧院に収容し最低の生活扶助を与え，③扶養者のいない児童に対しては徒弟奉公という名の強制労働が男子は24歳まで，女子は結婚年齢まで行われた。このように救貧法は，社会的原因によって貧困問題を抱えた貧民や高齢者・障害者・児童を治安対策上から懲罰的に取り締まることから始まったのである。

　その後の救貧法は，1662年の定住法（居住地法）により救済を求めて移動する貧民を制限したり，1722年の労役場テスト法によって労役場への収容を拒否する貧民に対しては救済を受ける資格を与えないなど，ますます非人道化していった。このような動向に対して産業革命期の初期の段階で一部の人々から救貧法改正の必要性が主張された。そして，その結果，1782年にギルバード法，1795年にスピーナムランド制度が成立した。前者は，有能貧民を失業者とみなし雇用を斡旋し院外救済を行い，老人・病人・孤児・母子など無能貧民に対しては労役場を保護施設とし，そこで院外救済を行った。後者は，パンの価格を基準として家族数を勘案して最低生活費を算定し，労働賃金がその基準に満たない者にはその差額を救貧税より支給するという賃金補助制度を採用した。しかし，こうした救貧法の改革は，他方において救貧費用の増大や労働賃金の低下を招き，その結果，市民に対する救貧税負担の増加となって新たな問題をひき起こすこととなった。

　産業革命の発展とともに，貧民への公的救済に消極的な自由放任主義の経済思想が支配的になると，政府はこれらを採用し，1834年に新救貧法を制定した。とりわけ新救貧法に思想的根拠を与えたのは，マルサスの『人口論』（初版，1798年）であった。これは，公的救済に関して，①救済は全国的に統一した方法でなされること（均一処遇の原則），②労働能力のある貧民を労役場に収容し，収容を拒否する者にはいかなる救済も与えない（有能貧民の労役場収容の原則），③被救済者の生活水準は，最低階級の独立労働者の生活水準より低位にしなければならない（劣等処遇の原則）という三大原則を確立した。新救貧法の目的は，救貧行政の中央集権化と救貧税の増大を阻止することであり，旧救貧法の厳格かつ抑圧的方法を復活させたものであった。

3）慈善事業の近代化

　貧困問題に対し消極的な新救貧法の下で，貧民救済に積極的に対応したのが民間の慈善事業であった。しかしながら，その慈善事業に対する評価はかならずしも先駆的・実験的役割というプラス面だけではなく，非組織的あるいは無差別的救済という面で多くの問題を内包していた。

　これらの問題に対し，慈善事業の近代化を図ったのが1869年に設立された慈善組織協会（Charity Organization Society，以下「COS」という）である。COSは，慈善事業団体・組織の連絡調整と組

織化，救済の適正化のための貧困者への個別調査として友愛訪問の導入などを行った。そして，この活動のなかから社会福祉の専門技術であるケースワークやコミュニティ・オーガニゼーションなどの先駆的技術が誕生した。しかし，この協会の救済活動では，貧困の原因を個人の責任とみなしたり，救済に値する貧民は自立可能な貧民であり，そのような人々だけを救済の対象とするなどの限界もあった。

　この時期，COSとともに慈善事業の近代化に貢献した福祉実践としてセツルメント活動がある。セツルメント活動は，貧困の原因を社会的なものとして認識し，慈善や施与だけでは貧困問題は解決できず，社会改良こそが重要であり，貧民教育の必要性を説いた。このため，教養のある人々がスラムに移り住み貧民と一緒に生活し，人格的・教育的接触を通じて地域の改善を進め，住民の主体的な力を育て，貧困の解決を図ろうとした。この思想は，エドワード・デニスンによって確立され，その後，サミュエル・バーネット，ウェッブ夫人らによって展開された。そして，1884年にはオックスフォード・ケンブリッジの両大学の関係者によってロンドンのイースト・エンドに，世界初のセツルメント活動の拠点としてトインビー・ホールが設立された。具体的には，貧民への教育的事業，住環境改善，地域住民の組織化，住民の生活実態調査などが行われた。セツルメント活動は，社会福祉の専門技術であるグループワークやコミュニティ・オーガニゼーションの発展への貢献が評価されている。

４）近代社会事業の成立

　19世紀末，産業革命後進国であるアメリカやドイツの発展に伴い，資本主義は新たな段階へ突入する。国内的には産業の独占化が進み，1873年から始まった大不況は，各地に大量の失業者を生み出した。このような状況下，イギリスにおいて貧困に関する２つの重要な社会調査が行われた。

　その一つは，チャールズ・ブースによってロンドンで実施された貧困調査であり，『ロンドン市民の生活と労働』として報告されている。これは，1886年から1902年までの長期間にわたって実施されたもので，調査の結果は，イースト・ロンドンの人口の３分の１が貧困または極貧の状態にあること，さらにその原因が当時の人々が考えていた個人的道徳的欠陥ではなく社会的なものであることを明らかにした。

　もう一つは，シーボーム・ラウントリーによるヨーク市で実施された貧困調査である。ラウントリーは，ブースの影響を受けて，同じくイギリスのヨーク市で1899年，1936年，1950年の３回にわたり貧困調査を行い，第１回調査の結果を1901年に『貧困―都市生活の研究』として発表した。その中でラウントリーは，貧困を「第１次貧困」（その総収入が単なる肉体的な能率を保持するために必要な最低限度にも足らない家庭）と「第２次貧困」（その総収入の一部を他の支出にふりむけない限り単なる肉体的な能率を保持することが可能な家庭）に分け，その合計がヨーク市全人口の27.84％，全賃金労働者の43.4％という深刻な状況にあることを明らかにした。そして第１次貧困の直接的原因は，低賃金を理由とするものが最も多く，51.96％を占めていることを指摘したのである。さらに彼は，労働者のライフサイクルを提示し，その労働力と家族の状態の変化に伴って，一生のうち少なくと

も3回（骨格形成の幼少年時代，壮年盛りの早期中年時代，老年時代）は，第1次貧困線以下の生活を
せざるをえない状態に陥るという考え方を示した。労働者の収入は長期にわたる十分な貯蓄をけっ
して許さず，個人の倹約とか相互扶助などが行われたとしても，それは貧困循環の犠牲を軽減する
にすぎないので，これらの時期への対策が社会的に必要であると考えたのであった。これらの貧困
に関する科学的調査は，救貧法に対する批判の科学的根拠を提供し，後の社会保障制度の生成に重
大な影響を与えるものとなった。

　1906年の総選挙で勝利した自由党内閣は，選挙権を獲得した労働者階級の要求の高揚などに対し
て，積極的な社会改良のための政策を展開していった。具体的には，1906年学童給食法，1907年に
は学童保健法，1908年の無拠出老齢年金法，児童法，1909年の職業紹介法，最低賃金法などの一連
の社会立法である。

　またこの時期，現行の救貧法について検討する機関として，1905年に「救貧法および失業者救済
に関する王命委員会」が設置された。この委員会は，1909年にその結果を多数派報告と少数派報告
に分けて報告した。前者は，現行救貧制度の改良を主張し，私的慈善と公的扶助を結びつけること
を主張した。後者は，救貧制度の解体を前提として，ナショナル・ミニマムの実現と制度の廃止を
求めた。しかしながら，政府はいずれの報告も採用せず，救貧法は，1948年の国民扶助法が制定さ
れるまで存続することとなった。

　救貧法の存続を選択した政府は，イギリス社会における不況の慢性化と大量の失業者の発生に対
して，1911年に国民保険法を制定し，社会保険を導入した。同法は第1部の健康保険と第2部の失
業保険から成り立っていた。このことは，疾病者と労働能力のある貧民の救貧制度からの離脱を意
味していた。さらに1934年には失業法によって失業保険と失業扶助が統合され，救貧法は，「労働
能力のない貧民」を対象とした救済制度に姿を変えた。

5）社会保障制度の確立

　第二次世界大戦中の1942年に，イギリスのみならず世界各国の社会保障制度の確立に大きな影響
をもたらしたベヴァリッジの「社会保険及び関連サービス」（いわゆるベヴァリッジ報告）が提出さ
れた。同報告は，社会の発展を阻む窮乏，疾病，無知，失業，不潔の「五つの巨人」への戦いとし
て総合的社会政策の確立の必要性を強調した。そして，社会保険でニードの大部分をカバーし，公
的扶助はそれ以外の特殊なケースに対応する補完的役割を持つものと位置づけた。

　1945年に成立した労働党内閣は「ベヴァリッジ報告」を基礎として，同年に家族手当法，1946年
に国民保険法，国民保健サービス法（NHS）を制定した。そして，1948年の国民扶助法をもって救
貧法は廃止となり，救貧法体制に終止符がうたれた。これによって，イギリスは「ゆりかごから墓
場まで」の生活を保障した福祉国家への道を歩みだした。

6）戦後イギリスの社会福祉

　ベヴァリッジの社会保障計画は社会保険における均一拠出・均一給付を行うことにより，ナショ

ナル・ミニマムを保障することであった。しかし，この均一拠出主義に基づく保険料は最低所得者の負担能力により制約され，それに伴う給付水準の低位性という事態を招いた。その結果，国民扶助受給者が激増し，社会保障財政に大きな影響を与えたのである。

　そのため1960年には国民保険法が改定され，拠出・給付の両方に所得比例制を導入するなどの修正が行われ，その後，ベヴァリッジ体制の均一拠出・均一給付制は完全に崩壊の一途をたどった。そして，1966年の社会保障省の設置にあわせ，扶助のスティグマを払拭し，給付が国民の権利であることを明示するため，国民扶助を補足給付と改めることとした。

　第2次大戦後の社会保障関連法は，国と地方自治体の事務分担を明確にし，地方自治体の社会福祉行政の領域を拡大した。1968年に発表された「シーボム委員会報告」は，地方自治体の社会福祉サービスのあり方についての検討を行い，児童・福祉・保健などの各部局に分散している福祉業務の一本化，コミュニティに根ざした家族向けのサービスの具体化，ソーシャルワーカーの専門性や養成訓練課程の検討などを提言した。これを受けて1970年に地方自治体社会サービス法（Local Authority Social Service Act）が制定された。同法により地方自治体に社会サービス局が設置され，ソーシャルワークの基盤づくりに大きな役割を果たした。

　1979年に誕生したサッチャー保守党政権は，これまで労働党政権が推し進めてきた福祉国家政策について大幅な見直しを断行した。当時イギリスはすでに高齢化社会に突入しており，高齢者福祉に関する公費負担が増加していた。そのため老人福祉対策をはじめとする各部門の福祉対策を民営化によって乗り切り，コミュニティ・ケアを推進することとした。そして，国民に人気があった国民保健サービス法を見直し，1990年には国民保健サービスおよびコミュニティ・ケア法を成立させた。人口の高齢化や医療技術の発展等により増加した医療費を抑制するため，病院間に競争原理を導入し，サービスの効率化を図った。

　このようにサッチャー政権下では，財政全般にわたる引き締め策が実施され，社会保障・社会福祉経費に大幅な削減が行われた。当時のこうした動向は，イギリスのみならず資本主義経済体制をとる多くの国々のその後の社会福祉制度に影響を与えることとなり，新自由主義路線の福祉国家否定のモデルとなったのである。

　その後1997年に誕生したブレア労働党政権では，社会保障費用の増大・所得格差の拡大・福祉制度への依存という課題に取り組むため，従来の労働党政権の「高福祉・高負担による福祉国家政策」，保守党政権の「福祉抑制」のどちらでもない「第三の道」を選んだ。それは，「働くための福祉プログラム」（welfare to work program）の推進すなわち「ワークフェア」を重視する福祉国家の再構築であった。

3．日本社会福祉の歴史

1）近代社会における救貧制度と慈善事業

　明治維新以降，日本は富国強兵，殖産興業政策の下，本格的に資本主義社会を形成していく。これにより，一部の農民を土地から切り離し，無産の労働者階級を出現させるとともに，他方ではそ

れらの農地，労働力が集積され資本者階級を生み出し，同時に新たな近代的貧困層が出現することになった。

　こうした明治初期の貧困問題に対し，明治政府は1874年恤救規則を制定する。しかし，その内容は対象を「無告の窮民」に制限し，「人民相互の情誼」を救済の前提とするなど封建的であった。恤救規則は慈恵的性格が強いものであったため，これを補う形で，1880年備荒儲蓄法，1881年行旅死亡人取扱規則などの関連立法が制定された。

　その後日本でも産業革命がはじまり，日清・日露戦争を経て産業が発達するにつれ，労働者の貧困や都市下層社会の問題が本格的に出現した。それらの事実は，横山源之助の『日本之下層社会』（1899年）などにより明らかにされ，社会問題として次第に注目されるようになっていった。

　このように政府による救済がさまざまな条件により制限されていたため，民間による慈善事業の実践は活発化した。代表的なものとしては長崎の岩永マキ，ド・ロ神父らによる浦上養育園（1874年），岡山の石井十次による岡山孤児院（1887年），石井亮一の滝乃川学園（1891年），留岡幸助の家庭学校（1900年），山室軍平による救世軍（1895年）などがある。また労働者の問題に対応した新しい社会的活動として職業紹介所，労働宿泊施設，セツルメントなども誕生した。

　日露戦争後も軍備拡張を目指す政府は，貧困問題に対して恤救規則のみで対応し，救助人員を大幅に削減し続けた。その一方で，皇室，内務省を頂点とした慈恵的政策が重視され，「済生勅語」によって恩賜財団済生会（1911年）が設立され，ここに感化救済事業の時代を迎えた。内務省は感化救済事業講習会，慈善事業への奨励・助成金の下付を行い，慈善事業の活性化を推進していった。慈善事業の組織化に関しては，1908年に中央慈善会が設立されたが，内務省主導の連絡統制機関とならざるをえなかった。

２）近代社会事業の展開

　第一次世界大戦は，日本の経済界に未曾有の繁栄をもたらしたが，大戦後の恐慌は大量の失業者を生み出し，深刻な社会問題となった。そして，それは1918年の米騒動で頂点に達し，1923年の関東大震災でさらに拡大されることとなる。

　こうした経済恐慌，米騒動，関東大震災などを契機として表面化した社会問題，貧困問題に対し，大正デモクラシーという民主主義的思想による社会主義運動の高まりを背景に，ようやく社会事業が成立する。しかし，救済制度に関しては依然として恤救規則のみであり，その他の関連立法として，1916年工場法，1919年結核予防法，トラホーム予防法，1921年職業紹介法，1922年健康保険法，少年法などが制定された。社会事業の施設としては，従来からの児童養護施設，窮民救助施設のほか職業紹介施設，宿泊保護施設，養老施設等も創設され，施設の種類や数は飛躍的に増加し，ケースワークやグループワークの理論が海外から導入された。長谷川良信のマハヤナ学園（1919年）などの民間のセツルメント施設も創設され，社会事業はその社会性をさらに強めていった。専門家の養成も必要とされ，大学教育に専門教育が創設された。

　さらに，社会事業の組織化として，1917年岡山県知事笠井信一によって創設された済世顧問制度，

1918年には大阪府において林市蔵知事のもと小河滋次郎が構想した方面委員制度が誕生した。方面委員制度は，地域社会の隣保相扶機能を活性化する組織として，その後全国的に普及し，今日の民生委員制度の基礎となっている。

3）社会事業から厚生事業へ

　1929年に始まった世界恐慌は，日本の経済界を直撃し，昭和恐慌をもたらした。その結果，失業者が増加し，国民の生活はますます窮乏化していった。それまでの救済制度としての恤救規則ではもはや対処できなくなり，いよいよ新しい社会事業立法を制定する必要に迫られ，1929年救護法が公布された。しかし，財政難と緊縮財政を理由にいっこうに施行されなかった。この事態に対し，全国の方面委員等が中心となり起こした救護法実施促進運動により，救護法は1932年ようやく実施された。

　社会事業関係立法としては，1927年公益質屋法，1931年労働者災害扶助法，1933年児童虐待防止法，少年救護法，1936年方面委員令が成立する。

　しかし，1937年には日中戦争が勃発し，1938年国家総動員法が公布され，国内は本格的な戦時体制に突入する。国家総動員法は，国防と戦争遂行のために人的・物的資源を総動員することを目的としており，国民生活は耐乏生活を強要されていった。さらに1939年に第二次世界大戦に突入すると国内の戦時体制はさらに深まっていった。その結果，社会事業行政を担当していた内務省の関連部局は解体され，「厚生省」と改称，「社会事業」から「厚生事業」へと転換し，戦争遂行のための「人的資源の確保・育成」に重点をおくようになった。

　戦時下の厚生行政は1937年に軍事救護事業の拡大として軍事扶助法，人的資源の確保・育成として母子保護法，1938年国民健康保険法，社会事業法，1940年国民優生法，1941年医療保護法などを制定する。このように戦時体制下の社会事業は，細分化され整備充実が図られたが，それらは結局戦争遂行体制の充足を図る一手段の域を出ることはなかった。そして，人的資源として有用とみなされない障害者や高齢者に対する救済政策は，貧弱なものとならざるをえなかった。

4）戦後社会福祉の成立

　1945年8月，日本は敗戦を迎え，連合軍総司令部（以下GHQ）の占領下におかれた。国民生活は戦局末期からの生活破壊と，戦後の経済的社会的混乱から国民総飢餓状態となり，特に戦災者，引揚者，失業者，母子，孤児，障害者，復員軍人，浮浪者等の生活は深刻な状態であった。戦後のこうした膨大な貧困層の出現に対し，GHQにより戦後改革の一環として民主化と非軍事化を基調とした福祉改革が開始された。まず1945年12月に「生活困窮者緊急生活援護要綱」を出し，応急対策とした。そしてGHQは，1946年2月「社会救済」（公的扶助に関する覚書，SCAPIN775）において社会福祉行政改革の方針を日本側に提示した。その内容は4原則と呼ばれており，①無差別平等の原則，②救済の国家責任，③公私分離の原則，④最低生活保障（必要な救済は制限しない）というものであった。この考え方が日本国憲法の人権，平和，民主主義の理念とともに戦後社会福祉の理念

と原則として構築され，新しい民主的な社会福祉施策が推し進められていった。

政府は，1946年 GHQ の方針を尊重するかたちで（旧）生活保護法を制定した。しかし，同法には欠格条項など慈恵的性格が強く残っており，さらなる改正の必要があった。そのため政府は，1949年社会保障制度審議会[15]の「生活保護制度の改善強化に関する件」の勧告に基づき（旧）生活保護法を全面改正し，1950年（新）生活保護法を制定した。

また，戦後の混乱した社会状況の下での緊急課題の一つとして浮浪児対策があった。終戦直後の児童問題に対しては，民間の児童施設等が対応していたが，全国的な規模での対応が必要となり，従来の少年救護法，児童虐待防止法，母子保護法等の児童保護制度の統一的な見直しを行った。その結果，1947年12月児童福祉法が制定され，同法ではじめて「福祉」という名称が立法名に登場することとなった。

1949年には身体障害者福祉法が制定された。この法律は身体障害者に対する更生保護をその目的としたが，当時政府が把握していた身体障害者の多くが退役傷痍軍人であっため，非軍事化政策を推進していた GHQ の意向にあわず，その制定が遅れていた。このようにして戦後の社会福祉は，生活保護法，児童福祉法，身体障害者福祉法という，いわゆる「福祉三法」体制のもとでそのスタートを切ったのであった。

1949年11月，GHQ とともに政府は社会福祉改革「6目標」①厚生行政地区制度の確立，②市厚生行政の再編，③厚生省の助言的措置及び実施事務，④公私責任分野の明確化，⑤社会福祉協議会の設置，⑥有給専門吏員の現任訓練を策定し，目標完成年を1951年4月とした。これらを内容とし，立法化したものが1951年の社会福祉事業法である。同法の制定によって福祉事務所が設置され，有給専門吏員が誕生し，社会福祉協議会が置かれるようになった。なお，有給専門職員としては社会福祉主事が位置づけられた。また1950年には，社会保障制度審議会の「社会保障制度に関する勧告」によって，ベヴァリッジ報告と同様に社会保険を中心とした社会保障の総合一元的運営が提起されている。

1951年対日講和条約，日米安全保障条約の発効によって，翌年日本が米軍駐留という条件つきで独立し，日本独自の施策が実施され始めた。しかし，1954年度には社会保障予算の大幅削減案が発表され，大規模な社会保障予算削減反対運動が各地で展開された。全国的な社会保障に対する関心の高まりによって，1957年「人間裁判」といわれる朝日訴訟が東京地裁へ提訴される。そして朝日訴訟[16]は，その後10年間の裁判闘争で生活保護基準の劣悪性，社会福祉行政の貧弱さを明らかにし，日本の社会福祉運動史上重要な出来事となった。

1960年代，日本は本格的な高度経済成長期に入るが，この時期に工業地帯周辺と大都市に人口が

---

15) 1948年に制定された社会保障制度審議会設置法に基づいて設けられた旧総理府の附属機関。社会保障制度全般にわたる企画・立案・運営に関する調査・審議を行い，総理大臣等に対して勧告や意見具申を行ってきた。2001年1月，中央省庁の再編により廃止された。

16) 1957年，結核患者で生活保護を受給しながら国立療養所に入所していた朝日茂氏が，生活扶助費月額600円が，「健康で文化的な最低限度の生活」を保障する憲法第25条に違反するとして，厚生大臣を被告として訴訟を起こしたもの。

集中し，住宅問題，交通問題，公害問題，核家族化問題，高齢者問題等が出現し，地方の農村では，人口流出による過疎化問題，出稼ぎ問題，農業後継者問題等が深刻化することとなった。

　そのため社会福祉ニーズが量的また質的に変化し，なかでも疾病と貧困の悪循環に関する対応策として1958年に国民健康保険法が，1959年には，高齢者の老後不安に対応し国民年金法が制定され，1961年国民皆保険・皆年金体制が実現する。そして1960年精神薄弱者福祉法（1998年に「知的障害者福祉法」と改正），1963年老人福祉法，さらに1964年母子福祉法（1981年に「母子及び寡婦福祉法」，2014年に「母子及び父子並びに寡婦福祉法」と改正）が制定され，福祉六法体制が確立することとなった。

　関連立法としては，1961年に母子家庭の児童を対象とした児童扶養手当法，1964年には，重度知的障害児を対象とした重度精神薄弱児扶養手当法（1974年に「特別児童扶養手当等の支給に関する法律」と改正）が成立している。1970年代，厚生省は「厚生行政の長期構想」「社会福祉施設緊急整備5ヵ年計画」等を発表し，各種施設の近代化の促進およびマンパワー確保を重要な課題として注目しはじめた。

5）社会福祉の見直しから改革へ

　1973年度は，当初予算において社会保障関係予算が飛躍的に伸びたことにより「福祉元年」と呼ばれた。その主な施策は5万円年金，老人医療費無料化[17]，難病対策などであった。しかし，一方では健康保険料など各種公共料金が値上げされ，物価上昇をまねき，「福祉元年」は，福祉の充実のためには，国民の税等の負担が高くなるのが必然であるという「高福祉・高負担」の始まりともいえた。

　しかし，「福祉元年」から間もない1973年秋に石油ショックが発生した。この影響でインフレ，物不足，物価上昇をおこし，企業倒産，失業者が続出した。その結果，1974年度の日本経済は，戦後はじめてマイナス成長となり，その後，本格的な経済低成長期に突入していった。このように「福祉元年」から一転して「福祉抑制」，「福祉見直し」へと移行していった。福祉の充実は経済成長によってのみ可能となるという従来の政策は，この時期完全に破綻し，新しい社会福祉施策のあり方が課題となった。

　政府は，1979年「新経済社会7ヵ年計画」を発表し，日本が目指す新しい「福祉社会」について，これまで日本の社会福祉のモデルでもあった欧米先進国の福祉国家を否定し，個人の自助努力，家族，近隣との相互扶助連帯，企業福祉，民間活力および市場システムを重視し，社会保障施策は自助的努力や家庭福祉等が機能しえない場合の補完とする「日本型福祉」を提案している。政府は，財政再建優先という基調のもと「福祉見直し」を行うこととなり，行政権限は「国から地方へ」，福祉施策も「公立から民間へ」とし，その重点は在宅福祉，民間福祉に転換されていく。こうして日本においては戦後40年を経て，経済大国としてその地位を確立し，その名に見合う社会福祉立法・

17）老人福祉法の改正により，高齢者（70歳以上の者）の医療保険の自己負担を公費で補填することにより高齢者の医療費を無料としたもの。

制度構築の必要性がより重要視されるようになり，諸立法・制度の改革の時期が迫っていた。

　1983年老人保健法が施行され，1986年5月社会福祉基本構想懇談会が「社会福祉改革の基本構想」を提言した。そして，社会福祉制度の中期的な見直しを検討する福祉関係三審議会合同企画分科会は，1989年「今後の社会福祉の在り方について」の意見を発表し，社会福祉改革は「ノーマライゼーション」と「インクルージョン」をその理念とし，福祉サービスを中心に行うこととされた。改革の具体的内容として，市町村の役割重視，在宅福祉の充実，民間福祉サービスの育成，受益者負担や応能負担，担い手のマンパワーについて提言されたのである。

　社会福祉の専門職については，福祉関係三審議会合同企画分科会で，1987年3月「福祉関係者の資格制度について」の意見具申をまとめ，厚生省が「社会福祉士及び介護福祉士法案」を作成し，同年5月成立，公布している。社会福祉専門職の法制化は，社会福祉関係者の長年の希望であったが，同法の国家資格はあくまで「名称独占」のみの資格法であり，他の専門職のように「業務独占」でないところに今後の課題が残されている。

　その後，戦後の総決算と21世紀に向けての社会福祉改革が急速に展開され，1989年12月政府は，1999年までの目標値を盛り込んだ「高齢者保健福祉推進十か年戦略」（ゴールドプラン）を策定し，それを推進するため「老人福祉法の一部を改正する法律（福祉関係八法改正）」が1990年6月制定された。その結果，1993年4月から，市町村における在宅・施設双方の保健福祉サービスの一元的かつ計画的な提供体制が整備された。さらに，福祉の権限と財源の中央集権化に対する是正も求められ，1995年5月地方分権推進法が成立した。このようにして，社会福祉分野においても，住民生活の一番身近な市町村が責任をもって福祉実現を積極的に推進していくことが望まれるようになっていった。

　とくに，1995年度から新ゴールドプラン，エンゼルプラン，障害者プランの3プランが策定され，具体的な整備目標数値が示された。また同年の社会保障制度審議会勧告の「社会保障体制の再編成」は，21世紀の社会福祉の姿を国民全体の連帯によって構築すべきことを強調し，とりわけ，高齢社会の介護問題に対応するための介護保険制度の創設を主張した。その結果，高齢者等の介護の問題が社会的問題としても論議されるようになり，1997年12月介護保険法が成立した。

　21世紀の日本は少子・高齢化，核家族化の進行とともに，経済・金融だけでなく情報化，国際化の領域などでもかつてない大きな変化が起ころうとしている。このような状況下増大・多様化する福祉需要に対応するため，社会保障・社会福祉分野においても再編の必要性がでてきた。1997年からの中央社会福祉審議会社会福祉構造改革分科会などにより1998年6月「社会福祉基礎構造改革について（中間まとめ）」が公表され，その後「社会福祉基礎構造改革を進めるに当たって（追加意見）」がとりまとめられた。これらの内容の最大の特徴は，これまでの措置制度を見直し，利用者が福祉サービスを選択し契約利用する制度に転換するという点にあった。さらに，福祉サービス分野に適正な競争原理を導入し，多様な事業体の参入のもと福祉サービスの質の向上を図り，そこに第三者機関によるサービスの質の評価を導入し，利用者の権利擁護，苦情解決のシステムを整備するとした。また地方自治体においては「地域福祉計画」を策定し，地域の福祉ニーズに対応した計画的な

サービス提供を推進することとした。このほか，サービスを支える人材育成，社会福祉法人の設立要件緩和，運営の弾力化，社会福祉事業の範囲拡大などが盛り込まれた。

　2000年4月には介護保険法が施行されるとともに，6月には1951年制定の社会福祉事業法が約50年ぶりに改正され，名称も新たに「社会福祉法」となった。社会福祉制度は措置制度から利用者が選択する契約制度へ転換するなどの改革がなされた。障害者に対する福祉サービスについても2006年度からは障害者自立支援法に基づき，障害者に対する福祉および公費負担医療サービスが一元的に提供されるようになり，その後同法は2013年度から障害者総合支援法と改題され，難病患者の人びとも支援対象に入った。また，2011年3月11日に起きた東日本大震災の地震・津波による甚大な被害は，人の命の尊さ，人びとの支え合いの大切さ，生活保障のための制度の確立などを根本的に問うこととなった。さらに2012年2月に閣議決定された「社会保障・税一体改革大綱」の下で，2013年12月には生活困窮者自立支援法が制定され，2015年4月より実施されている。2016年3月に社会保障審議会に設置された福祉部会での社会福祉法人改革等についての報告書をふまえた社会福祉法等の一部を改正する法律が制定された。同年5月には，障害者総合支援法及び児童福祉法の一部を改正する法律，発達障害者支援法の制定，児童扶養手当法が改正が行われるなど，社会福祉に関するさまざまな制度改革が依然として進められている。さらに2019年10月からは，社会保障・税一体改革による社会保障制度改革の主な取り組みの一つとして，年金を受給している低所得の高齢者・障害者等に対して年金生活者支援給付金を支給する年金生活者支援給付法が施行されている。

C　社会保障の体系と方法

1．社会保障体系

　現在のわが国における社会保障の体系は，図表1-3のとおりであり，保障方法により大きく社会保険と社会扶助に，また保障給付の内容・性質により所得保障，医療保障，社会福祉に分けられる。

2．社会保障の分野

　わが国において，社会保障の政策のみならず，理論的な研究に影響を及ぼす形で社会保障の概念を明示したのが，1950年に社会保障制度審議会が行った社会保障制度に関する勧告であった。この勧告によれば，わが国の社会保障は「社会保険」「国家扶助」「公衆衛生・医療」「社会福祉」の4分野から構成されるものとされ，基本的には，同勧告の考え方に基づき発展していった。また近年，保障の内容・性質により所得保障，医療保障，社会福祉に分けることもある。

　所得保障とは，国民の最も基本的な問題である貧困からの解放，一般的な社会的リスクとしての

図表1-3　社会保障の体系

		所得保障	医療保障	社会福祉	法制度の例
社会保険	年金保険	老齢基礎年金 老齢厚生年金 遺族年金 障害年金等			国民年金法 厚生年金保険法
	医療保険	傷病手当金 出産育児一時金 葬祭費等	療養給付 健診・保健指導		国民健康保険法 健康保険法 各種共済組合法 高齢者医療確保法
	介護保険			施設サービス 居宅サービス 福祉用具購入 住宅改修等 介護予防・生活支援対策	介護保険法
	雇用保険	失業等給付（求職者給付，雇用継続給付等）			雇用保険法
	労働者災害補償保険	休業（補償）給付 障害（補償）年金・一時金 遺族（補償）年金・一時金 介護（補償）給付等	療養（補償）給付		労働者災害補償保険法
社会扶助	公的扶助	生活扶助 教育扶助 住宅扶助等	医療扶助	介護扶助	生活保護法
	社会手当	児童手当 児童扶養手当等			児童手当法 児童扶養手当法
	社会サービス　児童福祉			保育所サービス 児童健全育成 児童養護施設等	児童福祉法
	社会サービス　障害(児)者福祉		自立支援医療（育成医療・更生医療・精神通院医療）費の支給	介護給付費・訓練等給付費，補装具費の支給，地域生活支援事業等	障害者総合支援法 身体障害者福祉法 知的障害者福祉法 精神保健福祉法 児童福祉法
	社会サービス　老人福祉			老人福祉施設 生きがい・健康づくり対策等	老人福祉法
	社会サービス　母子父子寡婦福祉	母子父子（寡婦）福祉資金貸付		自立支援 生活指導等	母子及び父子並びに寡婦福祉法

注：給付内容は主なものを記載している。「高齢者医療確保法」は「高齢者の医療の確保に関する法律」，「精神保健福祉法」は「精神保健及び精神障害者福祉に関する法律」，「障害者総合支援法」は「障害者の日常生活及び社会生活を総合的に支援するための法律」が正式名称である。

出所：社会福祉士養成講座編集委員会編『社会保障第6版』中央法規，2019年，p.43

疾病や障害等による損失，中断，減少，支出の増大等によってもたらされる生活不安定の予防と回復を目的とするもので，制度を通じて現金を給付し，生活の安定に結びつけるものである。

　医療保障とは，疾病や障害の治療，健康の回復・保持増進のために医療機関等による保健医療サービス受給が保障されることを目的とするもので，医療提供体制を整え，制度を通じて，そのサービス費用相当分を保障するものである。

　社会福祉とは，所得保障や医療保障のみでは十分に対応できない人々の生活問題に対応する制度施策であり，それに依拠した人的な生活支援を行うものである。主に児童福祉，障害（児）者福祉，

母子及び父子並びに寡婦福祉，高齢者福祉等の対象ごとの法律を基本とし，介護保険法，障害者総合支援法などに基づく施策により支援が行われる。またそれら全体の共通事項を定めた，社会福祉の基盤となる法として社会福祉法がある。

　なおイギリスやアメリカなどでは，社会保障（Social Security）は所得保障の意味で使われることが多く，これらと比べると日本の社会保障は，広い概念を指すことが一般的である。社会保障将来像委員会第一次報告（1993年）では，社会保障とは，「国民の生活の安定が損なわれた場合に，国民に健やかで安心できる生活を保障することを目的として，公的責任で生活を支える給付を行うものである」とし，社会保障を捉えるとき，「給付」を中核としてきたとする。そのうえで，医療や社会福祉についての資格制度，人材の確保，施設の整備，各種の規制などや公衆衛生・医療，環境衛生，公害防止等は，社会保障の基盤を形づくる制度と位置付けることができ，また「給付」を要件としなければ，これらも社会保障ととらえうるものであるとしている。

3．社会保険・社会扶助

1）社会保険

　社会保険とは，社会保障を構成する中心的な制度で，「国家管理」「国庫負担」「強制加入」であることの3点が備わっていることが原則である。そして，社会保険も保険である以上，保険の仕組みの上に立ち，保険の原理（技術）を用い，展開されることとなる。保険の仕組みとは，①あらかじめ予測された危険率をもつ保険事故（「大数の法則」）に備えるために，②保険者が被保険者から保険料を集めて基金を形成し（「共同準備財産の形成」），③被保険者が事前に保険料を拠出していることを条件に，所定の保険事故が発生した場合に，事故の認定後定められた保険金を支払うものである。この際，「収支相当の原則」（「保険給付」の総額と「保険料」の総額が等しくなること），「給付反対給付均等の原則」（「保険料の額＝危険発生確率×保険給付額」という等式が成立すること）が成立することが必要である。ただし，これらが厳格に貫かれる私保険と異なり，社会保険は保険の技術を貫いておらず，とくに「給付反対給付均等の原則」は必ずしも守られない。社会保険は，国が社会政策上の目的を達成するために保険の技術を用いる仕組みであるため，保険の技術に厳密に依拠したのでは，国民全体をカバーするという社会保障制度の基盤としての機能を果たせなくなるという考え方に基づくからである。

2）社会扶助

　社会扶助とは，保険の技術を用いず給付を行うもので，主な財源は租税であり，公的扶助（生活保護），社会手当，社会サービスが含まれる。

　公的扶助は，何らかの理由で社会保険料の負担ができない場合や，社会保険においても生活上のリスクを回避できない場合に用いられる方法である。公的扶助の適用に先立っては，まず社会保険などの他の社会保障制度による給付が優先され，それでもなおかつ最低生活を維持することができない場合に，公的扶助による給付が行われる。

図表1-4　社会保険と公的扶助（生活保護）の特徴

項　　　目	社　会　保　険	公　的　扶　助
貧困に対する機能	防貧対策機能（事前的）	救貧対策機能（事後的）
適用の対象者	加入者および被扶養者	国民一般（生活困窮者）
適用（給付）の条件	強制加入・費用拠出	申請・費用無拠出（公費負担）
適用（給付）の内容	賃金比例額または均一額	最低生活基準の不足分
適用（給付）の水準	公的扶助と同等以上	国が定めた最低生活基準
適用（給付）の開始	事故の発生時	困窮の事実（資産調査有）
適用（給付）の期間	おおむね有期	無期
実施機関の裁量	余地はほとんどない	余地がある（法定内）

　社会手当は，社会保障体系における所得保障の方法として，社会保険では保障できず，資力が最低生活を下回っていない場合に，一定の給付を行う防貧的機能を有する。たとえば，特定の範疇に属する子どもや障害（児）者等に対して，事前の加入と保険料拠出を前提とすることなく，収入などの資力調査なしに，一定の給付を行い，貧困に陥るのを予防しようとする普遍的な給付である。しかし，わが国の場合，実際に給付するときは所得制限が課せられている。社会手当は，社会保険と公的扶助の中間にある制度であり，社会保険を補完する性格を持つ。その財源は，原則として公費負担あるいは事業主負担である。

　社会サービスには，児童福祉，高齢者福祉，障害（児）者福祉，母子及び父子並びに寡婦が含まれる。なお，図表1-4は，社会保険と公的扶助（生活保護）の特徴を整理したものである。

4．公衆衛生と社会保障

　公衆衛生は，先述したとおり，社会保障の基盤を形作る制度として位置付けることができ，社会保障の一分野としてとらえうるものである。

　公衆衛生（public health）は，ウィンスロー（C. A. Winslow）によると，「共同社会の組織的な努力を通じて，疾病を予防し，寿命を延長し，身体的・精神的健康と能率の増進をはかる科学・技術である」と定義づけられる。具体的には，地域住民の健康の保持および増進を目的として行われる地域保険（感染症対策，成人保健，高齢者保健，母子保健，難病対策，精神保健等），学校保健，産業保健（労働衛生），環境保健等の施策を指し，その対象を個人にとどまらず集団および社会全体に置くことに特徴がある。

D 社会保障給付費と財源

1. 社会保障給付費の現状

わが国の社会保障の各制度において行われている給付の全体的な規模や傾向を示すものとして，社会保障給付費がある。2012年度版よりその名称を「社会保障費用統計」と改訂し，現在はILO（国際労働機関）が定めた基準に加えて，国際比較が可能なOECD基準の社会支出の集計結果を追加し，

図表1−5　部門別社会保障給付費

社会保障給付費	2016年度	2017年度	対前年度比	
			増加額	伸び率
	億円	億円	億円	％
計	1,184,089 (100.0)	1,202,443 (100.0)	18,354	1.6
医療	388,128 (32.8)	394,195 (32.8)	6,067	1.6
年金	543,800 (45.9)	548,349 (45.6)	4,549	0.8
福祉その他	252,162 (21.3)	259,898 (21.6)	7,736	3.1
介護対策（再掲）	97,063 (8.2)	101,016 (8.4)	3,953	4.1

注：（ ）内は構成割合である。
出所：国立社会保障・人口問題研究所「平成29（2017）年度社会保障費用統計」

図表1−6　1人（1世帯）当たり社会保障費用

社会保障費用	2016年度	2017年度	対前年度比	
			増加額	伸び率（％）
社会支出（億円）	1,222,115	1,241,837	19,722	1.6
1人当たり（千円）	962.8	980.1	17.3	1.8
1世帯当たり（千円）	2,377.3	2,424.5	47.2	2.0
対GDP比（％）	22.77	22.69	△0.88	−
社会保障給付費（億円）	1,184,089	1,202,443	18,353	1.6
1人当たり（千円）	932.8	949.0	16.2	1.7
1世帯当たり（千円）	2303.4	2347.6	44.3	1.9
対GDP比（％）	22.06	21.97	△0.09	−
参考：GDP（億円）	5,367,950	5,454,085	106,135	2.0

注：1．社会支出には，社会保障給付費に加えて，施設整備費等の個人に帰着しない支出も集計範囲に含む。
　　2．1世帯当たり社会支出＝平均世帯人員×1人当たり社会支出によって算出した。
　　　　1世帯当たり社会保障給付費も同様の方法による。
資料：人口は，総務省統計局「人口推計─平成29年10月1日現在」
　　　平均世帯人員は，厚生労働省「平成29年国民生活基礎調査」による。
　　　国内総生産は，内閣府「平成29年度国民経済計算年報」による。
出所：国立社会保障・人口問題研究所「平成29（2017）年度社会保障費用統計」

医療，年金，福祉，労働災害補償保険，雇用保険等の社会保障制度を通じて１年間に国民に給付される金銭またはサービスの総額を推計している。

　わが国の社会保障費用における給付費は社会保障制度の整備，高齢化の進行などに伴い，急激に増大しており，2017年度は120兆2,443億円（対前年度増加額１兆8,354億円，伸び率1.6％）で，国民１人当たりでは94万9,000円となっている。これは１人当たりの国民所得（319万円）の29.74％に相当する（図表1−5，図表1−6）。

　2017年度の社会保障給付費を，「医療」「年金」「福祉その他」の部門別でみると，最も多いのが「年金」で54兆8,349億円（45.6％），次いで「医療」が39兆4,195億円（32.8％），そして「福祉その他」は25兆9,898億円（21.6％）となっている。それらの推移を見ると，1981年度に「年金」が「医療」を上回り，その後も増加し続けている。前年と比すると「医療」は1.6％，「年金」は0.8％，「福祉その他」は3.1％増加している。

　また，社会保障給付費は「高齢」「遺族」「障害」「労働災害」「保健医療」「家族」「失業」「住宅」「生活保護その他」の９つの機能に分けられるが，そのうち，最も大きいのは「高齢」で56兆5,211億円（47.0％），次いで「保健医療」37兆7,436億円（31.4％）である。これら上位２つの機能別分類で，総額の80％を占める。これ以外の機能では，「遺族」６兆5,513億円（5.4％），「家族」８兆2,626億円（6.9％），「障害」４兆5,622億円（3.8％），「生活保護その他」３兆6,878億円（3.1％），「失

図表1−7　機能別社会保障給付費

社会保障給付費	2016年度	2017年度	対前年度比	
			増加額	伸び率
	億円	億円	億円	％
計	1,184,089 (100.0)	1,202,443 (100.0)	18,354	1.5
高齢	556,837 (47.0)	565,211 (47.0)	8,374	1.5
遺族	65,700 (5.5)	65,513 (5.4)	△ 187	△ 0.2
障害	44,106 (3.7)	45,622 (3.8)	1,516	3.3
労働災害	9,074 (0.8)	9,076 (0.8)	2	−
保健医療	371,248 (31.4)	377,436 (31.4)	6,188	1.6
家族	76,283 (6.4)	82,626 (6.9)	6,343	7.7
失業	14,167 (1.2)	13,999 (1.2)	△ 168	△ 1.2
住宅	6,037 (0.5)	6,082 (0.5)	45	0.7
生活保護その他	40,637 (3.4)	36,878 (3.1)	△ 3,759	△ 10.2

　注：（　）内は構成割合である。
出所：国立社会保障・人口問題研究所「平成29（2017）年度社会保障費用統計」

業」1兆3,999億円（1.2%），「労働災害」9,076億円（0.8%），「住宅」6,082億円（0.5%）となっている（図表1-7）。

2．社会保障の財源

　社会保障給付に必要な費用は何らかの形で国民が負担するが，その財源としては被保険者本人と被保険者を雇っている企業などの事業主が負担する保険料，税金，その他のものとして年金資金の運用収入や前年度の剰余金がある。

　2017年度の社会保障の財源状況をみると，収入総額は141兆5,693億円である（図表1-8）。収入総額を項目別にみると「社会保険料」が70兆7,979億円で，全体の50％を占め最も多い。このうち，事業主負担分は33兆4,332億円（23.6%），被保険者拠出分は37兆3,647億円（26.4%）となっている。次に「公費負担」が49兆9,269億円で35.2％を占める。このうち，国の負担は33兆3,167億円（23.5%），地方自治体の負担は16兆6,102億円（11.7%）となっている。「他の収入」は，20兆8,445億円で収入総額の14.8％である。

　対前年度伸び率をみると，「社会保険料」が2.7%，「公費負担」が1.2%，「他の収入」が14.0%増加し，全体でも3.7%の増加となっている。

図表1-8　項目別社会保障財源

社会保障給付費	2016年度	2017年度	対前年度比	
			増加額	伸び率
	億円	億円	億円	%
計	1,365,252 (100.0)	1,415,693 (100.0)	50,441	3.7
I　社会保険料	688,926 (50.4)	707,979 (50.0)	19,053	2.7
被保険者拠出	364,949 (26.7)	373,647 (26.4)	8,698	2.4
事業主負担	323,977 (23.7)	334,332 (23.6)	10,355	3.2
II　公費負担	493,504 (36.1)	499,269 (35.2)	5,765	1.2
国庫負担	332,309 (24.3)	333,167 (23.5)	858	0.3
他の公費	161,195 (11.8)	166,102 (11.7)	4,907	3.0
III　他の収入	182,821 (13.4)	208,445 (14.8)	25,624	14.0
資産収入	103,224 (7.6)	141,145 (10.0)	37,921	36.7
その他	79,597 (5.8)	67,300 (4.8)	△12,297	△15.4

注：1．（　）内は構成割合である。
　　2．公費負担とは「国庫負担」と「他の公費負担」の合計である。また，「他の公費負担」とは地方自治体の負担を示す。但し，地方自治体の負担とは国の制度に基づいて地方自治体が負担しているものであり，地方自治体が独自に行っている事業に対する負担は公費負担医療費給付分および公立保育所運営費のみを含み，それ以外は含まない。
　　3．「資産収入」については，公的年金制度等における運用実績により変動することに留意する必要がある。また，「その他」は積立金からの受入れを含む。
出所：国立社会保障・人口問題研究所「平成29（2017）年度社会保障費用統計」

3．国民負担率の国際比較

　社会保障のための負担を表す指標として，国民負担率という概念を用いることがある。国民負担率とは，租税負担と社会保障負担（保険料負担）を合わせて国民所得で割ったものである。

　2015年における諸外国の国民負担率をみると，アメリカ33.3％，イギリス47.7％，ドイツ53.2％，スウェーデン56.9％，フランス67.1％となっている。なお2018年見通しのわが国の国民負担率は42.5％で，相対的に低い水準となっている。ただし，国民負担率には多額の財政赤字が算入されておらず，財政赤字という形で次世代へ負担の先送りをしつつ，負担を上回る行政サービスを現在の世代が受けているのが現状である。財政赤字という将来の国民負担を含めた「潜在的な国民負担率」（国民負担率＋財政赤字対国民所得比）は，2018年度見通しでは48.7％と若干高くなる。

4．社会保障と財政

　2017年度における国の一般会計予算における歳出は，97兆4,547億円である。このうち，社会保障関係費は32兆4,735億円となっており，一般会計歳出予算の33.3％を占めている。一般会計歳出予算から国債費や地方交付税交付金等を除いたものを一般歳出というが，これで見ると全体の55.64％を占めており，一般歳出のなかでは最も大きな歳出項目になっている（図表1−9）。

　一般歳出に占める社会保障関係費の割合の推移をみると，1980年度は26.7％であったものが，

図表1−9　平成29年度一般会計歳出・歳入の構成

出所：財務省ホームページ

区分	1980 (昭和55)	1985 (昭和60)	1990 (平成2)	1995 (平成7)	2000 (平成12)	2005 (平成17)	2010 (平成22)
社会保障関係費	82,124(100.0)	95,740(100.0)	116,154(100.0)	139,244(100.0)	167,666(100.0)	203,808(100.0)	272,686(100.0)
生 活 保 護 費	9,559(11.6)	10,816(11.3)	11,087(9.5)	10,532(7.6)	12,306(7.3)	19,230(9.4)	203,363(74.6)
社 会 福 祉 費	13,698(16.7)	20,042(20.9)	24,056(20.7)	34,728(24.9)	36,580(21.8)	16,443(8.1)	22,388(8.2)
社 会 保 険 費	51,095(62.2)	56,587(59.1)	71,953(61.9)	84,700(60.8)	109,551(65.3)	158,638(77.8)	39,305(14.4)
保健衛生対策費	3,981(4.8)	4,621(4.8)	5,587(4.8)	6,348(4.6)	5,434(3.2)	4,832(2.4)	4,262(1.6)
失 業 対 策 費	3,791(4.6)	3,674(3.8)	3,471(3.0)	2,936(2.1)	3,795(2.3)	4,664(2.3)	3,367(1.2)
厚生労働省予算	86,416(7.5)	99,920(2.6)	120,521(6.4)	144,766(2.9)	174,251(3.9)	208,178(3.1)	275,561(9.5)
一 般 歳 出	307,332(10.3)	325,854(△0.0)	353,731(3.8)	421,417(3.1)	480,914(2.6)	472,829(△0.7)	534,542(3.3)

資料：厚生労働省大臣官房会計課調べ
注：1．四捨五入のため内訳の合計が予算総額に合わない場合がある。
　　2．（ ）内は構成比。ただし，厚生労働省予算及び一般歳出欄は対前年伸び率。△は減。
　　3．平成13年度以前の厚生労働省予算は，厚生省予算と労働省予算の合計である。

1990年には32.8％となって以降，1998年度まではほぼ横ばいであった。その後，1999年度以降に再び急速に上昇し，2018年度予算ではおよそ56％に達している。

　その内訳は，年金給付費11兆6,853億円（35.4％），医療給付費11兆6,079億円（35.2％），介護給付費3兆953億円（9.4％），少子化対策費2兆1,437億円（6.5％），生活扶助等社会福祉費4兆524億円（12.3％），保健衛生対策費3,514億円（1.1％），雇用労災対策費373億円（0.1％）となっている（図表1-10）。

5．社会保障の給付と負担の方法

　社会保障制度を通じて行われるサービスの給付方法として，現物給付と現金給付がある。現物給付とは，サービス利用者に対して現物またはサービスそのものを提供する方法のことをいい，現金給付とは，金銭を支給する方法のことをいう。

　社会保障制度のサービス利用者の負担方法としては，応能負担と応益負担がある。応能負担とは，利用者の所得など負担能力に応じて負担を決定する方法であり，利用者はサービス費用の一部または全部を負担する。応益負担とは利用者の負担能力に関係なく，サービスの量に応じて負担を決定する方法で，利用者はサービス費用の一部を負担する（定率負担）。

参考文献
・池田敬正『日本社会福祉史』法律文化社，1986年
・一番ヶ瀬康子・高島進編『社会福祉の歴史』（講談社社会福祉2）有斐閣，1981年
・右田紀久恵・高沢武司・古川孝順編『社会福祉の歴史・新版』有斐閣，2001年
・右田紀久恵・一番ヶ瀬康子・仲村優一監修『エンサイクロペディア社会福祉学』中央法規，2007年
・大橋謙策・白澤政和編著『現代社会と福祉（第2版）』（MINERVA社会福祉養成テキストブック①）ミネルヴァ書房，2014年
・小笠原祐次編『老人福祉論』ミネルヴァ書房，2006年
・菊池正治・清水教惠・田中和男・永岡正己・室田保夫編『日本社会福祉の歴史　付・史料（改定版）—制度・実践・思想—』（MINERVA福祉専門職セミナー7）ミネルヴァ書房，2014年

社会保障関係費の推移

（単位：億円，％）

区分	2013 （平成25）	2014 （平成26）	2015 （平成27）	区分	2016 （平成28）	2017 （平成29）	2018 （平成30）
社会保障関係費	291,224(100.0)	305,175(100.0)	315,297(100.0)	社会保障関係費	319,738(100.0)	324,735(100.0)	329,732(100.0)
年金医療介護 保険給付費	218,475(75.0)	225,557(73.9)	231,107(73.3)	年 金 給 付 費 医 療 給 付 費 介 護 給 付 費	113,130(35.4) 112,739(35.3) 29,323(9.2)	114,831(34.8) 115,010(34.9) 30,130(9.1)	116,853(35.4) 116,079(35.2) 30,953(9.4)
生 活 保 護 費	28,614(9.8)	29,222(9.5)	29,042(9.2)	少子化対策費	20,241(6.3)	21,149(6.4)	21,437(6.5)
社 会 福 祉 費	38,610(13.3)	44,480(14.6)	48,591(15.4)	生 活 扶 助 等 社 会 福 祉 費	40,080(12.5)	40,205(12.2)	40,524(12.3)
保健衛生対策費	3,539(1.2)	4,093(1.3)	4,876(1.5)	保健衛生対策費	2,865(0.9)	3,042(0.9)	3,514(1.1)
雇用労災対策費	1,986(78.0)	1,824(0.6)	1,581(0.5)	雇用労災対策費	1,360(0.4)	368(0.1)	373(0.1)
厚生労働省予算	294,316(10.3)	307,430(4.5)	299,146(3.0)	厚生労働省予算	303,110(1.3)	306,873(1.2)	311,262(1.4)
一 般 歳 出	539,774(5.3)	564,697(4.6)	573,555(1.6)	一 般 歳 出	578,286(0.8)	583,591(0.9)	588,958(0.9)

4．平成27年度4月より保育所運営費等（1兆6,977億円）が内閣府へ移管されたため，平成27年度における厚生労働省予算の伸率は，
その移管後の予算額との対比による。
出所：『平成30年版　厚生労働白書』資料編，p.18

・鬼頭宏『人口から読む日本の歴史』講談社，2000年
・小山路男『西洋社会事業史論』光生館，1978年
・厚生労働省「平成25年国民生活基礎調査の概要」http://www.mhlw.go.jp/ （2014.12.19）
・厚生統計協会『国民の福祉と介護の動向』厚生統計協会，各年度
・厚生労働省編『厚生労働白書』日経印刷，各年度
・国土交通省編『国土交通白書』各年版
・国立社会保障・人口問題研究所「平成29年度　社会保障費用統計（2019年8月2日公表）」
http://www.ipss.go.jp/site-ad/index_Japanese/security.asp （2019年11月30日）
・財務省「平成29年度一般会計予算の概要」https://www.mof.go.jp/tax_policy/summary/condition/002.
htm
・社会福祉学習双書編集委員会編『社会福祉学習双書　老人福祉論』全国社会福祉協議会，2011年
・社会福祉養成講座編集委員会編『現代社会と福祉』中央法規，2012年
・社会福祉養成講座編集委員会編『高齢者に対する支援と介護保険制度』中央法規，2012年
・社会福祉の動向編集委員会編『社会福祉の動向』中央法規，各年度
・社会福祉士養成講座編集委員会編『社会保障第6版』中央法規，2019年
・社会保障入門編集委員会編『社会保障入門』中央法規，各年度
・総務省　人口推計（平成25年10月1日現在）http://www.stat.go.jp/ （2014年12月19日アクセス）
・総務省統計局「平成26年10月1日現在推計人口」『厚生の指標』厚生統計協会，2015年
・高島進『社会福祉の歴史—慈善事業・救貧法から現代まで』ミネルヴァ書房，1995年
・田畑洋一・岩崎房子・大山朝子・山下利恵子編著『新社会福祉・社会保障』学文社，2013年
・田畑洋一・岩崎房子・大山朝子・山下利恵子編著『社会保障—生活を支えるしくみ（第2版）』学文社，
2017年
・田畑洋一編著『現代社会福祉概説』中央法規，2004年
・社会福祉士養成講座編集委員会編『新版社会福祉概論』中央法規，2003年
・室田保夫編著『人物でよむ社会福祉の思想と原理』ミネルヴァ書房，2010年
・森田優三『人口増加の分析』日本評論社，1944年
・山田雄三監訳『ベヴァリッジ報告　社会保険および関連サービス』至誠堂，1969年
・吉田久一『全訂版　日本社会事業の歴史』勁草書房，1994年

第2章

社会福祉の分野

A　生活保護

　貧困・低所得層の生活課題には，経済的問題が基底となることが多い。現代社会が抱える不安定雇用や低賃金，失業等に代表されるように労働に関する課題から家族関係の破綻，住環境の悪化等のさまざまな側面に至るまで多岐にわたっている。そのような状況に対応するべく，貧困・低所得者対策として，公的扶助制度がある。公的扶助は，社会保険とともに国民に対する生活保障を直接の目的とする点では共通しているが，社会保険が社会的事故によって生じる生活不能や貧困な生活状態への転落を防止し，画一的な給付により防貧的機能を果たしているのに対し，公的扶助は生活不能や貧困な生活の現実に着目し，個別的・事後的に救貧的機能を果たしている。また，生活困窮状態にある者を対象とし，すべて公費により必要な給付を行う。

　わが国における公的扶助の特徴は，①公的責任で実施される，②生活困窮状態にある者またはその状態に近い者を対象とする，③資力調査（ミーンズ・テスト）を行う，④申請を原則とし，最低生活保障水準で保護を実施する，⑤財源は公費で賄われる，⑥他法他施策・親族扶養を優先する仕組みであることなどが挙げられる。さまざまな特徴があるが，わが国における公的扶助は，1950年に制定された生活保護法に基づく生活保護が中心となる。以下，わが国の生活保護法の概要についてみていきたい。

1．生活保護の目的・原理・原則

1）目　的

　生活保護法は，日本国憲法第25条の生存権保障に基づき，生活に困窮する者が，利用しうる資産，能力，その他あらゆるものを活用してもなお最低限度の生活を維持できない場合，その困窮の程度に応じ必要な保護を行い，その最低限度の生活を保障するとともに，その自立を助長することを目的としている。

2）基本原理

(1) 生存権保障・国家責任の原理（生活保護法第1条）

　この法律は，憲法第25条に規定する理念に基づき，国が生活に困窮するすべての国民に対し，その困窮の程度に応じ，必要な保護を行い，その最低限度の生活を保障するとともに，その自立を助長することを目的としている。この規定では，「最低限度の生活保障」と「自立の助長」の2つの目的を有している。保護が生活困窮の必要に応じて行われることなどを明らかにし，最低生活の保護を権利として主張できること，国民に健康で文化的な最低限度の生活を保障することは国の義務であることを明確にしている。

(2) 無差別平等の原理（法第2条）

　すべて国民は，この法律の定める要件を満たす限り，この法律による保護を無差別平等に受けることができる。この原理は，憲法第14条の「法の下の平等」を具現化したものであり，国民は法律の定める受給要件を満たせば，無差別平等に保護を受けることが法律上の権利として保障されているとしている。

　ここに規定されている「国民」とは，日本国籍を有する者であるが，人道上等の理由により，外国人に対しては，行政上の措置による保護はなされるが，保護請求権はなく，不服申立もできず，あくまでも，法の準用を認めるものと規定されている。

(3) 最低生活保障の原理（法第3条）

　この法律により保障される最低限度の生活は，健康で文化的な生活水準を維持することができるものでなければならない。

　このように第3条は，憲法第25条1項を根拠とするものであるが，「健康で文化的な生活水準」とは，抽象的・相対的な概念であり，それを具体的にどのような水準にするかということについては大きな課題である。単に最低生活水準の維持ではなく，人間としての生活を可能にするものでなければならない。

(4) 保護の補足性の原理（法第4条）

　保護は，生活に困窮する者が，その利用しうる資産，能力その他あらゆるものを，その最低限度の生活の維持のために活用することを要件として行われる。また，民法に定める扶養義務者の扶養および他の法律に定める扶助は，すべてこの法律による保護に優先して行われなければならない。ただし，急迫した事由がある場合に，必要な保護を行うことを妨げるものではない。

3）保護の原則

(1) 申請保護の原則（法第7条）

　旧生活保護法までは職権保護の建前をとってきたが，現行生活保護法では申請保護主義を採用し

ている。保護は，要保護者[1]，その扶養義務者又はその他の同居の親族の申請に基づいて開始するものとすると規定されている。これが申請保護の原則である。ただし，要保護者が急迫した状況にあるときは，保護の申請がなくても，必要な保護を行うことができる。

(2) 基準及び程度の原則（法第8条）

保護は，厚生労働大臣の定める基準により測定した要保護者の需要を基とし，そのうち，その者の金銭または物品で満たすことのできない不足分を補う程度において行うものとする。保護基準は，要保護者の年齢別，性別，世帯構成別，所在地域別，その他保護の種類に応じて必要な事情を考慮した最低限度の生活の需要を満たすに十分なものであって，かつ，これをこえないものでなければならない。

(3) 必要即応の原則（法第9条）

保護は，要保護者の年齢別，性別，健康状態等その個人または世帯の実際の必要の相違を考慮して，有効かつ適切に行うものとする。この原則は，画一的・機械的運用から生じる弊害を防ぐため

図表2-1　世帯分離が認められる主な場合

区分	収入のない者を分離し，分離した者を保護するもの	収入のある者を分離し，残りの世帯員を保護するもの	稼働能力を活用していない者を分離し，残りの世帯員を保護する場合
居住を同一にする場合	1. 自己に対し生活保持義務関係にある者がいない世帯に転入した要保護者 ②常時の介護又は監視を要する寝たきりの老人，重度の心身障害者等	①被保護世帯に当該世帯員の日常生活の世話を目的として転入した保護を要しない者 2. 結婚，転職等のため1年以内に転出する者であって，同一世帯員のいずれにも生活保持義務関係にない収入のある者	1. 稼働能力があるにもかかわらず収入を得るための努力をしないなど保護の要件を欠く者 2. 大学等に就学する者
居住を異にする場合	①出身世帯に自己に対し生活保持義務関係にある者がいない者であって，6ヵ月以上入院を要する者 ②出身世帯に自己に対し生活保持義務関係にある者が属している者であって，1年以上入院しており，かつ，引き続き長期にわたり入院を要する者 ③世帯分離された者が，感染症予防法第37条の2等の公費負担を受けて引き続き入院又はその更生を目的とする施設に入所している者 ④世帯分離された者が退院又は退所後6ヵ月以内に再入院し，長期にわたり入院を要する者 ⑤救護施設等の入所者又は出身世帯員	①6ヵ月以上入院している患者の出身世帯員であって，当該患者と生活保持義務関係にない収入のある者	

○印は世帯全体の要保護性の規定のある事項
出所:『生活保護手帳　別冊問答集　2019年度版』中央法規. 2019年. pp.43-44を加筆・修正

1）生活保護法において，「要保護者」とは，現に保護を受けているといないとにかかわらず，保護を必要とする状態にある者をいう。「被保護者」とは，現に保護を受けている者をいう（法第6条）。

に設けられたものといわれている。つまり，要保護者に対して，実質的に同等の生活水準を保障するために，個人または世帯の特殊性を考慮して適切な取扱いをしていくべきである。

(4) 世帯単位の原則 (法第10条)

　保護は，世帯を単位としてその要否および程度を定めるものとする。ただし，これによりがたいときは，個人を単位として定めることができる。

　この原則は，生活困窮という状態が個人に現れる現象であるというよりは，生計を同一にしている世帯全体を観察してはじめて把握される現象であることに起因している。ここでいう世帯とは，「居住と生計の同一性」という生活共同の集合体のことであり，たとえ他人を含む場合であっても，それらの者すべてをひとつの単位として捉えることになる。なお，保護の実施は世帯単位として行うことが原則であるが，法の目的に適合しないときは，個人単位として判断し保護を実施する，すなわち「世帯分離」の措置がとられている（図表2-1）。

2. 生活保護の給付の種類と方法

　生活保護法による保護の種類は，被保護者の最低生活の保障を満たすための生活扶助，教育扶助，住宅扶助，医療扶助，介護扶助，出産扶助，生業扶助，葬祭扶助の8種類の扶助により定められている（図表2-2）。これらの扶助は要保護者の必要に応じ，単給または併給として行われる（法第11条）。原則として，生活・教育・住宅・出産・生業・葬祭扶助は金銭給付であり，医療・介護扶助は現物給付で行われる。ただし，これによりがたいときは，金銭給付を現物給付に，現物給付を金銭給付に代えて行うことができる。

　さらに，これらの基準は各扶助の事情を考慮して，年齢別，性別，世帯構成別，所在地域別により定められている。また，一般基準によって最低生活を満たすことができない場合は，厚生労働大臣が特別の基準を定めるとしている。所在地域別の保護基準としては，8種類の扶助のうち生活扶助，住宅扶助，葬祭扶助が級地制[2]を採用している。

1) 生活扶助

(1) 内容 (法第12条)

　生活扶助は，8種類の扶助のうち最も基本的な扶助であり，困窮のため最低限度の生活を維持することのできない者に対して，①衣食その他日常生活の需要を満たすために必要なもの，②移送，の範囲内において行われると規定されている。生活扶助は，飲食物費，被服費，光熱費，家具什器費等の日常生活を営む上での基本的な需要を満たすためのものである。移送費は被保護者が保護施

2）級地制とは，地域の生活水準や物価に配慮したもので，生活保護基準に地域差を設けることで，実質的に平等にするという目的がある。また，級地区分とは，全国の市町村を1級地-1から3級地-2の6区分に分けている。1級地は大都市および周辺地域，2級地は県庁所在地など中核市および周辺地域，3級地はそれ以外の地域となっている。

図表2−2　最低生活費の体系

最低生活費

- 生活扶助
  - 第1類費 --------- 個人的経費（食費・被服費等）
  - 第2類費 --------- 世帯共通経費（光熱費・家具什器等）＋地区別冬季加算（11月〜3月）
  - 入院患者日用品費 --------- 病院又は診療所（介護療養型医療施設を除く）に入院している被保護者に対する一般生活費
  - 介護施設入所者基本生活費 --------- 介護施設に入所している被保護者に対する一般生活費
  - 各種加算
    - 妊産婦加算 --------- 妊婦および産後6ヵ月までの産婦である被保護者に対する栄養補給
    - 母子加算 --------- 児童（18歳に達する日以降の最初の3月31日までの間にある者）を抱える母子（父子）世帯における児童の養育に対する特別需要に対応
    - 障害者加算 --------- 身体障害者手帳1級，2級及び3級の身体障害者若しくは国民年金法の1級または2級の障害者に対する特別需要に対応
    - 介護施設入所者加算 --------- 介護施設に入所している被保護者に対する特別需要に対応
    - 在宅患者加算 --------- 在宅で療養している被保護者で，栄養補給を必要としている者
    - 放射線障害者加算 --------- 原爆被爆者で重度の障害を有する者に対する特別需要に対応
    - 児童養育加算 --------- 中学校修了前までの児童を養育する者の特別需要に対応
    - 介護保険料加算 --------- 介護保険の第1号被保険者である被保護者であって，普通徴収の方法で保険料を納付する者
  - 期末一時扶助 --------- 年末（12月）における特別需要（食費や雑費等）に対応
  - 一時扶助 --------- 保護開始時，出生，入学，入退院時等に際して，必要不可欠の物資を欠いており，かつ，緊急やむを得ない場合に限って支給
- 住宅扶助
  - 家賃・間代・地代 --------- 借家・借間の場合の家賃，間代等または自己所有の住居に対する土地の地代等
  - 住宅維持費 --------- 現に居住する家屋の補修または建具，水道設備等の従属物の修理等で必要となる経費を支給
- 教育扶助 --- 一般基準 ＋ 学校給食費 ＋ 通学交通費 ＋ 教材代 ＋ 学習支援費
- 介護扶助 --------- 介護保険の介護の方針及び報酬の例による
- 医療扶助 --------- 国民健康保険および後期高齢者医療の診療方針・診療報酬の例による
- 出産扶助
  - 居宅分娩
  - 施設分娩
- 生業扶助
  - 生業費 --------- 生計の維持を目的とする小規模の事業を営むための資金または生業を行うための器具，資料代等の経費
  - 技能修得費
    - 技能修得費 --------- 生計の維持に役立つ生業に就くために必要な技能を修得するための経費
    - 高等学校等就学費 --------- 高等学校等に就学し卒業することが当該世帯の自立助長に効果的であると認められた場合に学用品費等を支給
  - 就職支度費 --------- 就職のため直接必要とする洋服類，履物等の購入費用を支給
- 葬祭扶助 --------- 葬祭に伴い必要となる経費の支給
- 勤労控除
  - 基礎控除 --------- 勤労に伴って必要な経常的増加需要に対応するとともに勤労意欲の助長を促進
  - 新規就労控除 --------- 新たに継続性のある職業に従事した場合の特別経費に対応
  - 未成年者控除 --------- 未成年者の需要に対応するとともに本人及び世帯員の自立助長を図る
  - 実費控除 --------- 通勤費，所得税等勤労に伴い必要な実費

出所：『社会保障入門』中央法規，2018年，p.54を加筆修正

A　生活保護

設等へ入・退所する場合の費用，転居等に要する費用である。

　生活扶助は，基準生活費（一般的共通の生活費）と特別な需要を満たすための各種加算等から成り立っている。居宅保護の場合の基準生活費は，第1類と第2類の合計額となっている。第1類は個人経費（食費・被服費等）で，年齢階級別に定められている。第2類は世帯単位の経費（光熱費・家具什器費）で，これに11月から3月までの地区別冬季加算を加えた額である。施設入所の場合の入所基準生活費は，施設の種類に応じた基準額に地区別冬季加算を加えた額である。また，被保護者が1ヵ月以上入院している場合は入院患者日用品費，介護施設に入所している場合は介護施設入所者基本生活費が生活扶助として支給される。

　各種加算は特定の者だけに上乗せすることが認められている特殊経費で，①妊産婦加算，②母子加算，③障害者加算，④介護施設入所者加算，⑤在宅患者加算，⑥放射線障害者加算，⑦児童養育加算，⑧介護保険料加算がある。そのほか，期末一時扶助（年末における特別需要），一時扶助がある。

⑵　方法（法第30条，法第31条）

　生活扶助は，居宅保護を原則としているが，これによることが適当でないとき，または被保護者が希望したときは，被保護者を救護施設，更生施設もしくはその他の適当な施設に入所させ，またはこれらの施設に入所を委託し，または私人の家庭に養護を委託して行うことができる。

　その保護金品は，1ヵ月以内を限度として前渡しするが，これによりがたいときは1ヵ月分を超えて前渡しすることができる。居宅において生活扶助を行う場合の保護金品は，世帯単位に計算し，世帯主またはこれに準ずる者に対して交付される。ただし，これによりがたいときは，被保護者に対して個々に交付することができる。施設等に入所し，または，養護を委託して生活扶助を行う場合の保護金品は，被保護者または施設の長もしくは養護の委託を受けた者に対して交付される。

2）教育扶助

⑴　内容（法第13条）

　教育扶助は，困窮のため最低限度の生活を維持することのできない者に対して，①義務教育に伴って必要な教科書その他の学用品，②義務教育に伴って必要な通学用品，③学校給食その他義務教育に伴って必要なもの，の範囲内において行われる。教育扶助は，義務教育に必要な費用を扶助するものであり，教育扶助基準は全国一律である。なお，義務教育前の幼稚園，義務教育修了後の高校・大学などへの就学費用は教育扶助の対応にならない。

⑵　方法（法第32条）

　教育扶助は，金銭給付によって行われるものである。ただし，これによりがたいときは，現物給付によって行うことができる。

3）住宅扶助

(1) 内容（法第14条）

住宅扶助は，困窮のための最低限度の生活を維持することのできない者に対して，①住居，②補修その他住宅の維持のために必要なもの，の範囲内において行われる（法第14条）。住宅扶助は，級地ごとに規定された基準額の範囲内で支給される。ただし，基準額を超える場合は，都道府県（指定都市および中核市を含む）ごとに厚生労働大臣の承認を得て別に定めた特別基準の範囲内で支給するものとする。

(2) 方法（法第33条）

住宅扶助は，金銭給付によって行うものとする。ただし，これによりがたいときは，現物給付によって行うことができる。住宅扶助のための保護金品は，世帯主またはこれに準ずる者に対して交付するものとする。

4）医療扶助

(1) 内容（法第15条）

医療扶助は，困窮のため最低限度の生活を維持することのできない者に対して，①診察，②薬剤または治療材料，③医学的処置，手術およびその他の治療ならびに施術，④居宅における療養上の管理およびその療養に伴う世話その他の看護，⑤病院または診療所への入院およびその療養に伴う世話その他の看護，⑥移送，の範囲内において行われる。

(2) 方法（法第34条）

医療の給付は，医療保護施設を利用させ，または医療保護施設もしくは第49条の規定により指定医療機関に委託して行うものとする（急迫の場合は，この限りではない）。なお，医師の同意があるものについては，あん摩・マッサージ，柔道整復，はり・きゅう等の施術の費用も給付対象となっている。医療扶助は，現物給付によって行うことができる。ただし，これによりがたいときは，金銭給付によって行うことができる。

5）介護扶助

(1) 内容（法第15条の2）

介護扶助は，困窮のため最低限度の生活を維持することのできない要介護者および要支援者に対して，①居宅介護（居宅介護支援計画に基づき行うものに限る），②福祉用具，③住宅改修，④施設介護，⑤介護予防（介護予防支援計画に基づき行うものに限る），⑥介護予防福祉用具，⑦介護予防住宅改修，⑧介護予防・日常生活支援（介護予防支援計画または介護予防支援事業による援助に相当する援助に基づき行うものに限る），⑨移送，の範囲内において行われる。

（2）　方法（法第34条の2）

　都道府県知事等が介護扶助の現物給付を提供する機関を指定し，この指定介護機関に介護の給付
を委託して行う。介護扶助は，現物給付によって行う。ただし，これによりがたいときは，金銭給
付によって行うことができる。なお，介護保険からの給付が行われる場合は，補足性の原理に基づ
き，介護保険法の給付が生活保護法の扶助に優先し，自己負担分が保護費として支給される。

6）出産扶助

（1）　内容（法第16条）

　出産扶助は，困窮のため最低限度の生活を維持することのできない者に対して，①分娩の介助，
②分娩前および分娩後の処置，③脱脂綿，ガーゼその他の衛生材料，の範囲内において行われる。

（2）　方法（法第35条）

　出産扶助は，金銭給付によって行うものとする。ただし，これによりがたいときは，現物給付に
よって行うものとする。現物給付のうち，助産の給付は指定を受けた助産師に委託して行うものと
する。

7）生業扶助

（1）　内容（法第17条）

　生業扶助は，困窮のため最低限度の生活を維持することのできない者またはそのおそれのある者
に対して，次に掲げる事項の範囲内において行われるが，生業扶助を行うことによってその者の収
入を増加させ，またはその自立を助長することのできる見込みのある場合に限る。その内容は，①
生業に必要な資金，器具または資料，②生業に必要な技能の修得，③就職のために直接必要なもの，
と規定されている。

　なお，公立高校の授業料無償化等に伴う2010（平成22）年度の生活保護基準の改定については，
「公立高等学校に係る授業料の不徴収及び高等学校等就学支援金の支給に関する法律」により，公
立高等学校の授業料の無償化および私立高等学校等に通学する者への高等学校等就学支援金の支給
が行われることに伴い，同制度の対象者は，「高等学校等就学費」による授業料の支給は行われない。
一方，従来の高等学校等就学費の支給対象者であり，同制度の対象とならない学校に通学する者は，
従前と同額の「高等学校等就学費」が支給される。

（2）　方法（法第36条）

　生業扶助は，金銭給付によって行うものとする。ただし，これによりがたいときは，現物給付に
よって行うことができる。生業扶助のための保護金品は，被保護者に対して交付するものとする。
ただし，施設の併用または技能の授与のために必要な金品は，授産施設の長に対して交付すること
ができる。

8）葬祭扶助

⑴　内容（法第18条）

葬祭扶助は，困窮のため最低限度の生活を維持することのできない者に対して，①検案，②死体の運搬，③火葬または埋葬，④納骨その他葬祭のために必要なもの，の範囲内において行われる。

⑵　方法（法第37条の２）

葬祭扶助は，金銭給付によって行うものとする。ただし，これによりがたいときは，現物給付によって行うことができる。葬祭扶助のための保護金品は，葬祭を行う者に対して交付するものとする。

3．保護施設

保護施設は，居宅において生活を営むことが困難な者を入所，通所させて保護を行う施設である。その施設の設備および運営等については厚生労働大臣の定める最低基準以上のものでなければならない（法第39条）。設置主体は，都道府県，市町村，地方独立行政法人，社会福祉法人，日本赤十字社に限定されている（法第41条）。

1）救護施設

救護施設は，身体上または精神上著しい障害があるために日常生活を営むことが困難な要保護者を入所させ，生活扶助を行うことを目的とする施設である（法第38条２項）。また，通所部門を設け，要保護者を通所させ，生活指導・生活訓練等を受けさせることにより，自立促進を図っている。

2）更生施設

更生施設は，身体上または精神上の理由により養護および生活指導を必要とする要保護者を入所させて，生活扶助を行うことを目的とする施設である（法第38条３項）。また，更生施設においても通所部門を設け，要保護者を通所させ，就労指導・職業訓練等を受けさせることにより，自立促進を図っている。

3）医療保護施設

医療保護施設は，医療を必要とする要保護者に対して，医療の給付を行うことを目的とする施設である（法第38条４項）。指定医療機関が普及したことにより，医療保護施設の必要性が失われつつある。

4）授産施設

授産施設は，身体上もしくは精神上の理由または世帯の事情により就業能力の限られている要保護者に対して，就労または技能の修得のために必要な機会及び便宜を与え，その自立を助長するこ

とを目的とする施設である（法第38条5項）。この施設は，生業扶助を目的としており，施設授産と家庭授産がある。

5）宿所提供施設

宿所提供施設は，住居のない要保護者の世帯に対して，住宅扶助を行うことを目的とする施設である（法第38条6項）。

4．保護の実施体制と費用

1）保護の実施機関

生活保護の決定と実施等に関する権限は，都道府県知事，市長，福祉事務所を設置する町村長が有しているが，実際には第一線の現業機関として福祉事務所が設置され，その権限を福祉事務所長に委任するかたちで行われている。福祉事務所は，所管区域内に居住地または現在地を有する要保護者に対して保護を行う。また，社会福祉法に定める社会福祉主事は，補助機関として具体的な保護事務にあたっている。

2）費用負担

生活保護制度は，憲法第25条に規定する理念に基づき，国が生活に困窮する国民の最低限度の生活を保障するものであることから，財政的にも国が高率の負担を行うことになっている。一方，地方公共団体は法定受託事務として生活保護を実施するとともに，国と分担して費用負担を行っている（図表2-3）。

図表2-3　費用負担区分

経緯	居住地区分	国	都道府県または指定都市・中核市	市町村または事業者
保護費 （保護施設事務費および委託事務費を含む）	市または福祉事務所を設置している町村内居住者	3/4	―	1/4
	福祉事務所を設置していない町村内居住者	3/4	1/4	―
	指定都市・中核市内居住者	3/4	1/4	―
	居住地の明らかでない者	3/4	1/4	―
保護施設設備費	社会福祉法人立，日本赤十字社立	1/2	1/4	1/4
就労自立給付金・進学準備給付金	福祉事務所の所管区域内に居住地を有する被保護者	3/4	1/4または1/4	
被保護者就労支援事業	都道府県支弁費用	3/4	1/4	―
	市町村支弁費用	3/4	―	1/4

出所：『生活保護手帳　2018年度版』中央法規，2018年，pp.45-49をもとに作成

5．保護の要否判定と程度

保護の要否判定と程度は，世帯の最低生活費と収入認定額（収入充当額）の比較によって決定される（図表2-4）。具体的には，最低生活費が収入充当額を上回る場合は保護要，下回る場合は保

図表2−4　要否判定

・最低生活費の計算

生活扶助		住宅扶助		教育扶助		介護扶助		医療扶助	
生活費	＋	家賃等	＋	義務教育費	＋	介護費	＋	医療費	＝ 最低生活費

・収入充当額の計算
　　平均月額収入−（必要経費の実費＋基礎控除）＝収入充当額
・扶助額計算
　　最低生活費−収入充当額＝扶助額

出所：『社会保障の手引』中央法規，2015年，p.308

護否となる。収入充当額は原則，判定を行う日の属する日までの３ヵ月間の平均に基づいて行う。

6．被保護者の権利・義務と不服申し立て

1）被保護者の権利

(1)　不利益変更の禁止（法第56条）

　被保護者は，正当な理由がなければ，既に決定された保護を不利益に変更されることがない。この規定は，実施機関の恣意的な判断により起こりうる保護の不利益変更を防ぐものであり，決定された内容の保護を受けることは被保護者の権利として保障されるべきである，保護の実施機関も決定通りに実施しなければならないことを示している。

(2)　公課禁止（法第57条）

　被保護者は，保護金品および進学準備給付金を標準として租税その他の公課を課せられることがない。生活保護法による保護金品は，被保護者の最低限度の生活を保障するものであるから，これを収入として租税その他の公課を課してはならないことは当然である。ただし，保護金品に限るものであり，被保護者が得る保護金品以外の収入に対するものではない。

(3)　差押禁止（法第58条）

　被保護者は，既に給与を受けた保護金品および進学準備給付金またはこれを受ける権利を差し押さえられることがない。前条の「公課禁止」は公権力との関係における保護金品の保障であったが，「差押禁止」は主として民事上の債権，債務関係に基づく保護金品の保障のことである。

2）被保護者の義務

(1)　譲渡禁止（法第59条）

　被保護者は，保護または就労自立給付金の支給を受ける権利を譲り渡すことができない。この規定は，保護を受ける権利は一身専属であって，他に譲り渡すことができないことを明確にしたものである。

(2) 生活上の義務 (法第60条)

　被保護者は，常に，能力に応じて勤労に励み，自ら，健康の保持及び増進に努め，収入，支出その他生計の状況を把握するとともに支出の節約を図り，その他生活の維持，向上に努めなければならない。

(3) 届出の義務 (法第61条)

　被保護者は，収入，支出その他生計の状況について変動があったとき，または居住地もしくは世帯の構成に異動があったときは，すみやかに，保護の実施機関または福祉事務所長にその旨を届けなければならない。

(4) 指示等に従う義務 (法第62条)

　被保護者は，保護の実施機関が被保護者を救護施設等の適当な施設に入所させ，もしくは入所を委託して保護を行うことを決定したとき，または被保護者に対し，必要な指導または指示をしたときは，これに従わなければならない。義務違反の場合，保護の変更，停止または廃止を行うことができる。保護の変更，停止または廃止の処分をする場合には，当該被保護者に対して弁明の機会を与えなければならない。

(5) 費用返還義務 (法第63条)

　被保護者が，急迫の場合等において資力があるにもかかわらず，保護を受けたときは，保護に要する費用を支弁した都道府県または市町村に対して，すみやかに，その受けた保護金品に相当する金額の範囲内において保護の実施機関の定める額を返還しなければならない。

3）不服申し立て

　被保護者や要保護者は，生活保護法および行政不服審査法の規定に基づき保護の決定および実施の処分について不服がある場合，処分があったことを知った日の翌日から起算して3ヶ月以内に，審査請求を都道府県知事に対して行うことができる。なお，都道府県知事は50日以内（諮問する場合は70日以内）に裁決をしなければならない。

　また，都道府県知事の裁決に不服がある場合，裁決があったことを知った日の翌日から起算して1ヶ月以内に，再審査請求を厚生労働大臣に対して行うことができる。なお，厚生労働大臣は70日以内に裁決をしなければならない。

　行政事件訴訟（処分の取り消しの訴え）は，審査請求の裁決を経た後でなければ提起することができない（審査請求前置主義）。

7. 近年の動向

1) 保護の動向

　被保護人員（生活保護受給者数）の動きは，社会経済情勢の影響を受けて推移する傾向がある（図表2-5）。被保護者の状況としては，高齢者・傷病者・障害者等，何らかの社会的ハンディキャップを抱えた人たちが多くを占めているが，近年の傾向として，「その他の世帯」が増加している傾向がある。そのため，生活保護制度の運用において，被保護者の経済的自立や日常・社会的自立に向けた働きかけができるように，実態に合わせた適切な対応策が求められる。

　生活保護の動向を被保護人員について見てみると，1951年度には約205万人（2.42‰，約70万世帯）であったが，1985年度には約143万人（1.18‰，約78万世帯）と減少傾向で推移し，その後1995年度には史上最低の約88万人（0.70‰，約60万世帯）となった。しかし，翌年から都市部を中心に増加に転じ，世界金融危機や東日本大震災等の影響により，増加傾向にある。近年は横ばい傾向であるが，2017年度では約212万人となっている。

　扶助の種類別人員（1ヵ月平均）について見てみると，1955年度には生活扶助が約170万人，住宅扶助が約84万人，医療扶助が約38万人，教育扶助が約58万人となっている。2016年度には，生活扶助が約190万人，住宅扶助が約181万人，医療扶助が約176万人，教育扶助が約13万人，介護扶助が約34万人となっており，教育扶助や出産扶助以外は全体的に増加傾向にある（図表2-6）。

　世帯類型別被保護世帯の構成割合をみると，1975（昭和50）年度には高齢者世帯が31.4％，母子世帯が10.0％，傷病・障害者世帯が45.8％となっている（図表2-7）。2016年度には高齢者世帯が

図表2-5　被保護人員，保護率，被保護世帯数の推移

○生活保護受給者数は約210万人。2015年3月をピークに減少に転じた。
○生活保護受給世帯数は約164万世帯。高齢者世帯が増加している一方，高齢者世帯以外の世帯は減少傾向が続いている。

資料：被保護者調査より厚生労働省社会・援護局保護課にて作成（2012（平成24）年3月以前の数値は福祉行政報告例）
出所：厚生労働省編『厚生労働白書』日経印刷，2019年，p.322

年度	被保護実人員 人	生活扶助 人	住宅扶助 人	教育扶助 人	介護扶助 人	医療扶助 人	出産扶助 人	生業扶助 人	葬祭扶助 人
1955	1,929,408	1,704,421	845,175	584,765	―	386,054	842	9,104	2,642
1960	1,627,509	1,425,353	656,009	496,152	―	460,243	478	6,296	2,601
1965	1,598,821	1,437,614	727,748	433,249	―	616,286	428	7,949	2,327
1970	1,344,306	1,143,103	643,421	263,495	―	701,783	269	4,513	2,004
1975	1,349,230	1,159,900	704,626	228,686	―	785,084	207	2,960	1,780
1980	1,426,984	1,251,347	866,857	260,781	―	856,245	236	2,678	1,665
1985	1,431,117	1,268,766	967,691	252,437	―	909,581	191	2,524	1,353
1989	1,099,520	969,319	789,295	158,323	―	752,956	88	2,175	1,092
1993	883,112	765,290	639,112	96,505	―	658,517	66	1,349	1,124
1998	946,994	821,931	707,094	86,254	―	753,366	80	943	1,377
2003	1,344,327	1,201,836	1,069,135	124,270	127,164	1,082,648	116	793	1,942
2008	1,592,620	1,422,217	1,304,858	134,734	195,576	1,281,838	133	37,383	2,551
2013	2,161,612	1,941,036	1,835,940	154,014	290,174	1,745,615	171	57,457	3,242
2014	2,165,895	1,946,954	1,843,587	148,462	310,359	1,763,405	162	55,965	3,230
2015	2,163,685	1,927,267	1,842,105	142,067	329,999	1,775,997	162	53,078	3,329
2016	2,145,438	1,907,334	1,830,131	134,135	348,064	1,769,543	149	50,378	3,432

出所：国立社会保障・人口問題研究所ホームページより作成

図表2−7　世帯類型別被保護世帯数及び世帯保護率の年次推移

年度	被 保 護 世 帯 数（1か月平均）									
	総　　数		高齢者世帯		母子世帯		傷病・障害者世帯		その他の世帯	
	世帯	％	世帯	％	世帯	％	世帯	％	世帯	％
1965	605,140	100.0	138,650	22.9	83,100	13.7	177,850	29.4	205,540	34.0
1975	704,785	100.0	221,241	31.4	70,211	10.0	322,458	45.8	90,875	12.9
1980	744,724	100.0	225,341	30.3	95,620	12.8	342,777	46.0	80,986	10.9
1985	778,797	100.0	243,259	31.2	113,979	14.6	348,881	44.8	72,678	9.3
1989	653,414	100.0	233,370	35.7	82,396	12.6	282,417	43.2	55,230	8.5
1993	585,086	100.0	240,690	41.1	54,697	9.3	247,362	42.3	42,338	7.2
1998	662,094	100.0	294,680	44.5	54,503	8.2	267,582	40.4	45,329	6.9
2003	939,733	100.0	435,804	46.4	82,216	8.7	336,772	35.8	84,941	9.0
2008	1,145,913	100.0	523,840	45.7	93,408	8.2	407,095	35.5	121,570	10.6
2013	1,583,919	100.0	719,625	45.4	111,520	7.0	464,719	29.3	288,055	18.2
2014	1,604,083	100.0	761,179	47.5	108,333	6.8	453,959	28.3	280,612	17.5
2015	1,621,356	100.0	802,811	49.5	104,343	6.4	442,369	27.3	271,833	16.8
2016	1,628,465	100.0	837,029	51.4	98,884	6.1	429,577	26.4	262,975	16.1

出所：国立社会保障・人口問題研究所ホームページより作成

51.4％，母子世帯が6.1％，傷病・障害者世帯が26.4％となっており，高齢者世帯の占める割合が増加している。国立社会保障・人口問題研究所によると，2016年度の被保護世帯数（1ヵ月平均）は，162万8,465世帯であり，前年度に比べて7,109世帯の増加となっている。世帯類型別被保護世帯数の対前年度増減数をみると，高齢者世帯が837,029世帯（前年度比で34,218世帯増加），傷病・障害者世帯が429,577世帯（前年度比で12,792世帯減少），母子世帯が98,884世帯（前年度比で5,459世帯減少）であった。稼働能力があることが予想される「その他の世帯」は，262,975世帯（前年度比で8,858世帯の減少）となっている。「その他の世帯」は，2008年度から増加していたが，2014年度から減少傾

図表2-8　世帯類型・保護受給期間別被保護世帯数の年次推移

年		実　　数						
		総　数	6カ月未満	6カ月〜1年未満	1年〜3年未満	3年〜5年未満	5年〜10年未満	10年以上
		世帯	世帯	世帯	世帯	世帯	世帯	世帯
高齢者世帯	1960	123,430	9,450	7,820	27,880	18,000	60,280	
	1985	247,280	7,590	10,110	39,900	35,720	66,420	87,540
	1993	244,710	6,610	8,070	26,810	24,660	64,310	114,250
	1998	289,660	9,820	12,730	43,280	34,540	55,520	133,770
	2003	433,720	20,560	22,050	78,920	64,300	93,740	154,150
	2008	524,510	18,150	20,000	74,650	74,440	155,670	181,600
	2013	720,621	27,661	28,020	114,874	114,431	175,016	260,619
	2014	761,805	28,706	26,947	111,840	121,699	190,998	281,615
	2015	803,298	30,863	28,097	108,676	115,115	220,588	299,959
	2016	837,407	30,381	29,213	109,780	109,217	244,078	314,560
母子世帯	1960	76,170	8,280	7,440	22,780	13,530	24,140	
	1985	109,700	9,280	12,510	38,140	21,360	21,460	6,950
	1993	52,750	3,470	4,610	12,060	8,490	16,580	7,540
	1998	49,030	4,140	4,930	14,370	8,960	10,430	6,200
	2003	75,210	7,200	8,620	24,850	14,560	14,780	5,200
	2008	85,470	6,280	6,560	22,550	17,710	25,440	6,930
	2013	106,748	7,908	7,925	29,209	22,843	26,182	12,681
	2014	103,637	7,662	7,133	25,772	22,902	26,777	13,391
	2015	99,726	7,443	6,690	23,069	20,248	28,782	13,494
	2016	94,096	6,440	6,123	21,427	17,495	29,268	13,276
障害傷病者世帯	1960	—	—	—	—	—	—	—
	1985	331,610	25,280	27,080	75,760	50,420	74,940	78,130
	1993	225,950	15,070	15,090	38,780	28,150	56,150	72,710
	1998	257,700	19,340	19,630	56,680	35,990	48,440	77,620
	2003	331,080	29,120	28,040	80,370	53,730	66,410	73,410
	2008	415,380	28,480	27,500	86,990	71,410	110,150	90,850
	2013	430,425	25,039	23,867	93,266	88,746	102,201	97,306
	2014	431,357	23,916	21,942	85,523	86,410	112,529	101,037
	2015	421,941	23,094	20,545	75,993	74,813	124,306	103,190
	2016	408,708	21,826	19,443	70,381	65,332	128,048	103,549
その他世帯	1960	374,750	60,420	46,880	118,140	57,880	91,430	
	1985	72,410	5,090	5,770	17,780	12,710	16,790	14,270
	1993	42,230	1,930	2,380	6,520	5,500	11,710	14,190
	1998	34,440	3,140	2,930	7,330	4,520	5,770	10,750
	2003	68,780	10,580	8,690	19,540	10,020	9,740	10,210
	2008	92,300	10,090	7,920	21,520	16,830	23,040	12,900
	2013	304,960	32,652	27,506	94,041	74,127	41,819	34,815
	2014	286,412	29,022	22,879	76,876	71,095	51,328	35,212
	2015	277,586	28,233	21,433	66,462	58,131	67,687	35,640
	2016	268,793	26,146	19,837	60,936	49,721	75,954	36,131

出所：国立社会保障・人口問題研究所ホームページより作成

向である。

　また保護の長期化が懸念されている。保護期間についても長期化が進んでおり，10年以上保護を受給している世帯が，「高齢者世帯」「母子世帯」「傷病・障害者世帯」「その他の世帯」ともに高い水準であり，保護が長期化していることがわかる（図表2-8）。

　生活保護費の総額は1975年度は6,764億円であったが，2014年度は3兆8,431億円となっている。バブル景気崩壊後の経済不況やリーマンショック後の世界金融危機，2011年3月11日の東日本大震災の影響等による生活保護受給者の増加が，生活保護費の増加の要因となっている。

2）自立支援プログラム

　これまでの自立の概念とは，「他人の力を借りずに生活する」という考えであった。自分で働いたお金で生活する「経済的自立」から自分の身の回りのことができる「身体的自立」に至るまで幅広くとらえられてきた。このような自立の概念の中で，2004年に出された，「生活保護制度の在り方に関する専門委員会」報告において，自立支援とは，社会福祉法の基本理念である利用者が心身共に健やかに育成され，またはその有する能力に応じ自立した日常生活を営むことができるように支援することを意味しており，就労による経済的自立のための支援（就労自立支援），それぞれの被保護者の能力やその抱える問題等に応じて身体や精神の健康を回復・維持し，日常生活における自立した生活を送るための支援（日常生活自立支援），社会的なつながりを回復・維持するなどの社会生活における自立の支援（社会生活自立支援）を含んでいるとして，自立の概念が示された。生活保護制度の目的は，生活に困窮するすべての国民に対し，その困窮の程度に応じて必要な保護を行い，健康で文化的な最低限度の生活を保障し，併せてその自立を助長するものである。自立支援プログラムには，3つのプログラム（就労自立支援プログラム，日常生活自立支援プログラム，社会生活自立支援プログラム）があり，相互に補完し合いながら，支援対象者に必要な支援を実施していくものである。

　自立支援プログラムの策定および実施として，自立支援プログラムの支援過程について取り上げる。岡部（2007）によると，生活保護制度の相談援助過程として，①インテーク，②アセスメント，③プランニング（援助計画の策定），④インターベンション（援助活動の実施），⑤モニタリング，⑥エバリュエーション（援助活動の評価），⑦ターミネーション（終結）と展開していく。自立支援プログラムの場合は，①「アセスメント」「説明と参加」の段階，②「プランニング（自立支援計画の策定）」の段階，③「自立支援計画の実施」「モニタリング」「エバリュエーション（評価）」の段階，④「ターミネーション（終結）」の段階のように4つの支援過程に分けて考えることができる。自立支援プログラムにおいては，評価の実施が重要となる。評価には，ケースワーカー自身による支援者評価と被保護者による利用者評価，当事者以外の第三者評価がある。

3）改正生活保護法

　2014年7月に施行された改正生活保護法では，①就労による自立促進，②健康・生活面等に着目した支援，③不正・不適正受給対策の強化等，④医療扶助の適正化を挙げている。①就労による自立促進として，安定就労の機会を得たことにより保護廃止に至った時に支給する制度として，就労自立給付金を創設している。④医療扶助の適正化として，国（地方厚生局）による医療機関への直接の指導を可能とする，指定医療機関の指定の更新制，後発医薬品の使用促進等がある。

　2018年10月には，生活保護基準の見直しが実施されている。主な内容は，年齢・世帯人員・居住地域（級地）別にみた生活扶助基準と消費実態との乖離の是正や母子加算，児童養育加算等の有子世帯における扶助・加算の見直しを2018年10月から段階的に実施するものである。その他，「後発医薬品の使用の原則化」「介護保険適用の有料老人ホーム等の居住地特例」「生活困窮者自立支援制

度にかかる情報提供等」などがある。

4）生活困窮者自立支援法

　2015年4月に施行された生活困窮者自立支援法は，生活保護に至る前の段階から自立支援策を強化するためのものである。主な事業について取り上げる。必須事業としては，①自立相談支援事業（地域の相談窓口に相談後，支援計画の作成，自立に向けた支援を行う），②住居確保給付金の支給（家賃相当額を支給することで，就職に向けた支援を行う）が挙げられる。任意事業としては，①就労準備支援事業（就労に必要な訓練を有期で実施する），②家計改善支援事業（家計の立て直しをアドバイスするもので，早期の生活再生を支援する），③子どもの学習・生活支援事業（子どもの学習支援をはじめとして，居場所づくり，進学支援等を行い，子どもと保護者の双方に必要な支援を行う），④一時生活支援事業（住居をもたない方等を対象に，一定期間，宿泊場所や衣食を提供する）がある。

　生活困窮者が増加する中で，生活困窮に陥った者に対して，早期に介入を行うことで，自立促進に向けた働きかけを積極的に行うことが期待されている。

　生活困窮者自立支援法の改正では，2018年10月に，「生活困窮者を把握した場合，生活困窮者自立支援法に基づく事業の利用を勧奨することを努力義務化する」「就労準備支援事業及び家計改善支援事業の実施を努力義務化する」「就労準備支援事業対象者の年齢要件（65歳未満）の撤廃」がある。

B 障害（児）者福祉

1．障害者基本法

　1970年，障害者施策に関する基本的理念を示し，その推進を目的として心身障害者対策基本法が制定された。この法律が1993年に大幅に改正され，障害のある人の自立と社会参加の促進を図るための法律として，名称も障害者基本法に改められた。

　障害者基本法は，国および都道府県，市町村などの地方公共団体が，障害に関わる施策を行うための基本法であり，すべての障害に関わる具体的な法制定や国および地方公共団体の施策の根拠となる。同法が示す理念・目的・定義などは，わが国の指針となるべきもので非常に重要な法律である。現在，わが国の障害者福祉分野において「基本法」と名のついた法律は「障害者基本法」のみである。

1）目的（第1条）

　この法律は、「全ての国民が、障害の有無にかかわらず、等しく基本的人権を享有するかけがえのない個人として尊重されるものであるとの理念にのっとり、全ての国民が、障害の有無によって分け隔てられることなく、相互に人格と個性を尊重し合いながら共生する社会を実現するため、障害者の自立及び社会参加の支援等のための施策に関し、基本原則を定め、及び国、地方公共団体等の責務を明らかにするとともに、障害者の自立及び社会参加の支援等のための施策の基本となる事項を定めること等により、障害者の自立及び社会参加の支援等のための施策を総合的かつ計画的に推進することを目的」としており、障害者を、「保護の客体から権利の主体へ」と位置づけ直し、また、「共生社会」という言葉を用いて、ソーシャルインクルージョンの考え方を目的として盛り込んだ。なお基本原則とは、第3条から第5条に規定されている内容である。

2）定義（第2条）

　この法律において「障害者」とは、「身体障害、知的障害、精神障害（発達障害を含む）その他の心身の機能の障害（以下「障害」と総称する）がある者であって、障害及び社会的障壁により継続的に日常生活又は社会生活に相当な制限を受ける状態にあるもの」をいう。「社会的障壁」とは、「障害がある者にとって日常生活又は社会生活を営む上で障壁となるような事物、制度、慣行、観念その他一切のもの」とし、機能障害と物理的な障壁や偏見といった社会の環境との関係の中で不利の原因がつくられるという社会モデルの考え方や「差別禁止」（第4条）が条文上に明記された。ここでの「観念」とは、「社会一般における障害者に対する差別的な意識などが態度や言動といった形で表面化してわかるもの」のことである。

3）地域社会における共生等（第3条）

　地域社会における共生社会の実現のために、全ての障害者が、障害者でない者と等しく、個人としてその尊厳が重んぜられ、その尊厳にふさわしい生活を保障するために、全ての障害者に、①「社会を構成する一員として社会、経済、文化その他あらゆる分野の活動に参加する機会が確保されること」、②「可能な限り、どこで誰と生活するかについての選択の機会が確保され、地域社会において他の人々と共生することを妨げられないこと」とし、「保護の客体から権利の主体」への転換の考え方を取り入れた。また、情報保障・コミュニケーション保障の充実を図るため、③「可能な限り、言語（手話を含む）その他の意思疎通のための手段についての選択の機会が確保されるとともに、情報の取得又は利用のための手段についての選択の機会の拡大が図られること」とし、当事者にとって適切なコミュニケーション手段を選択することを視野にいれた条文が明記されたことは、現代社会のニーズに合致しているといえる。なお地域で生活する障害者にとっての災害時の情報と必要な支援を提供するためのシステム作りも求められている。

4）差別の禁止（第4条）

　「差別の禁止」の規定については，改正前の基本法では複数の条文に分かれて規定されていたが，改正法では，第4条に独立した条項として規定され，下記の内容が定義され，障害者の権利に関する条約（障害者権利条約）に導入されている，合理的配慮の考え方が取り入れられた。

---

① 何人も，障害者に対して，障害を理由として，差別することその他の権利利益を侵害する行為をしてはならない。

② 社会的障壁の除去は，それを必要としている障害者が現に存し，かつ，その実施に伴う負担が過重でないときは，それを怠ることによって前項の規定に違反することとならないよう，その実施について必要かつ合理的な配慮がなされなければならない。

③ 国は，第一項の規定に違反する行為の防止に関する啓発及び知識の普及を図るため，当該行為の防止を図るために必要となる情報の収集，整理及び提供を行うものとする。

　「合理的配慮」とは，障害者権利条約と国内法の整備をめぐって注目された考え方であり，「過重な負担のない個別に必要な変更・調整」を意味する。「障害を理由とする差別」に合理的配慮の否定の意味が含まれているのであり，何が障害に基づく差別なのか，どうすれば差別のない社会を実現できるのかの判断基準を形成していく上で必要不可欠な考え方である。

　なおわが国では，2007年9月，障害者権利条約に署名を行い，2014年1月に批准し，同年2月に発効した[3]。

　「合理的配慮」とは，障害者が他の者との平等を基礎としてすべての人権及び基本的自由を享有し，又は行使することを確保するための必要かつ適当な変更及び調整であって，特定の場合において必要とされているものであり，かつ，均衡を失した又は過度の負担を課さないものをいう（障害者権利条約第2条）。

5）国際的強調（第5条）

　共生社会を実現するための施策が「国際社会における取組と密接な関係を有していることに鑑み，国際的強調の下に図らなければならない」という障害者の国際協調についての規定が改正法に新たに設けられた。

3）「署名」とは，内容に同意することをいう。将来的に批准する意思があることを示す行為ではあるが，署名だけでは条約の規定には拘束されない。「批准」とは，条約に署名した国が，条約の規定に拘束され，法的に遵守する意思があることを正式に宣言する行為であり，国内法の整備が必要になる。

1　国及び地方公共団体は，障害者が生活機能を回復し，取得し，又は維持するために必要な医療の給付及びリハビリテーションの提供を行うよう必要な施策を講じなければならない。
2　国及び地方公共団体は，前項に規定する医療及びリハビリテーションの研究，開発及び普及を促進しなければならない。
3　国及び地方公共団体は，障害者が，その性別，年齢，障害の状態及び生活の実態に応じ，医療，介護，保健，生活支援その他自立のための適切な支援を受けられるよう必要な施策を講じなければならない。
4　国及び地方公共団体は，第一項及び前項に規定する施策を講ずるために必要な専門的技術職員その他の専門的知識又は技能を有する職員を育成するよう努めなければならない。
5　国及び地方公共団体は，医療若しくは介護の給付又はリハビリテーションの提供を行うに当たっては，障害者が，可能な限りその身近な場所においてこれらを受けられるよう必要な施策を講ずるものとするほか，その人権を十分に尊重しなければならない。
6　国及び地方公共団体は，福祉用具及び身体障害者補助犬の給付又は貸与その他障害者が日常生活及び社会生活を営むのに必要な施策を講じなければならない。
7　国及び地方公共団体は，前項に規定する施策を講ずるために必要な福祉用具の研究及び開発，身体障害者補助犬の育成等を促進しなければならない。

6）医療，介護等（第14条）

　障害者基本法の第2章は，障害者の自立および社会参加の支援等のための基本的施策として，医療，介護等について，下記のように規定している（図表2-9）。

　障害者福祉を実践していく中で，障害者にとって身近な場所で，人権が尊重された支援，そして，性別，年齢，障害の状態および生活の実態に応じた支援，精神障害者の地域移行や人権といった点を踏まえて，制度運営していかなければならない。

7）障害者政策委員会（第32条〜36条）

　障害者施策を総合的かつ計画的に推進するために，内閣府に障害者政策委員会が設置されており，内閣総理大臣は，障害者政策委員会の意見を聴いて，障害者基本計画案を作成し，閣議の決定を求めることと規定されている。また，閣議決定後，政府は計画を国会に報告し，その要旨を公表しなければならない。

　都道府県と市町村には合議制の機関が設置され（市町村における設置は任意），都道府県は，都道府県障害者計画の策定に当たって，当該都道府県の合議制の機関の意見を聴かなければならないと規定されている。

　なお障害を理由とする差別の解消の推進に関する法律（障害者差別解消法）の施行に伴い，2016年4月より，障害者差別解消法の規定により政策委員会の権限に属せられた事項を処理することが追加されることとなっている。

▌2．身体障害者福祉法

　身体障害者福祉法は戦後間もない1949年に制定された。制定時は傷痍軍人を含む身体障害者の救済を目的としていたが，改正が繰り返され，施策や身体障害者の定義が拡充されてきた。現在は，障害者総合支援法が制定され，身体障害者福祉法の目的は，同法と相互に補完し合っている。

1）目　　的

　身体障害者福祉法は，「障害者の日常生活及び社会生活を総合的に支援するための法律と相まって，身体障害者の自立と社会経済活動への参加を促進するため，身体障害者を援助し，及び必要に応じて保護し，もって身体障害者の福祉の増進をはかること」を目的としている（第1条）。さらに，この目的を達成するために，「すべて身体障害者は，自ら進んでその障害を克服し，その有する能力を活用することにより，社会経済活動に参加することができるように努めなければならない」とし，同時に「社会を構成する一員として社会，経済，文化その他あらゆる分野の活動に参加する機会を与えられるものとする」と第2条に規定している。これらは，「完全参加と平等」という国際障害者年のスローガンと一体のものであり，他の市民と同等の生活保障としてのノーマライゼーションや人権保障の視点がその根本に存在している。

2）身体障害者の定義

　本法において，身体障害者とは，「別表に掲げる身体上の障害がある18歳以上の者であって，都道府県知事から身体障害者手帳の交付を受けた者」と規定している（第4条）つまり，身体障害者福祉法上で身体障害者と認定されるには，①別表に定められた身体障害があり，②18歳以上の者であって，③身体障害者手帳を有する，という3つの条件を充足することが必要である。別表に掲げるとは，「視覚障害」・「聴覚または平衡機能の障害」・「音声機能・言語機能またはそしゃく機能の障害」・「肢体不自由」・「内部障害（心臓・じん臓・呼吸器・膀胱又は直腸・小腸・ヒト免疫不全ウイルスによる免疫などの障害）」のことである。なお2010年度には，肝臓機能障害についても身体障害者の定義として加えられた。別表に規定する障害を有していても「身体障害者手帳」の交付を受けていない者は，同法による身体障害者とはみなされない。

3）身体障害者手帳制度

　身体障害者が，障害者の日常生活及び社会生活を総合的に支援するための法律やその他の法律を利用する場合は，身体障害者手帳が必要である。

　申請の手続きについては，都道府県知事（指定都市市長または中核市市長を含む）が指定した医師の診断書（意見書を含む）を添えて居住地の市町村（福祉事務所）を経由し，都道府県等に交付を申請する。都道府県知事等は，別表第5号に該当しない場合には，地方社会福祉審議会に諮問することとなっている。地方社会福祉審議会に諮問してもなお疑いがある場合は厚生労働大臣に認定を求める。厚生労働大臣は，認定を求められた場合，疾病・障害認定審査会に諮問する。

　身体障害者福祉法施行規則の別表第5号には「身体障害者障害程度等級表」（図表2-10）が記載されており，障害等級第1級（障害程度が最も重い）から7級まで詳細に区分されている。しかしながら，実際の身体障害者手帳には1級から6級までの区分しか存在しない。肢体不自由については7級まで記載があるが，この7級に該当する障害が2つ以上重複する場合に上位の6級として認定されるためである。また，異なる等級において，2つ以上の重複する障害がある場合は，障害の

図表2−10　身体障害者障害程度等級表の概要

		1級	2級	3級	4級	5級	6級	7級
視覚障害		○	○	○	○	○	○	×
聴覚障害		×	○	○	○	×	○	×
平衡機能障害		×	×	○	×	○	×	×
音声・言語・そしゃく機能障害		×	×	○	○	×	×	×
肢体不自由	上肢	○	○	○	○	○	○	○
	下肢	○	○	○	○	○	○	○
	体幹	○	○	○	×	○	×	×
内部障害	心臓	○	×	○	○	×	×	×
	じん臓	○	×	○	○	×	×	×
	呼吸器	○	×	○	○	×	×	×
	膀胱または直腸	○	×	○	○	×	×	×
	小腸	○	×	○	○	×	×	×
	ヒト免疫不全ウイルスによる免疫障害	○	○	○	○	×	×	×
	肝臓（平成22年度より）	○	○	○	○	×	×	×

出所：厚生労働省資料

程度を勘案して，当該等級より上の級とすることができる。別表には，抽象的な表現で記載されているが，各種検査の項目，方法，判定の認定基準などの具体的内容は厚生労働省社会局通知「身体障害者障害程度等級表について」で詳しく示されている。

　18歳未満でも，身体障害者福祉法に基づいて申請を行うことで，身体障害者手帳が交付される。なお15歳未満の場合は保護者が本人に代わって申請をすることも可能である。

4）身体障害者更生相談所

　身体障害者更生相談所は，法の第11条に規定され，身体障害者の更生援護の利便や市町村の援護の支援のために，必ず都道府県が設置しなければならない。身体障害者更生相談所には，身体障害者福祉司を置かなければならない。なお身体障害者更生相談所の業務は，図表2−11の通りである。

図表2−11　身体障害者更生相談所の業務

1. 障害者支援施設等への入所等の措置にかかる市町村の援護の実施に関し，市町村相互間の連絡調整，市町村に対する情報の提供等
2. 身体障害者に関する相談及び指導のうち，専門的な知識及び技術を必要とするもの
3. 身体障害者の医学的，心理学的及び職能的判定
4. 必要に応じ，障害者総合支援法に規定する補装具の処方及び適合判定
5. 市町村が障害者総合支援法における介護給付費等の支給要否判定を行う際に，その求めに応じ意見を述べる
6. 5の意見を述べるにあたって，障害者等，その家族，医師その他の関係者の意見を聴く
7. 市町村の求めに応じ，市町村が行う介護給付費等の支給決定の業務に関し，技術的事項についての協力，その他市町村に対する必要な援助を行う
8. 市町村が地域相談支援給付費等の給付要否決定を行う際に，その求めに応じ意見を述べる
9. 8の意見を述べるにあたって，障害者，その家族，医師その他の関係者の意見を聴く
10. 市町村の求めに応じ，市町村が行う地域相談支援給付決定の業務に関し，技術的事項についての協力，その他市町村に対する必要な援助を行う
11. 市町村の自立支援医療費の支給の認定に際し，市町村の求めに応じ意見を述べる
12. 市町村の補装具費の支給の認定に際し，市町村の求めに応じ意見を述べる

3. 知的障害者福祉法

　知的障害者福祉法は，1960年に制定された。制定当時は精神薄弱者福祉法という名称であったが，1998年の改正により現在の名称へ改められた。

1）目　　的

　知的障害者福祉法は，法の目的を「障害者の日常生活及び社会生活を総合的に支援するための法律と相まって，知的障害者の自立と社会経済活動への参加を促進するため，知的障害者を援助するとともに必要な保護を行い，もって知的障害者の福祉を図ること」と規定している（第1条）。

2）対　　象

　知的障害者福祉法には，知的障害者の定義は規定されておらず，現在，知的障害の定義は，厚生労働省が実施する知的障害児（者）基礎調査の用語定義や療育手帳の通知・要綱に関する規定などを用いる。

　知的障害者の範囲は社会通念上，知的障害の発達期（おおむね18歳まで）にあらわれ，日常生活に支障が生じているため，何らかの特別の援助を必要とする状態にあるもの（1995年・2000年実施厚生労働省「知的障害児（者）基礎調査」）とされている。このなかで「知的機能の障害」の判定基準は，「標準化された知能検査によって知能指数がおおむね70までのもの」とされる。また，「日常生活の支障」は，自立機能，運動機能，意思交換，探索操作，移動，生活文化，職業などの日常生活能力の7つの項目の到達水準を同年齢の到達水準と比較して判定することになっている。

3）知的障害者更生相談所

　知的障害者福祉法第12条に規定されている知的障害者更生相談所においては，主に以下の業務を行うこととされる（図表2-12）。

図表2-12　知的障害者更生相談所の業務

1．障害者支援施設等への入所等の措置にかかる市町村の更生援護の実施に関し，市町村相互間の連絡調整，市町村に対する情報の提供等
2．知的障害者に関する相談及び指導のうち，専門的な知識及び技術を必要とするもの
3．18歳以上の知的障害者の医学的，心理学的及び職能的判定
4．障害者総合支援法における介護給付費等の支給要否決定を行う際に，その求めに応じ意見を述べる
5．4の意見を述べるにあたって，障害者等，その家族，医師その他の関係者の意見を聴く
6．市町村の求めに応じ，市町村が行う介護給付費等の支給決定の業務に関し，技術的事項についての協力，その他市町村に対する必要な援助を行う
7．市町村が地域相談支援給付費等の給付要否決定を行う際に，その求めに応じ意見を述べる
8．7の意見を述べるにあたって，障害者，その家族，医師その他の関係者の意見を聴く
9．市町村の求めに応じ，市町村が行う地域相談支援給付決定の業務に関し，技術的事項についての協力，その他市町村に対する必要な援助を行う

　なお知的障害者に対して一貫した指導・相談を行うとともに，各種の援助措置を受けやすくする

ために，1973年に厚生事務次官から「療育手帳について（厚生省発児第156号）」が通知されており，その内容は以下のとおりである。

1．概　　要

　　知的障害児・者に対して一貫した指導・相談を行うとともに，これらの者に対する各種の援助措置を受け易くするため，児童相談所又は知的障害者更生相談所において知的障害であると判定された者に対して，都道府県知事又は指定都市市長が交付する。

＊本通知は，療育手帳制度に関する技術的助言（ガイドライン）であり，各都道府県知事等は，本通知に基づき，療育手帳制度について，それぞれの判断に基づいて実施要項を定めている。

2．交付対象者

　　児童相談所又は知的障害者更生相談所において知的障害であると判定された者に対して，交付する。

3．障害の程度及び判定基準

　重度（A）とそれ以外（B）に区分

　○重度（A）の基準

　　①　知能指数がおおむね35以下であって，次のいずれかに該当する者

　　　　○食事，着脱衣，排便及び洗面等日常生活に介助を必要とする。

　　　　○異食，興奮などの問題行動を有する。

　　②　知能指数がおおむね50以下であって，もう，ろうあ，肢体不自由等を有する者

　○それ以外（B）の基準

　　重度（A）のもの以外

　この療育手帳は，都道府県によって呼ばれ方がさまざまであるが，原則として2年の有効期限となっている。手帳取得により，①特別児童扶養手当等の支給，②心身障害者扶養共済，③国税，地方税の諸控除および減免，④公営住宅の入居，⑤NHK受診料の免除，⑥旅客鉄道株式会社等の旅客運賃の割引などの援助措置が行われる。なお，これらの援助措置は，市町村ごとに異なる。

4．精神保健及び精神障害者福祉に関する法律（精神保健福祉法）

　精神保健及び精神障害者福祉に関する法律（精神保健福祉法）は，1950年に制定された。当時は，精神衛生法という名称であったが，1987年に精神保健法となり，1995年に現在の名称となった。

1）目　　的

　精神保健及び精神障害者福祉に関する法律は，「精神障害者の医療及び保護を行い，障害者の日常生活及び社会生活を総合的支援するための法律と相まってその社会復帰の促進及びその自立と社会経済活動への参加の促進のために必要な援助を行い，並びにその発生の予防その他国民の精神的

健康の保持及び増進に努めることによって，精神障害者の福祉の増進及び国民の精神保健の向上を図ること」を目的としている（第1条）。

2）対　象

　精神保健及び精神障害者福祉に関する法律は，精神障害者の定義を第5条に規定している。精神障害者とは，「統合失調症，精神作用物質による急性中毒又はその依存症，知的障害，精神病質その他の精神疾患を有する者」と規定している。ただし，知的障害者に対する福祉は，知的障害者福祉法によって行われるため，この法律の定義がそのまま適用されるのは医療の分野であり，社会復帰施設やグループホームなどの福祉サービスに関しては同法の対象とはしない。

3）精神障害者保健福祉手帳

　精神障害者保健福祉手帳は，1995年の精神保健福祉法への改正によって導入されたもので，知的障害を除く精神障害者に対して交付される（第45条）。精神障害者保健福祉手帳の交付申請は，本人の申請に基づき行われるが，家族や医療機関の職員などが申請書の提出や手帳の手続きを代行することができる。申請に際しては，居住地を管轄する市町村長を経由して都道府県知事（指定都市市長）に提出する。申請するときは，医師の診断書または障害年金の年金証書の写しを添付する。精神障害者保健福祉手帳は，障害等級が重度のものから順に1級から3級まである（図表2-13）。障害等級の判定は，精神疾患（機能障害）の状態とそれに伴う生活能力障害の状態の両面から総合的に判定する。

　手帳は「障害者手帳」と記され，本人の確認ができるように写真を貼付することになっている。なお手帳の有効期限は2年間であり，2年ごとに都道府県知事の更新手続きを受けなければならない。

図表2-13　精神障害等級別障害の状態

級　別	障がいの状態
1級	日常生活の用を弁ずることを不能ならしめる程度のもの （家事や身辺の生活保持も自発的には行えず常時援助が必要である）
2級	日常生活が著しい制限を受けるか，または日常生活に著しい制限を加えることを必要とする程度のもの （通院など習慣化された外出はでき，作業所などに参加できるが，家事や金銭管理などときには助言や援助を必要とする）
3級	日常生活もしくは社会生活が制限を受けるか，または日常生活もしくは社会生活に制限を加えることを必要とする程度のもの （ひとりで外出できるが，過大なストレスへの対処が困難である。デイケアや授産施設，小規模作業所などに参加する者や保護的配慮ある一般事業所で雇用されている人を含む）

4）精神保健福祉センター

　精神保健及び精神障害者に関する法律第6条は，精神保健の向上や精神障害者の福祉の増進を図るための機関として，都道府県に精神保健福祉センターを置くものとしている。

精神保健福祉センターの主な業務は，図表2−14のとおりである。

図表2−14　精神保健福祉センターの業務

① 精神保健及び精神障害者の福祉に関する知識の普及を図ったり，調査研究を行う
② 精神保健及び精神障害者の福祉に関する相談及び指導のうち，複雑または困難なものを行う
③ 精神医療審査会の事務を行う
④ 精神障害者保健福祉手帳の交付の申請に対する決定及び障害者総合支援法における自立支援医療費の支給認定にかかる事務のうち，精神障害に関する専門的知識及び技術を必要とするものを行う
⑤ 市町村が障害者総合支援法における介護給付費等の支給要否決定または地域相談支援給付費等の給付要否決定を行う際に，その求めに応じ意見を述べる
⑥ 市町村の求めに応じ，市町村が行う介護給付費等の支給決定の業務または地域相談支援給付決定の業務に関し，技術的事項についての協力，その他市町村に対する必要な援助を行う

5．発達障害者支援法

　発達障害者支援法は的確な支援が困難であった発達障害のある人に対して，保健，医療，教育，雇用などの分野を超えて一体的な支援を行う体制整備をするため，2005年4月より施行され，発達障害者の支援の一層の充実を図るため，法律の全般にわたって改正が行われ，2016年に改正法が公布された。

1）目　　的

　発達障害者支援法は，「発達障害者の心理機能の適正な発達及び円滑な社会生活の促進のために発達障害の症状の発現後できるだけ早期に発達支援を行うとともに，切れ目なく発達障害者の支援を行うことが特に重要であることに鑑み，障害者基本法（昭和45年法律第84号）の基本理念にのっとり，発達障害者が基本的人権を有する個人としての尊厳にふさわしい日常生活又は社会生活を営むことができるよう，発達障害を早期に発見し，発達支援を行うことに関する国及び地方公共団体の責務を明らかにするとともに，学校教育における発達障害者への支援，発達障害者の就労の支援，発達障害者支援センターの指定等について定めることにより，発達障害者の自立及び社会参加のための生活全般にわたる支援を図り，もって全ての国民が，障害の有無によって分け隔てられることなく，相互に，人格と個性を尊重しあいながら共生する社会の実現に資する」ことを目的としている（第1条）。

2）定　　義

　発達障害者支援法は，発達障害を「自閉症，アスペルガー症候群その他の広汎性発達障害，学習障害，注意欠陥多動性障害その他これに類する脳機能の障害であってその症状が通常低年齢において発現するものとして政令で定めるもの」と定義している（第2条）。

　なお脳機能の障害の具体的症状については，「脳機能の障害であってその症状が通常低年齢において発現するもののうち，言語の障害，協調運動の障害その他の心理的発達の障害並びに行動及び情緒の障害」とされる（同法施行令第1条および施行規則）。また，この法律において，発達障害者とは，「発達障害がある者であって，発達障害及び社会的障壁により，日常生活又は社会生活に制

限を受けるもの」をいい，発達障害者のうち18歳未満の者は発達障害児という（第2条2項）。

3）基本理念

　発達障害者支援法の基本理念として，発達障害者の支援は，①社会参加の機会の確保，地域社会において他の人々と共生することを妨げられない，②社会的障壁の除去に資する，③個々の発達障害者の性別，年齢，障害の状態及び生活の実態に応じて，医療機関等の密な連携の下に，意思決定の支援に配慮しつつ，切れ目なく行う，とされている（第2条の2）。

4）国及び地方公共団体の責務

　同法第3条では，国および地方公共団体の責務について以下のように規定している。

---

① 発達障害の早期発見のための必要な措置を講じること。

② 発達障害児に対する就学前や学校おける支援など，発達障害者に対する就労や地域における生活に関する支援など，発達障害者の家族に対する支援などが行われるよう必要な措置を講じること。

③ 発達障害者の支援などの施策が講じられるにあたり，発達障害児・者の保護者の意思ができる限り尊重されなければならないこと。

④ 発達障害者の支援などの施策が講じられるにあたって，医療・保健・福祉・教育・労働に関する業務を担当する部局の緊密な連携を確保するとともに，犯罪などにより発達障害者が被害を受けることなどを防ぐため，これらの部局と消費生活に関する業務を担当する部局などとの協力体制を整備すること。

5）国民の責務

　同法第4条においては，国民の責務として，発達障害者の特性その他発達障害に関する理解を深めるとともに，基本理念にのっとり，発達障害者の自立および社会参加に協力するよう努めなければならないと規定されている。

6）発達障害者支援センター等

(1) 発達障害者支援センター

　都道府県・指定都市において運営されている「発達障害者支援センター」は，2002年度より開始された「自閉症・発達障害支援センター運営事業」が2005年度から発達障害者支援法に位置づけられたものであり，センターの業務を行うにあたり，可能な限り身近な場所で必要な支援を受けられるよう適切な配慮をするものとされている。その業務は以下のとおりである。

① 発達障害の早期発見，早期の発達支援等に資するよう，発達障害者及び家族に対し専門的に，その相談に応じ，または助言を行う。
② 発達障害者に対し，専門的な発達支援及び就労の支援を行う。
③ 医療，保健，福祉，教育等に関する業務を行う関係機関および民間団体，ならびにこれに従事する者に対し発達障害についての情報提供および研修を行う。
④ 発達障害に関して，医療等の業務を行う関係機関および民間団体との連絡調整を行う。
⑤ 前各号に掲げる業務に付帯する業務。

　なお各都道府県・指定都市に設置する発達障害者支援センターにおいて，発達障害児・者またはその家族などに対して，相談支援，発達支援，就労支援および情報の提供を行う，発達障害者支援センター運営事業を実施している。2017年1月現在，国の補助レベルで全国93ヵ所で運営されている。

⑵　発達障害者支援地域協議会
　都道府県・指定都市は発達障害者の支援の体制を整備を図るため，発達障害者支援地域協議会をおくことができ，同協議会は，支援体制に関する課題について，情報を共有し，関係者等の連携の緊密化を図るとともに，地域の実情に応じた体制の整備について協議を行うものとされている。

6．障害者の日常生活及び社会生活を総合的に支援するための法律（障害者総合支援法）

　厚生労働省は，支援費制度の課題を解決しより安定的かつ効率的な制度とするための見直し案である「今後の障害保健福祉施策について（改革のグランドデザイン案）」を2004年に発表した。この改革のグランドデザイン案に基づく施策を踏まえ，2005年に障害者自立支援法が成立したが，いわゆる応益負担の導入などにより，新たな問題が発生したため，2010年に同法について一部改正が行われた。その後，障がい者制度改革推進本部等における検討を踏まえ，2012年に障害者自立支援法を改正・改称し，障害者の日常生活及び社会生活を総合的に支援する法律（障害者総合支援法）が成立した。

1）目　　的

　障害者総合支援法の第1条1項に，「障害者基本法の基本的な理念にのっとり，身体障害者福祉法，知的障害者福祉法，精神保健及び精神障害者福祉に関する法律，児童福祉法その他障害者及び障害児の福祉に関する法律と相まって，障害者及び障害児が基本的人権を享有する個人としての尊厳にふさわしい日常生活又は社会生活を営むことができるよう，必要な障害福祉サービスに係る給付，地域生活支援事業その他の支援を総合的に行い，もって障害者及び障害児の福祉の増進を図るとともに，障害の有無にかかわらず国民が相互に人格と個性を尊重し安心して暮らすことのできる地域

社会の実現に寄与することを目的とする」と規定されている。

2）基本理念

　障害者総合支援法では，新たに「障害者及び障害児が日常生活又は社会生活を営むための支援は，すべての国民が，障害の有無にかかわらず，等しく基本的人権を享有するかけがえのない個人として尊重されるものであるとの理念にのっとり，全ての国民が，障害の有無によって分け隔てられることなく，相互に人格と個性を尊重し合いながら共生する社会を実現するため，全ての障害者及び障害児が可能な限りその身近な場所において必要な日常生活又は社会生活を営むための支援を受けられることにより社会参加の機会が確保されること及びどこで誰と生活するかについての選択の機会が確保され，地域社会において他の人々と共生することを妨げられないこと並びに障害者及び障害児にとって日常生活又は社会生活を営む上で障壁となるような社会における事物，制度，慣行，観念その他一切のものの除去に資することを旨として，総合的かつ計画的に行わなければならない」（第1条の2）と基本理念を規定している。

3）自立支援給付

⑴　介護給付費および特例介護給付費

　介護給付費は，①居宅介護：ホームヘルプサービス（第5条2項），②重度訪問介護：重度の肢体不自由者の介護（第5条3項），③同行援護：視覚障害者の移動の支援（第5条4項），④行動援護：危険を避けるための介護（第5条5項）⑤療養介護：医療ケアに伴う介護（第5条6項），⑥生活介護：創作活動・生産活動の支援（第5条7項），⑦短期入所（第5条8項），⑧重度障害者等包括支援：複数のサービスを包括的に実施（第5条9項），⑨施設入所支援（第5条10項）を受けたときに給付される。なお特例介護給付費は，申請から支給決定の効力が生じるまでの間に，緊急やむを得ない理由で指定障害福祉サービス事業者等からサービスを受けたときに支給される（第30条1項）。また，障害児に対して集団生活に適応するための訓練や日常生活に要求される基本的な動作についての指導を行う児童デイサービスは介護給付として行っていたが，2012年4月からは児童福祉法に基づく給付として行われている。2014年4月より，重度訪問介護の対象者を「重度の肢体不自由者その他の障害者であって常時介護を要するものとして厚生労働省令で定めるもの」として重度の知的障害者や精神障害者へと範囲が拡大された。

　また，2018年4月からは医療機関（入院）における重度訪問介護の利用が可能となっている。

⑵　訓練等給付費および特例訓練等給付費

　訓練等給付費は，①自立訓練（機能訓練・生活訓練）（第5条12項），②就労移行支援，（第5条13項），③就労継続支援（第5条14項），④就労定着支援（第5条15項），⑤自立生活援助（第5条16項），⑥共同生活援助（第5条17項）を受けたときに支給される。特例訓練等給費は，申請から支給決定の効力が生じるまでの間に，緊急やむを得ない理由で指定障害福祉サービス事業者等からサービス

を受けたときに支給される（第30条1項）。なお，訓練等給付費の障害福祉サービスは，障害支援の認定を必要としないので，区分による利用制限はない。

(3) 自立支援医療費

　自立支援医療費とは，「障害者等につき，その心身の障害の状態の軽減を図り，自立した日常生活又は社会生活を営むために必要な医療であって政令で定めるもの」とされている（第5条24項）。従来の児童福祉法に基づく育成医療，身体障害者福祉法に基づく更生医療，精神保健及び精神障害者福祉に関する法律に基づく精神障害者通院医療の公費負担制度を統合したものである。

　従来の精神障害者通院医療は，都道府県が実施主体であり，支給決定を行う。市町村が申請を受理し都道府県に連絡し，認定または却下についても市町村を経由することになる。また，従来の育成医療と従来の更生医療は，市町村が実施主体となる。

　支給決定にあたっては，それぞれの実施主体は，支給認定の有効期間，指定自立支援医療機関を定めて，それを記載した自立支援医療受給者証を交付する。診療を受ける際，利用者は，この受給者証を指定自立支援医療機関に提出しなければならない。

　利用者負担は，応能負担が原則となっており，同一の月に受けた指定自立支援医療につき，健康保険の療養に要する費用の額の算定方法の例により算定した額から，利用者の家計の負担能力や障害の状態その他の事情を斟酌して政令で定める額を控除した額の支給となっている。ただし，政令で定める額が，算定した医療費の額の1割に相当する額を超えるときは，1割が控除される額とされている。

(4) 補装具費

　補装具とは，「障害者等の身体機能を補完し，又は代替し，かつ，長期間にわたり継続して使用されるものその他の厚生労働省令で定める基準に該当するものとして，義肢，装具，車いすその他の厚生労働大臣が定めるもの」とされている（第5条25項）。補装具費として認められるには，以下の3つの要件をすべて満たしていなければならない。

---

① 障害個別に対応して設計・加工されており，身体の欠損もしくは損なわれた身体機能を補完・代替するもの。

② 同一製品を継続して使用するという条件があり，身体に装着して日常生活・就労・就学に使用するもの。

③ 医師などの診断書や意見書に基づいて使用されるもの。

　市町村は，障害者または障害児の保護者から補装具費の申請があった場合，補装具の購入または修理について，その必要性が認められれば補装具費の支給決定をする。そして，補装具費の決定を受けた障害者は，補装具製作（販売）業者との契約をして，補装具の購入または修理のサービス提

供を受け，事業者に対して補装具の購入，または修理に要した費用を支払う（第76条１項）。障害者の費用負担については，１月につき，同一の月に購入または修理した補装具について，厚生労働大臣が定める基準によって算定した費用の額を合計した額から，利用者の家計の負担能力その他の事情を斟酌して政令で定める額を控除した額を市町村が支給する制度に改正された（第76条２項）。利用者が負担すべき額は最大でも１割とされているため，障害者は最大で，補装具を利用する費用の１割を負担することになる。

(5) 地域相談支援給付・計画相談支援給付

① 地域相談支援給付

地域相談支援給付の給付決定を受けた障害者が，地域相談支援給付は決定の有効期間内において，都道府県知事が指定する指定一般相談支援事業者から指定地域相談支援を受けたときに，それに要した費用が市町村から支給される（第51条の14）。

② 計画相談支援給付費

障害者等が，市町村長が指定する指定特定相談支援事業者から指定計画相談支援を受けた場合に要した費用が市町村から支給される（第51条の17）。

４）地域生活支援事業

地域生活支援事業は，都道府県および市町村が，地域の実情に応じて，柔軟に事業を実施することにより，効率的かつ効果的な事業実施が可能な各種の事業とされている。2013年４月より，地域社会における共生を実現するため，社会的障壁の除去に資するよう，地域社会の側への働きかけの強化，地域における自発的な取り組みの支援，成年後見制度の利用促進及び意思疎通支援の強化を盛り込んだ大幅な改正がなされた。なお，地域生活支援事業の内容は，それぞれの地域ごとに障害福祉計画において定められる。

(1) 市町村地域生活支援事業（第77条）

市町村地域生活支援事業は，以下の事業を行うものとする。

1　障害者等の自立した日常生活及び社会生活に関する理解を深めるための研修及び啓発を行う事業
2　障害者等，障害者等の家族，地域住民等により自発的に行われる障害者等が自立した日常生活及び社会生活を営むことができるようにするための活動に対する支援を行う事業
3　障害者等が障害福祉サービスその他のサービスを利用しつつ，自立した日常生活又は社会生活を営むことができるよう，地域の障害者等の福祉に関する各般の問題につき，障害者等，障害児の保護者又は障害者等の介護を行う者からの相談に応じ，必要な情報の提供及

び助言その他の厚生労働省令で定める便宜を供与するとともに，障害者等に対する虐待の防止及びその早期発見のための関係機関との連絡調整その他の障害者等の権利の擁護のために必要な援助を行う事業

4　障害者福祉サービスの利用の観点から成年後見制度を利用することが有用であると認められる障害者で成年後見制度の利用に要する費用について補助を受けなければ成年後見制度の利用が困難であると認められるものにつき，当該費用のうち厚生労働省令で定める費用を支給する事業

5　障害者に係る民法に規定する後見，保佐及び補助の業務を適正に行うことができる人材の育成及び活用を図るための研修を行う事業

6　聴覚，言語機能，音声機能その他の障害のため意思疎通を図ることに支障がある障害者等その他の日常生活を営むのに支障がある障害者等につき，意思疎通支援（手話その他厚生労働省令で定める方法により当該障害者等とその他の者の意思疎通を支援すること）を行う者の派遣，日常生活上の便宜を図るための用具であって厚生労働大臣が定めるものの給付又は貸与その他の厚生労働省令で定める便宜を供与する事業

7　意思疎通支援を行う者を養成する事業

8　移動支援事業

9　障害者等につき，地域活動支援センターその他の厚生労働省令で定める施設に通わせ，創作的活動又は生産活動の機会の提供，社会との交流の促進その他の厚生労働省令で定める便宜を供与する事業

　また，市町村は，相談支援の中核的な役割を担う機関として，相談支援に関する業務を総合的に行うことを目的とする基幹相談支援センターを設置することができる。

(2)　都道府県地域生活支援事業（第78条）

　都道府県地域生活支援事業は，特に専門性の高い相談支援に係る事業および特に専門性の高い意思疎通支援を行う者を養成し，又は派遣する事業，意思疎通支援を行う者の派遣に係る市町村相互間の連絡調整その他の広域的な対応が必要な事業として厚生労働省令で定める事業を行う。

7．障害者虐待の防止，障害者の養護者に対する支援等に関する法律（障害者虐待防止法）

　2011年6月24日に，障害者虐待の防止，障害者の養護者に対する支援等に関する法律（障害者虐待防止法）が公布され，2012年10月1日より施行された。虐待に関する法律は，①児童虐待防止法（2000年施行），②配偶者からの暴力の防止及び被害者の保護に関する法律（2001年施行），③高齢者虐待防止法（2006年施行）に続いて4つめの法律となるが，年齢や所在場所によって，対象となる法律が異なるため，それぞれの法律について理解をする必要がある。

1）目　的

　この法律は，「障害者に対する虐待が障害者の尊厳を害するものであり，障害者の自立及び社会参加にとって障害者に対する虐待を防止することが極めて重要であること等に鑑み，障害者に対する虐待の禁止，障害者虐待の予防及び早期発見その他の障害者虐待の防止等に関する国等の責務，障害者虐待を受けた障害者に対する保護及び自立の支援のための措置，養護者の負担の軽減を図ること等の養護者に対する養護者による障害者虐待の防止に資する支援（以下「養護者に対する支援」という）のための措置等を定めることにより，障害者虐待の防止，養護者に対する支援等に関する施策を促進し，もって障害者の権利利益の擁護の利益に資すること」を目的としている。

2）対　象

　障害者虐待防止法における「障害者」とは，障害者基本法第2条1項に規定する障害者をいう。つまり，「身体障害，知的障害，精神障害（発達障害も含む）その他の心身の機能の障害（以下「障害」と総称する）がある者であって，障害及び社会的障壁により継続的に日常生活又は社会生活に

図表2-15　障害者虐待における虐待防止法制の対象範囲

所在場所／年齢	在宅（養護者・保護者）	福祉施設						企業	学校病院保育所
		障害者総合支援法		介護保険法等	児童福祉法				
		障害福祉サービス事業所（入所系，日中系，訪問系，GH等含む）	相談支援事業所	高齢者施設等（入所系，通所系，訪問系，居住系等含む）	障害児通所支援事業所	障害児入所施設等※3	障害児相談支援事業所		
18歳未満	児童虐待防止法 ・被虐待者支援（都道府県）※1			―	障害者虐待防止法（省令）・適切な権限行使（都道府県・市町村）	改正児童福祉法 ・適切な権限行使（都道府県）※4	障害者虐待防止法（省令）・適切な権限行使（都道府県・市町村）		
18歳以上65歳未満	障害者虐待防止法 ・被虐待者支援（市町村）	障害者虐待防止法 ・適切な権限行使（都道府県市町村）	障害者虐待防止法 ・適切な権限行使（都道府県市町村）	― 【特定疾病40歳以上】	【20歳まで】※2 ―	【20歳まで】 ―	―	障害者虐待防止法 ・適切な権限行使（都道府県労働局）	障害者虐待防止法 ・間接的防止措置（施設長・管理者）
65歳以上	障害者虐待防止法 高齢者虐待防止法 ・被虐待者支援（市町村）			高齢者虐待防止法 ・適切な権限行使（都道府県市町村）	―	―	―		―

※1　養護者への支援は，被虐待者が18歳未満の場合でも必要に応じて障害者虐待防止法も適用される。
　　なお，配偶者から暴力を受けている場合は，配偶者からの暴力の防止及び被害者の保護に関する法律の対象にもなる。
※2　放課後等デイサービスのみ
※3　里親，乳児院，児童養護施設，障害児入所施設，情緒障害児短期治療施設，児童自立支援施設
※4　児者一体で運営されている施設においては，児童福祉法に基づく給付を受けている場合は児童福祉法，障害者総合支援法に基づく給付を受けている場合は障害者虐待防止法の対象になる。
出所：厚生労働省資料「市町村・都道府県における障害者虐待の防止と対応」2014年

相当な制限を受ける状態にあるもの」である。なお，障害者虐待における虐待防止法制の対象範囲は，図表2－15のとおりである。

3）障害者虐待

この法律に規定している「障害者虐待」とは，①養護者による障害者虐待，②障害者福祉施設従事者等による障害者虐待，③使用者による障害者虐待のことをいう。

①　養　護　者

養護者とは，「障害者を現に養護する者であって障害者福祉施設従事者等及び使用者以外のもの」である。

②　障害者福祉施設従事者等

障害者福祉施設従事者等とは，「障害者総合支援法に規定する障害者支援施設若しくは独立行政法人国立重度知的障害者総合支援施設のぞみの園が設置する施設，又は，障害福祉サービス事業，一般相談支援事業若しくは特定相談支援事業，移動支援事業，地域活動支援センターを経営する事業その他厚生労働省令で定める事業に係る業務に従事する者」である。

③　使　用　者

使用者とは，「障害者を雇用する事業主または事業の経営担当者その他その事業の労働者に関する事項について事業主のために行為をする者」である。

4）障害者虐待の種類

障害者虐待防止法では，障害者虐待を①身体的虐待，②性的虐待，③ネグレクト，④心理的虐待，⑤経済的虐待に大別している。これらの内容と具体例については，図表2－16のとおりである。

5）障害者虐待に係る通報等

①　養護者による障害者虐待

養護者による障害者虐待を受けたと思われる障害者を発見した者は，速やかに，これを市町村に通報しなければならない（第7条）。障害者虐待を受けた障害者は，その旨を市町村に届けることができる。

②　障害者福祉施設従事者等による障害者虐待

障害者福祉施設従事者等による障害者虐待を受けたと思われる障害者を発見した者は，速やかに，これを市町村に通報しなければならない（第16条1項）。また，障害者福祉施設従事者等による障害者虐待を受けた障害者は，その旨を市町村に届け出ることができる（第16条2項）。

図表2−16　障害者虐待の区分と内容

区分	内容と具体例
身体的虐待	暴力や体罰によって身体に傷やあざ，痛みを与える行為。身体を縛りつけたり，過剰な投薬によって身体の動きを抑制する行為。 【具体的な例】 　平手打ちする，殴る，蹴る，壁に叩きつける，つねる，無理やり食べ物や飲み物を口に入れる，やけど・打撲させる，柱や椅子やベッドに縛り付ける，医療的必要性に基づかない投薬によって動きを抑制する，施設側の管理の都合で睡眠薬などを服用させる／等
心理的虐待	脅し，侮辱などの言葉や態度，無視，嫌がらせなどによって精神的に苦痛を与えること。 【具体的な例】 　「バカ」「あほ」など障害者を侮辱する言葉を浴びせる。怒鳴る，ののしる，悪口を言う。仲間に入れない，子ども扱いする，一人だけ特別な服や帽子をつけさせるなど，人格をおとしめるような扱いをする。話しかけているのに意図的に無視する／等
性的虐待	本人が同意していない性的な行為やその強要（表面上は同意しているように見えても，判断能力のハンディに付け込んでいる場合があり，本心からの同意かどうかを見極める必要がある） 【具体的な例】 　性交，性器への接触，性的行為を強要する，裸にする，キスする，わいせつな言葉を発する／等
経済的虐待	本人の同意なしに財産や年金，賃金を搾取したり，勝手に運用し，本人が希望する金銭の使用を理由なく制限すること。 【具体的な例】 　年金や賃金を搾取する，本人の同意なしに財産や預貯金を勝手に処分する・運用する・施設等へ寄付する，日常生活に必要な金銭を渡さない・使わせない，本人の同意なしに年金等を管理して渡さない／等
ネグレクト	食事や排泄，入浴，選択など身辺の世話や介助をしない，必要な福祉サービスや医療や教育を受けさせない，などによって障害者の生活環境や身体・精神的状態を悪化させること。 【具体的な例】 　食事や水分を十分に与えないで空腹状態が長時間続いたり，栄養失調や脱水症状の状態にある。食事の著しい偏りによって栄養状態が悪化している。あまり入浴させない，汚れた服を着させ続ける，排泄の介助をしないことで衛生状態が悪化している。髪や爪が伸び放題。室内の掃除をしない，ごみを放置したままにしてあるなど劣悪な住環境の中で生活させる。病気や事故でけがをしても病院に連れて行かない。学校に行かせない。必要な福祉サービスを受けさせない・制限する。同居人による身体的虐待や心理的虐待を放置する／等

出所：厚生労働省「市町村・都道府県における障害者虐待の防止と対応」2012年

③　使用者による障害者虐待

　使用者による障害者虐待を受けたと思われる障害者を発見した者は，速やかに，これを市町村又は都道府県に通報しなければならない（第22条1項）。また，使用者による障害者虐待を受けた障害者は，その旨を市町村又は都道府県に届け出ることができる（第22条2項）。

6）市町村障害者虐待防止センター

　市町村は，障害者の福祉に関する事務を所掌する部局又は当該市町村が設置する施設において，当該部局又は施設が市町村障害者虐待防止センターとしての機能を果たすようにするものとすることとされている（第32条第1項）。

　その具体的な業務は，次のとおりである。

> ①　養護者，障害者福祉施設従事者等，使用者による障害者虐待に関する通報又は届出の受理
> ②　養護者による障害者虐待の防止及び養護者による障害者虐待を受けた障害者の保護のための障害者及び養護者に対する相談，指導及び助言

71　　　　　　　　　　　　　　　　　　　　B　障害（児）者福祉

③　障害者虐待の防止及び養護者に対する支援に関する広報等啓発活動

　市町村障害者虐待防止センターは，休日や夜間における障害者虐待についても速やかに対応できる体制を確保するとともに，障害者や養護者の支援を適切に行えるよう専門的に従事する職員の確保に努めることが必要である。市町村は，市町村障害者虐待対応協力者（基幹相談支援センターなど）のうち適当と認められるものに，市町村障害者虐待防止センターの業務の全部又は一部を委託することができる（第33条）。なお市町村は，市町村障害者虐待防止センター，市町村障害者虐待対応協力者の名称を明確にし，住民や関係機関に周知することが規定されている（第40条）。

7）都道府県障害者権利擁護センター

　都道府県は，障害者の福祉に関する事務を所掌する部局又は当該都道府県が設置する施設において，当該部局又は施設が都道府県障害者権利擁護センターとしての機能を果たすようにするものとすることとされている（第36条第1項）。

　その具体的な業務は次のとおりである。

①　使用者虐待に関する通報又は届出の受理
②　市町村が行う措置の実施に関する市町村相互間の連絡調整，市町村に対する情報提供及び助言
③　障害者及び養護者に対する支援に関する相談，機関の紹介
④　障害者虐待を受けた障害者及び養護者に対する支援のための情報提供，助言，関係機関との連絡調整
⑤　障害者虐待の防止及び養護者に対する支援に関する情報の分析，提供
⑥　障害者虐待の防止及び養護者に対する支援に関する広報
⑦　その他障害者に対する虐待の防止等のために必要な支援

　都道府県障害者権利擁護センターは，休日や夜間における使用者による障害者虐待についても速やかに対応できる体制を確保するとともに，市町村との連絡調整や障害者や養護者の支援等を適切に行えるよう専門的に従事する職員の確保に努めることが必要である。

　都道府県は，都道府県障害者虐待対応協力者（都道府県社会福祉協議会など）のうち適当と認められるものに，都道府県障害者権利擁護センターが行う前記の①又は③から⑦に掲げる業務の全部又は一部を委託することができる（第37条）。

　都道府県は，都道府県障害者権利擁護センター，都道府県障害者虐待対応協力者の名称を明確にし，住民や関係機関に周知することが規定されている（第40条）。

8．障害を理由とする差別の解消の推進に関する法律(障害者差別解消法)

2013年,「障害を理由とする差別の解消の推進に関する法律（障害者差別解消法）が制定された。障害者差別解消法は，国連の「障害者の権利に関する条約」の締結に向けた国内法制度の整備の一環として，すべての国民が，障害の有無によって分け隔てられることなく，相互に人格と個性を尊重し合いながら共生する社会の実現に向け，障害を理由とする差別の解消を推進することを目的として成立した。障害者基本法第4条に規定されている「差別の禁止」を具現化するための法律である（図表2−17）。

図表2−17　障害者基本法第4条「差別の禁止」

第1項　何人も，障害者に対して，障害を理由として，差別することその他の権利利益を侵害する行為をしてはならない。
第2項　社会的障壁の除去は，それを必要としている障害者が現に存し，かつ，その実施に伴う負担が過重でないときは，それを怠ることによつて前項の規定に違反することとならないよう，その実施について必要かつ合理的な配慮がされなければならない。
第3項　国は，第1項の規定に違反する行為の防止に関する啓発及び知識の普及を図るため，当該行為の防止を図るために必要となる情報の収集，整理及び提供を行うものとする。

事業者は，その事業を行うに当たり，障害を理由として障害者でない者と不当な差別的取扱いをすることにより，障害者の権利利益を侵害してはならないと，事業者における障害を理由とする差別を禁止している。なお事業者は，その事業を行うに当たり，障害者から現に社会的障壁の除去を必要としている旨の意思の表明があった場合において，その実施に伴う負担が過重でないときは，障害者の権利利益を侵害することとならないよう，当該障害者の性別，年齢及び障害の状態に応じて，社会的障壁の除去の実施について必要かつ合理的な配慮をするように努めなければならない。

また，国の行政機関や地方公共団体，民間事業者などを対象とし，一般の者が個人的な関係で障害者と接するような場合や，個人の思想，言論といったものは対象としていない（図表2−18）。

図表2−18　禁止事項

項目	不当な差別的取扱い	障害者への合理的配慮
国の行政機関・地方公共団体	禁止	義務
民間事業者	禁止	努力義務

政府全体の具体的対応の方針としては，差別の解消の推進に関する基本方針が策定された。その内容は，国・地方公共団体等については，それぞれの取り組みに関する要領を策定すること（地方公共団体の策定は努力義務），事業者については，事業分野別の指針（ガイドライン）を策定すること，および，これらの実効性の確保を図るため，主務大臣による民間事業者に対する報告徴収，助言・指導，勧告を行うこととされている。

C 子ども家庭福祉

1．子ども家庭福祉の理念

　子ども家庭福祉（児童家庭福祉）は，児童とその保護者を対象としている。児童の生活場面は保護者と共にあり，保護者との関係性や環境について考慮しなければならないからである。児童に対する子育ての一義的な責務は保護者にあるが，子ども家庭福祉は，未来を担う児童に対し，その健やかな成長を社会全体で支えることを目的としている。

1）児童福祉法

　児童福祉法（1947年）は，児童福祉分野における根本的かつ総合的な法律である。児童福祉法は，第1条に児童福祉の理念を規定している。児童福祉の理念とは，すべての児童の「心身の健全育成」と「生活の保障」である。児童福祉の理念は，憲法第25条1項を受けたものであり，児童の生存権の保障を明示している。また，第2条において，社会に対して児童育成の責務を規定している。

> **児童福祉法　第1条（児童福祉の理念）**
> 　すべて国民は，児童が心身ともに健やかに生れ，且つ，育成されるよう努めなければならない。
> ②すべて児童は，ひとしくその生活を保障され，愛護されなければならない。

> **児童福祉法　第2条（児童育成の責務）**
> 　国及び地方公共団体は，児童の保護者とともに，児童を心身ともに成長する責任を負う。

2）児童憲章

　児童憲章（1951年）は，児童に関する社会的協約・社会的宣言である。法律的な拘束力を持たないが，児童への正しい観念や，基本的な児童理解についての在りかたを，社会に示すために制定された。また，広く周知させるために，制定した日を「こどもの日」として国の祝日（5月5日）とした。児童憲章の理念は，児童の「基本的人権の尊重」と「福祉の推進」である。具体的には，生存権の保障，学習・教育権の保障がうたわれている。

> **児童憲章　前文**
> 　われらは，日本国憲法の精神にしたがい，児童に対する正しい観念を確立し，すべての児童の

幸福をはかるために，この憲章を定める。

　　児童は，人として尊ばれる。

　　児童は，社会の一員として重んぜられる。

　　児童は，よい環境のなかで育てられる。

3）子どもの権利条約

　子どもの権利条約（国連：1989年，批准：1994年）は，児童権利宣言（国連：1959年）を条約として具現化したものであり，批准国は子どもの権利条約に基づき国内法を整備する義務がある。子どもの権利条約は，子どもが大人から養育される，あるいは保護されるという「受動的権利」だけでなく，子ども自身を権利の主体とする「能動的権利」[4]も保障しようとしたことに特徴がある。行政機関等が子どもに関する措置をとる場合，子どもの「最善の利益」が主として考慮されるものとしている。

子どもの権利条約（抄）

　第3条（子どもの最善の利益）

　　1　児童に関するすべての措置をとるに当たっては，公的若しくは私的な社会福祉施設，裁判所，行政当局又は立法機関のいずれによって行われるものであっても，児童の最善の利益が主として考慮されるものとする。

　　2　締約国は，児童の父母，法定保護者又は児童について法的に責任を有する他の者の権利及び義務を考慮に入れて，児童の福祉に必要な保護及び養護を確保することを約束し，このため，すべての適当な立法上及び行政上の措置をとる。

2．児童福祉法の概要

　児童福祉法は，子ども家庭福祉制度の根幹を担っている。児童福祉の原理は，児童福祉法において，①すべての児童が心身ともに健やかに生まれ，育成され，生活が保障され，愛護されなければならないこと（第1条），国と地方公共団体は保護者とともに児童を育成する責務があること（第2条），これらの原理は児童に関する全ての法令の施行にあたって常に尊重されなければならないこと（第3条），としている。

1）児童の育成責任

　前述のように，児童福祉法は，児童の育成責任について「国及び地方公共団体は，児童の保護者とともに，児童を心身ともに健やかに育成する責任を負う」と規定している（第2条）。

4）受動的権利とは，義務を負うべき者からの保護や援助を受けることによって効力を持つ権利である。また，能動的権利とは，人間として主張し行使する事由を得ることによって効力を持つ権利である（網野武博『児童福祉学〈子ども主体〉への学際的アプローチ』中央法規，2002年，p.80）。

　　　　　　　　　　　　　　　　　　　　　C　子ども家庭福祉

２）児童福祉法の対象

　児童福祉法の対象は，児童，妊産婦[5]，保護者[6]である。児童とは，「満18歳に満たない者」である。ただし，里親委託および特定の施設への入所措置については満20歳までを対象としている。

　児童の定義（第4条1項）

　　乳児：満1歳に満たない者

　　幼児：満1歳から，小学校就学の始期に達するまでの者

　　少年：小学校就学の始期から，満18歳に達するまでの者

３）児童福祉の機関・専門職

　児童福祉法は，児童福祉に関する専門的機関として，児童福祉審議会等および実施機関（市町村，都道府県，児童相談所，保健所）を規定している。また，資格等として，児童福祉司，児童委員，保育士について規定している。ここでは，児童相談所，福祉事務所，保健所，児童福祉司，児童委員の概要について説明する。

（1）　児童相談所

　児童相談所は，児童福祉法に基づいて設置される行政機関であり，都道府県（指定都市含む）に設置が義務づけられている。2019年4月現在，215ヵ所設置されている。なお児童相談所は，必要に応じて一時保護所を設置しなければならないが，2019年4月現在，一時保護所を設置している児童相談所の数は139ヵ所となっている。

　児童相談所の主な業務（機能）として，①市町村援助，②相談（調査・診断・判定），③一時保護，④施設入所等の措置，⑤親権喪失宣告等の権限などがある。児童相談所が受け付ける相談の種類は，養護相談（保護者の不在や虐待など），障害相談，非行相談，育成相談（しつけや不登校など），その他の相談に分類される。

（2）　福祉事務所

　福祉事務所は，社会福祉法に規定される「福祉に関する事務所」であり，社会福祉六法に定める業務を行う行政機関である。福祉事務所は，都道府県，市，特別区に設置が義務づけられている（町村は任意設置）。2017年4月現在，都道府県207，市（特別区含む）997，町村43，合計1,247ヵ所設置されている。

　児童福祉法が規定する福祉事務所の業務（機能）として，①児童や妊産婦の福祉に関する必要な実情把握や情報提供，②児童や妊産婦の福祉に関する相談・調査・指導，③助産施設，母子生活支援施設への入所事務などがある。

5）妊産婦とは「妊娠中または出産後1年以内の女子」である（第5条）。
6）保護者とは「親権を行う者，未成年後見人その他の者で，児童を現に監護する者」である（第6条）。

(3) 保健所

保健所は，地域保健法（1994年）に基づいて設置される行政機関であり，疾病の予防や健康増進，環境衛生等，公衆衛生活動の中心的機関である。2019年3月現在，都道府県本所360・支所58，指定都市本所26・支所62，中核市本所54，その他政令市，本所6，特別区23の本所469，支所120ヵ所の合計589ヵ所設置されている。

児童福祉法が規定する保健所の業務（機能）として，①児童の保健に関する衛生知識の普及，②児童の健康相談・健康診査・保健指導の実施，③児童の療育指導，④児童福祉施設に対する助言などがある。

(4) 児童福祉司

児童福祉司は，児童福祉法に基づき児童相談所に置かれる専門職員である（第13条）。児童福祉司の職務は，「児童の保護その他児童の福祉に関する事項について，相談に応じ，専門的技術に基づいて必要な指導を行う等児童の福祉増進に努める」ことである。

(5) 児童委員

児童委員は，民生委員が兼務している（第16条）。児童福祉法が規定する児童委員の職務は，①児童・妊産婦の生活・環境状況の把握，②児童・妊産婦の保護，保健・福祉に関する情報提供や指導，③社会福祉施設との連携，④児童福祉司，福祉事務所の社会福祉主事の職務に協力することである。1994年，児童福祉に関する事項を専門的に担当する主任児童委員が創設され，2001年の児童福祉法改正により法定化された。

4）児童福祉施設の種類

児童福祉法は，保育所，児童養護施設など14種類の児童福祉施設を規定している（第7条）（図表2-19）。

3．児童福祉の施策

1）次世代育成支援施策（少子化対策）

1990年に前年の合計特殊出生率が1.57とこれまで最低だった1966年の1.58を下回ったことが明らかとなった（1.57ショック）。1.57ショック以降，国はエンゼルプラン，新エンゼルプラン，子ども子育て応援プランなどを策定し，次世代育成支援に向けた様々な施策を講じている。

図表2-20，2-21に子育て支援施策の経緯および概要を示す。

2）保育施策

保育施策の中心は保育サービスである。保育施設には，児童福祉法で定められた児童福祉施設である保育所（認可保育所）のほか，認可外の保育所も多数ある。多様な保育ニーズに応えるため，

図表2−19　児童福祉施設の種類と概要

分野	施設名	概要
母子保健施策	助産施設	経済的理由で入院助産を受けることができない妊産婦を入所させて，助産を受けさせる。
保育施策	保育所	保護者の委託を受けて，保育を必要とする乳児または幼児を保育する。
	幼保連携型認定こども園	幼稚園的機能と保育所的機能の両方の機能をあわせ持つ単一の施設として，認定こども園としての機能を果たすタイプの施設。
子どもが健やかに育つための施策	児童館厚生施設	児童福祉法にもとづく児童福祉施設の一つ。児童に健全な遊びを与えて，その健全育成を図る目的で設置された施設で，児童遊園，児童館などがある。
養護を必要とするための施策	乳児院	乳児（特に必要がある場合には，幼児を含む）を入院させて養育し，退院した児童についても相談その他の援助を行う。
	児童養護施設	保護者のない児童（特に必要のある場合には，乳児を含む），被虐待児童，その他養護を必要とする児童を入所させて養護し，あわせて退所した児童に対する相談その他の自立のための援助を行う施設。
	児童心理治療施設[7]	軽度の情緒障害を有する児童を，短期間入所または，保護者の下から通わせて，情緒障害を治療し，また退所した者について相談その他の援助を行い自立のための援助を行う。
	児童自立支援施設	不良行為を行う児童やそのおそれのある児童，家庭環境その他環境上の理由により生活指導などを要する児童を入所・通所させて，個々の児童の状況に応じた必要な指導を行い，その自立を支援し，退所した児童についても相談その他の援助を行う。
	児童家庭支援センター	児童，母子家庭等からの相談に応じ，必要な助言・指導を行う。
ひとり親家庭への施策	母子生活支援施設	母子家庭（配偶者のない，またはこれに準ずる事情のある女性と，その養育される児童）を入所させ保護するとともに，自立促進のための生活支援を行い，あわせて退所した者についても相談その他の援助を行う。
障害児施策	福祉型障害児[8]入所施設	障害のある児童を入所させて，保護，日常生活の指導及び自活に必要な知識や技能の付与を行う。
	医療型障害児入所施設	障害のある児童を入所させて，保護，日常生活の指導等を行うとともに，治療を行う。
	福祉型児童発達支援センター	障害児を保護者のもとから通わせて，日常生活における基本的動作の指導，独立自活に必要な知識技能の付与又は集団生活への適応のための訓練を提供することを目的とした施設。
	医療型児童発達支援センター	障害児を保護者のもとから通わせて，日常生活における基本的動作の指導，独立生活に必要な知識技能の付与又は集団生活への適応のための訓練及び治療を提供することを目的とした施設。

出所：こども未来財団『目で見る児童福祉2018』2018年，p.12を参考に作成。

延長保育，休日保育，一時保育，育児相談などが行われている。また，少子化対策の一環として，1997年の児童福祉法改正により，保育所入所制度は従来の措置制度から契約制度へと移行された。その後，2018年に主に虐待防止等に重点を置いた児童福祉法等の一部を改正する法律が公布された。2019年4月現在，保育所等は2万8,713ヵ所設置されている。その他，認定こども園1,175ヵ所，地域型保育事業6,457ヵ所を入れると合計3万6,345ヵ所である。また，保育所の利用待機児童数は，2019年4月現在，1万6,772人であり，未だに待機児童問題の解消が大きな課題となっている。そのため，2006年，保育所と幼稚園の双方の機能をもつ「認定こども園」制度が創設された。認定こども園は，保護者の就労にかかわらず就学前の子どもに教育と保育を一体的に行う施設である。幼

7）情緒短期障害児治療施設は，平成29年度より名称変更された。

8）障害児に対する施設は，以前は障害種別ごとに分かれていたが，複数の障害に対応できるよう平成24年度より一元化が行われた。

図表2－20　子育て支援施策の策定の経緯

1990年	1.57ショック
1994年	エンゼルプラン策定
1999年	新エンゼルプラン策定
2002年	少子化対策プラスワン策定
2003年	少子化対策基本法，次世代育成支援対策推進法制定
2004年	少子化社会対策大綱，子ども・子育て応援プラン策定
2005年	合計特殊出生率1.26（過去最低）
2006年	新しい少子化対策決定
2008年	合計特殊出生率1.37
2010年	子ども・子育てビジョン策定
2013年	少子化危機突破のための緊急対策（2013.6.7少子化社会対策会議決定）
2015年	少子化社会対策大綱（2015.3.20閣議決定）
2015年	子ども・子育て支援新制度施行
2017年	子育て安心プラン

出所：厚生労働統計協会編『国民の福祉と介護の動向』第66巻10号，2019年，p.86を参考に作成

図表2－21　次世代育成支援施策の概要

名　称	重　点　施　策
エンゼルプラン （保育関連事業が中心）	①仕事と子育ての両立支援（雇用環境の整備） ②多様な保育サービスの充実（低年齢児（0～2歳児）保育，延長保育，一時保育，放課後学童クラブなど） ③母子保健医療体制の充実
新エンゼルプラン （エンゼルプランの内容拡充）	①保育サービスの充実（延長保育，休日保育） ②相談・支援体制の整備（地域子育て支援センター） ③母子保健医療体制の充実（周産期医療ネットワーク）
子ども・子育て応援プラン （働き方の見直しなど，より幅広い施策）	①若者の自立（トライアル雇用など） ②仕事と家庭の両立支援（育児休業制度の周知・定着など） ③生命の大切さ，家庭の役割などの理解 ④子育ての新たな支え合い（児童虐待防止ネットワークなど）
子ども・子育てビジョン	①子どもの育ちを支え，若者が安心して成長できる社会へ（子ども手当創設，高校の実質無償化など） ②妊娠，出産，子育ての希望が実現できる社会へ（父子家庭への児童扶養手当の支給，妊婦健診の公費負担など） ③多様なネットワークで子育て力のある地域社会へ ④男性も女性も仕事と生活が調和する社会へ（男性の育児休業取得促進など）
次世代育成支援対策推進法改定	①次代の社会を担う子どもが健やかに生まれ，かつ，育成される社会の形成に資するため，次世代育成支援対策を迅速かつ重点的に推進 ②法の有効期限の10年間（2025年まで）の延長，認定制度の充実などにより子どもが健やかに生まれ，育成される環境のさらなる改善，充実
少子化社会対策大綱	①子育て支援施策を一層充実 ②若い層での結婚・出産の希望の実現 ③多子世帯へ一層の配慮 ④男女の働き方改革 ⑤地域の実情に即した取り組み強化
子ども・子育て支援新制度	①認定こども園，幼稚園，保育所を通じた共通の給付（「施設型給付」）及び小規模保育等への給付（「地域型保育給付」）の創設 ②認定こども園制度の改善 ③地域の実情に応じた子ども・子育て支援の充実

出所：全国保育士養成協議会編『保育者のための児童家庭福祉データブック』2018年，pp.21-25などを参考に作成

稚園型，幼保連携型，保育所型，地方裁量型の4タイプに分かれている。地域社会における子育て支援機能を拡充することが期待されている。また，2008年の児童福祉法改正により，家庭的保育事業（いわゆる保育ママ）が法律上位置づけられた。

2012年には「子ども・子育て支援法」「就学前の子どもに関する教育，保育等の総合的な提供の推進に関する法律の一部を改正する法律」「子ども・子育て支援法及び就学前の子どもに関する教育，保育等の総合的な提供の推進に関する法律の一部を改正する法律の施行に伴う関係法律の整備等に関する法律」が公布された。これらは，子ども・子育て支援関連3法として，幼児教育，保育，地域の子ども・子育て支援を総合的に推進することを目的としている。これにより，2015年度から子ども・子育て支援新制度が実施され，2016年に幼児期の教育及び保育等を行う施設等の利用に関する給付制度を創設することを旨とした子ども・子育て支援法が改正された。さらに2019年10月より「幼児教育・保育の無償化」がスタートした。

3）児童健全育成施策

1997年の児童福祉法改正により，放課後児童健全育成事業として法定化された放課後児童クラブは，主に小学3年生までの児童を対象に，放課後，児童館等を利用して適切な遊び・生活の場を提供するものである。2012年の児童福祉法改正により，対象児童の年齢が「おおむね10歳未満の小学生」から「小学校に就学している児童」とされた。

4）児童虐待防止施策

(1) 児童虐待の定義と現状

児童虐待とは，端的には子どもに対する不適切な関わりの総称である。2000年に「児童虐待の防止等に関する法律」（以下，児童虐待防止法という）が制定された。2017年，児童等の保護についての司法関与を強化する等の措置を設けた，「児童福祉法」及び「児童虐待の防止等に関する法律」

図表2-22　児童虐待防止法による虐待の種類と内容

種　類	児童虐待の防止等に関する法律	内　容
①身体的虐待	第2条第1号	児童の身体に外傷が生じ，または生じるおそれのある暴行を加えること。殴る，蹴る，投げ落とす，首をしめる，溺れさせる，逆さづりにする，たばこの火を押しつける，毒物を飲ませる，戸外に閉め出すなど。
②ネグレクト（養育の怠慢・拒否）	第2条第3号	児童の心身の正常な発達を妨げるような著しい減食または長時間の放置，その他の保護者としての監護を著しく怠ること。家に閉じ込める，病気やケガをしても病院へ連れて行かない，適切な食事を与えない，ひどく不潔なままにする，自動車内や家に置き去りにするなど。
③心理的虐待	第2条第4号	児童に著しい心理的外傷を与える言動を行うこと。言葉によるおどし，脅迫，無視，兄弟間の差別的な扱いなど。
④性的虐待	第2条第2号	児童にわいせつな行為をすること，または児童をしてわいせつな行為をさせること。子どもへの性交，性的行為の強要，性器や性交を見せる，ポルノグラフィーの被写体に子どもを強要することなど。

注：2019年11月13日現在で虐待の多い順に並べた。
出所：厚生労働統計協会編『国民の福祉と介護の動向』第66巻10号，2019年，p.101及び「児童虐待の防止等に関する法律」を参考に作成

の一部が改正された。児童虐待防止法による虐待の定義は，①身体的虐待，②性的虐待，③心理的虐待，④ネグレクト（養育の怠慢・拒否）の4種類である（図表2-22）。

(2) 児童虐待への対応

① 早期発見：学校・病院・児童福祉施設など，業務上児童に関わる団体や個人は，児童虐待の早期発見に努めなければならない（児童虐待防止法第5条）。なお2008年の児童福祉法改正により，乳児家庭全戸訪問事業（生後4ヵ月までのすべての乳児のいる家庭を対象に保健師等が訪問する事業）や養育支援訪問事業，地域子育て支援拠点事業など虐待の発生予防に重点を置く事業が法定化された。

② 通告：児童虐待を受けたと思われる児童を発見したものは，速やかに市町村，都道府県福祉事務所，児童相談所，民生委員に通告しなければならない。なお通告義務は守秘義務よりも優先する（児童虐待防止法第6条）。

③ 安全確認：通告を受けた市町村等は，面会等，児童の安全確認を行うための措置をとる（児童虐待防止法第8条）。児童相談所長は，必要があると認めるときは，保護者の同意なしに児童を一時保護することができる（児童福祉法第33条）。なお2007年の児童福祉法・児童虐待防止法の改正により，児童相談所の立入調査等の強化，保護者に対する面会・通信等の制限強化など虐待防止対策の強化が図られた。

④ 措置：児童相談所長は，必要があるときは，児童・保護者への指導等の措置をとらなければならない（児童福祉法第26条）。また都道府県は，a. 児童・保護者への訓戒等，b. 児童福祉司等による指導，c. 児童養護施設等への入所，d. 家庭裁判所への送致の措置をとらなければならない（児童福祉法第27条）。

図表2-23に，児童虐待を疑うサインの例を示す。

図表2-23　児童虐待を疑うサインの例

立場	子ども側からのサイン	親側からのサイン	家庭状況からのサイン
内 容	□不自然な外傷（内出血・骨折・火傷）が見られる □極端にやせている □季節はずれの服装をしている □いつも服や身体が汚れている □落ち着きがなく，言葉遣いや行動が乱暴 □言葉遣いや態度が丁寧すぎる（子どもらしさがない） □表情が乏しい（無表情や凍りつくような凝視など） □おとなを見るとおびえるなどおどおどしたそぶりを見せる □夜遅くまでひとりで遊んでいる	□子どもの傷やアザなどに対して，不自然な説明をする □子どもの行動に無関心，冷淡である □子どもへの接し方が乱暴，ぎこちない □子どもに話しかけない □自分の思い通りにならないと体罰を加えようとする □子どもを放置したまま，しょっちゅう外出している □生活や気持ちにゆとりがない □病気を持っていて，子育てや心身ともに負担になっている	□日常的に子どもの悲鳴，たたく音，泣き声が聞こえる □地域や他の家族との交流がなく，孤立している □夫婦関係，親子関係がうまくいっていない □家庭内にゴミが散乱している

出所：児童育成協会監修，新保幸男・小林理編著『新・基本保育シリーズ3　子ども家庭福祉』中央法規，2019年，p.123及び広島県庄原市「子ども・家庭」のホームページを参考に作成

図表2−24　家庭養護と施設養護の体系

社会的養護	家庭的養護【家庭と同様の養育環境】	里親	養子縁組里親	特別養子縁組 普通養子縁組
			養育里親・専門里親・親族里親	
		ファミリーホーム		
	施設養護	乳児院児童福祉施設	小規模グループケア（分園型）	【良好な家庭環境】
		児童福祉施設	地域小規模児童施設（グループホーム）	
		児童心理治療施設児童自立支援施設自立援助ホーム等		

注：2016年の児童福祉改正により家庭養護は「家庭と同様の養育環境」，施設養護のうち小規模型等は「良好な家庭的環境」と表現されるようになった。
出所：児童育成協会監修，新保幸男・小林理編著『新・基本保育シリーズ3　子ども家庭福祉』中央法規，2019年，p.143を参照に作成

5）児童自立支援施策（要保護児童施策）

　保護者がいない，あるいは虐待など何らかの理由で保護された子どもに対して，生存権・生活権・社会権の観点から，家庭に代わる養育環境（社会的養護）が提供される。社会的養護の体系は，児童養護施設や乳児院などの施設養護と家庭的養護（里親）に区分される。里親の種類は，養子縁組を前提としない養育里親，被虐待児の養育を行う専門里親，親族の養育を行う親族里親などがある。近年，虐待を受けた児童が増加しており，社会的養護におけるケア機能の拡充が求められている。2008年の児童福祉法改正により，里親制度の見直し，小規模住居型児童養育事業（ファミリーホーム事業）の創設，児童自立生活支援事業（自立援助ホーム）の拡充などが行われた。また，厚生労働省は2011年に社会的養護の在り方を，従来の入所施設養護中心から大きく変える指針を表明した。これにより，すべての要養護児童に対して家庭的養護を提供していくことが推進されている（図表2-24）。

6）ひとり親家庭施策

　ひとり親家庭とは，配偶者がいない状態で20歳未満の子どもを扶養している母子家庭や父子家庭の総称である。国勢調査によると，2015年10月現在，母子世帯は約754,724世帯であり，父子世帯は約84,003世帯である。2016年の厚生労働省「平成28年度全国ひとり親世帯等調査」によると，母子世帯になった理由は，離婚が79.5％と最も多く，次いで未婚の母8.7％，死別8.0％となっている。父子世帯になった理由は，離婚が75.6％と最も多く，次いで死別が19.0％となっているものの母子家庭・父子家庭の現状は，平均年収などにも格差が生じている（図表2-25）。また国民生活基礎調査によると，2016年における母子世帯の平均総所得金額は，約290.5万円であり，全世帯の平均所得額（約560万円）の約5割にとどまっている（図表2-26）。経済的な支援施策として，児童扶養手当の支給，母子寡婦福祉資金の貸し付けなどが行われている。児童扶養手当は，ひとり親家庭の生活

図表2-25　母子家庭・父子家庭の現状

(2016年)

項　目		母子世帯	父子世帯
1	世帯数（推計値）	123.2万世帯	18.7万世帯
2	ひとり親の理由	離婚79.5%	離婚75.6%
		死別8.0%	死別19.0%
3	就業状況	81.8%	85.4%
	内訳　正規職員・従業員	44.2%	68.2%
	自営業	3.4%	18.2%
	パート・アルバイト	43.8%	6.4%
4	平均年間年収（母又は父自身の収入）	243万円	420万円
5	平均年間就労収入（母又は父自身の就労収入）	200万円	398万円
6	平均年間収入（世帯全員の収入）	348万円	573万円

資料：厚生労働省「平成28年度全国ひとり親世帯等調査」　注：所得は，平成28年1年間の所得である。
出所：平成29年度「母子家庭の母及び父子家庭の父の自立支援施策の実施状況」厚生労働省子ども家庭局家
　　　庭福祉課母子家庭等自立支援室　2018年12月25日公表を参照に作成

図表2-26　所得の種類別1世帯当たり平均所得額

(2016年)（単位：万円）

	総所得	稼働所得	公的年金・恩給	財産所得	年金以外の社会保障	仕送り等左記以外の所得	世帯一人の平均所得
母子世帯	290.5	219.9	17.7	5.6	38.8	8.4	112.2
児童のいる世帯	739.8	687.0	22.8	6.6	18.2	5.1	182.4
全世帯	560.2	423.7	104.0	13.0	6.8	12.7	219.5
高齢者世帯	318.6	70.9	211.2	16.8	2.5	17.2	200.6

資料：厚生労働省「平成29年度国民生活基礎調査」
出所：2017年度「母子家庭の母及び父子家庭の父の自立支援施策の実施状況」厚生労働省子ども家庭局家庭福祉課母子家庭等自立支援室
　　　2018年12月25日公表を参照に作成

の安定と自立を促進し，児童の福祉の増進を図ることを目的としている。従来は，母子家庭を対象としていたが，2010年8月から父子家庭も支給対象となった。さらに，2014年には，ひとり親家庭への支援を拡充するとともに，子どもの貧困対策に資するため，「母子家庭」を「母子家庭等（母子家庭及び父子家庭）」に改め父子家庭を対象に加えるとともに，母子家庭等同士の交流事業や母子家庭等の親・児童に対する相談支援などを生活向上事業として法定化するなどの改正が行われ，従来の「母子及び寡婦福祉法」の法律名から「母子及び父子並びに寡婦福祉法」に改められた。これにより，法制度の対象が父子家庭の父親と児童本人にも拡大された。

7）児童手当

　児童手当は，家庭における生活の安定と，児童の健全育成，資質の向上を目的としている。支給対象は児童を養育している者である（所得制限あり）。支給期間は，小学校修了前までの期間である。2018年現在，支給額は3歳未満の場合，出生順位にかかわらず，一律1万5,000円，3歳以上小学校修了前の場合，第1子，第2子1万円，第3子以降1万5,000円，中学生一律1万円となっている。当分の間も所得制限（夫婦と児童2人で年収960万未満）以上の者にも5,000円給付される。なお，2015年，児童手当制度は，子ども・子育て支援法で子どものための現金給付と位置付けられ，同法

図表2−27　児童手当の給付額

(2012年度)

3歳未満	一律15,000円
3歳以上小学校修了前	第1子，第2子　10,000円 第3子以降15,000円
中学生	一律10,000円

出所：厚生労働統計協会編『国民の福祉と介護の動向』第66巻 10号，2019年，pp.99-100を参考に作成

を所轄する内閣府に移管された（図表2−27）。

8）DV防止対策

　2001年に「配偶者からの暴力の防止及び被害者の保護に関する法律」（以下，DV防止法という）が制定された。DV防止法における「配偶者」とは，いわゆる「事実婚」も含まれ，性別は問わない。また「暴力」とは，身体的暴力だけでなく，暴言や脅迫なども含まれる。相談支援機関として，配偶者暴力相談支援センターが規定されている。配偶者暴力相談支援センターは，婦人相談所などに併設される。その機能は，①相談および情報提供，②カウンセリング，③一時保護，④自立生活の促進などである。

　2004年の法改正により，子どもに対する接近禁止命令，退去命令の期間延長（2ヵ月）などが行われた。また2007年の改正では，保護命令の拡充や市町村に関する規定の強化が図られた。具体的には，親族への接近禁止命令，被害者・子・親族への接近禁止命令の期間延長（6ヵ月），電話等禁止命令などが追加された。その後，第2次の改正があり2007年には脅迫を受けた被害者の保護や被害者への電話，電子メールの禁止など保護命令制度を拡充，市町村に対して，配偶者暴力相談の設置支援センターを努力義務とすることが盛り込まれ，2008年1月11日施行されている。また，同法は2013年6月26日に第3次の改正が成立し，同年7月3日に公布，2014年1月3日に施行された。この改正によって，生活の本拠を共にする交際相手からの暴力およびその被害者についても，配偶者からの暴力およびその被害者に準じて，法の適用対象とされることとなった。また，法律名が「配偶者からの暴力の防止及び被害者の保護等に関する法律」に改められた。

D　高齢者福祉

1．老人福祉法

　介護保険法が制定されるまでは，高齢者の福祉施策全般は老人福祉法に基づいて行われていた。しかし，介護保険法の成立によって要介護高齢者対策が介護保険制度に移行されたため，老人福祉

法はそれ以外の事項を規定するよう改められた。現在，老人福祉法に規定された福祉サービスのほとんどは，介護保険法（1997年制定，2000年施行）による介護サービスとして提供されている。そのため，老人福祉法は介護保険法の適用が著しく困難な場合にのみ適用されるという立場の法律になっているが，高齢者福祉の基本理念や老人福祉増進の公的責任などを規定している法律として，その存在意義は失われていない。

1）法の構成

老人福祉法は，下記の6章で構成され，それぞれの章に各規程がおかれている。

第1章「総則」	第4章「費用」「有料老人ホーム」
第2章「福祉の措置」	第5章「雑則」
第3章「事業及び施設」「老人福祉計画」	第6章「罰則」

2）目　　的

老人福祉法の目的は，「老人の福祉に関する原理を明らかにするとともに，老人に対し，その心身の健康の保持及び生活の安定のために必要な措置を講じ，もって老人の福祉を図ること」とされている（第1条）。

3）基本的理念

第2条では，「老人は，多年にわたり社会の進展に寄与してきた者として，かつ，豊富な知識と経験を有する者として敬愛されるとともに，生きがいを持てる健全で安らかな生活を保障されるものとする」として位置づけられている。

また，第3条1項では，「老人は，老齢に伴って生ずる心身の変化を自覚して，常に心身の健康を保持し，又は，その知識と経験を活用して，社会的活動に参加するように努めるものとする」とし，さらに2項では，「老人は，その希望と能力とに応じ，適当な仕事に従事する機会その他社会的活動に参加する機会を与えられるものとする」としている。

4）老人福祉増進の責務

老人福祉法では，「国及び地方公共団体は，老人の福祉を増進する責務を有する」と規定している（第4条1項）。

さらに「老人の福祉に関係のある施策を講ずるに当たっては，その施策を通じて，前二条に規定する基本的理念が具現されるように配慮しなければならない」としている（第4条2項）。また，「老人の生活に直接影響を及ぼす事業を営む者は，その事業の運営に当たっては，老人の福祉が増進されるように努めなければならない」としている（第4条3項）。

D　高齢者福祉

5）老人の日及び老人週間

　老人福祉法では，「国民の間に広く老人の福祉についての関心と理解を深めるとともに，老人に対し自らの生活の向上に努める意欲を促すため，老人の日及び老人週間を設ける」と規定している（第5条1項）。老人の日は9月15日とし，老人週間は9月15日から21日までとされている（第5条2項）。なお国民の祝日に関する法律には，「多年にわたり社会につくしてきた老人を敬愛し，長寿を祝う」とし，9月の第3月曜日を敬老の日と定めている。

6）老人福祉施設

　老人福祉法において「老人福祉施設」とは，①老人デイサービスセンター，②老人短期入所施設，③養護老人ホーム，④特別養護老人ホーム，⑤経費老人ホーム，⑥老人福祉センター，⑦老人介護支援センターの7つをいう（第5条の3）（図表2-28）。

図表2-28　老人福祉施設および老人居宅生活支援事業

	施設名	施設の目的と対象者	施設	事業
老人福祉施設および老人居宅生活支援事業	特別養護老人ホーム	65歳以上の者であって，身体上または精神上著しい障害があるために常時の介護を必要とし，かつ居宅において介護を受けることが困難なものを入所させ，養護する	○	
	養護老人ホーム	65歳以上の者であって，環境上の理由および経済的理由により居宅において養護を受けることが困難なものを入所させ，養護するとともに，自立した日常生活を営み，社会的活動に参加するために必要な指導および訓練その他の援助を行う	○	
	軽費老人ホーム	60歳以上の者（夫婦で入所する場合はどちらかが60歳以上）であって，身体機能の低下等により自立した日常生活を営むことに不安があり，家族による援助を受けることが困難なものを無料または定額な料金で入所させ，食事の提供その他日常生活上必要な便宜を供与する	○	
	老人福祉センター	無料または定額な料金で，老人に関する各種の相談に応ずるとともに，老人に対して，健康の増進，教養の向上およびレクリエーションのための便宜を総合的に供与する	○	
	老人介護支援センター	地域の老人の福祉に関する各般の問題につき，高齢者，介護者，地域住民等からの相談に応じ，助言を行うとともに，関係機関との連絡調整その他の援助を総合的に行う	○	
	老人デイサービスセンター（事業）	65歳以上の者であって，身体上または精神上の障害があるために日常生活を営むのに支障があるものを通わせ，入浴，排泄，食事等の介護，機能訓練，介護方法の指導その他の厚生労働省令で定める便宜を供与する事業	○	○
	老人短期入所施設（事業）	65歳以上の者であって，養護者の疾病その他の理由により，居宅において介護を受けることが一時的に困難となった者を短期間入所させ，養護する事業	○	○
	老人居宅介護等事業	65歳以上の者であって，身体上または精神上の障害があるために日常生活を営むのに支障があるものを居宅において入浴，排泄，食事等の介護その他の日常生活を営むのに必要な便宜であって厚生労働省令で定めるものを供与する事業		○
	小規模多機能型居宅介護事業	65歳以上の者であって，身体上または精神上の障害があるために日常生活を営むのに支障がある者の心身の状況，置かれている環境等に応じて，それらの者の選択に基づき，居宅において，またはサービスの拠点に通わせ，もしくは短期間宿泊させ，入浴，排泄，食事等の介護，機能訓練等を供与する事業		○
	複合型サービス福祉事業	65歳以上の者であって，身体上または精神上の障害があるために日常生活を営むのに支障がある者につき，訪問看護および小規模多機能型居宅介護の組合せその他の居宅要介護者について一体的に提供されることが特に効果的かつ効率的なサービスの組合せにより提供される事業		○
	認知症対応型老人共同生活援助事業	65歳以上の者であって，認知症であるために日常生活を営むのに支障がある者が，共同生活を営むべき居宅において入浴，排泄，食事等の介護その他の日常生活上の援助を行う事業		○

出所：社会福祉の動向編集委員会編『社会福祉の動向2019』中央法規，2019年より作成

7） 保健所の協力

保健所の協力として，「保健所は老人福祉に関し，老人福祉施設等に対し，栄養の改善その他衛生に関する事項について必要な協力を行うものとする」と規定されている（第8条）。

8） 民生委員の協力

民生委員の協力として，「民生委員法に定める民生委員は，この法律の施行について，市町村長，福祉事務所長又は社会福祉主事の事務の執行に協力するものとする」と規定されている（第9条）。

9） 福祉の措置の実施者

福祉の措置の実施者は，65歳以上の者の「居住地」の市町村とされる。ただし，居住地を有しないか，または明らかでないときは，その「現在地」の市町村が実施する（第5条の4第1項）。

市町村は，福祉の措置の実施者として，次に揚げる業務が義務づけられている（第5条の4第2項）。

一．老人の福祉に関し，必要な実情の把握に努めること。

二．老人の福祉に関し，必要な情報の提供を行い，並びに相談に応じ，必要な調査及び指導を行い，並びにこれらに付随する業務を行うこと。

また，市町村は65歳以上の者であって，身体上または精神上の障害があるために日常生活を営むのに支障があるものが，心身の状況，その置かれている環境等に応じて，自立した日常生活を営むために最も適切な支援を受けられるように，「居宅における介護等」や「老人ホームへの入所等の措置」，その他，地域の実情に応じたきめ細かな措置の積極的な実施に努めるとともに，支援体制の整備等に努めなければならない（第10条の3第1項）。

10） 福祉の措置

老人福祉法には，市町村がサービスの利用関係を一方的に決定する「措置制度」が残されている。具体的には，在宅サービスとしての「居宅における介護等の措置」と，施設サービスとしての「老人ホームへの入所等の措置」がある（第10条の4，第11条）。

⑴ 居宅における介護等

老人福祉法では「老人居宅生活支援事業」として，①老人居宅介護等事業，②老人デイサービス事業，③老人短期入所事業，④小規模多機能型居宅介護事業，⑤認知症対応型老人共同生活援助事業，⑥複合型サービス福祉事業の6つが定められている（第5条の2）（図表2-28）。

実施者である市町村は，65歳以上の者で，身体上または精神上の障害があるために日常生活を営むのに支障があるものが，やむを得ない事由により介護保険法に規定する介護サービスを利用することが著しく困難と認めるとき，第5条の2に定められる措置を行う（第10条の4）。

(2) 老人ホームへの入所等

市町村は，必要に応じて，次の措置を採らなければならない（第11条1項）。

① 養護老人ホームへの入所

65歳以上の者であって，環境上の理由および経済的理由により居宅において養護を受けることが困難なものをその市町村の設置する養護老人ホームに入所させ，またはその市町村以外の者の設置する養護老人ホームに入所を委託すること。

② 特別養護老人ホームへの入所

65歳以上の者であって，身体上または精神上著しい障害があるために常時の介護を必要とし，かつ，居宅においてこれを受けることが困難なものが，やむを得ない事由により介護保険法に規定する地域密着型介護老人福祉施設または介護老人福祉施設に入所することが著しく困難であると認めるときは，その者をその市町村の設置する特別養護老人ホームに入所させ，またはその市町村以外の者の設置する特別養護老人ホームに入所を委託すること。

なおやむを得ない事由については，「老人福祉法に基づくやむを得ない事由による措置要綱」の第2条2項に規定されている。

a．本人が家族等から虐待または無視を受けている場合

b．認知症その他の理由により意思能力が乏しく，かつ，本人を代理する家族等がいない場合

c．その他市長がやむ得ない事由と認める場合

11）老人福祉の増進のための事業

地方公共団体は，老人の心身の健康の保持に資するための教養講座，レクリエーションその他広く老人が自主的かつ積極的に参加することができる事業（老人健康保持事業）を実施するように努めなければならない（第13条1項）。

地方公共団体は，老人の福祉を増進することを目的とする事業の振興を図るとともに，老人クラブ[9]その他当該事業を行う者に対して，適当な援助をするように努めなければならない（第13条2項）。

12）老人福祉計画

(1) 市町村老人福祉計画（第20条の8）

市町村は，老人居宅生活支援事業及び老人福祉施設による事業（以下「老人福祉事業」という）の供給体制の確保に関する計画（以下「市町村老人福祉計画」という）が義務づけられている。

市町村老人福祉計画は，介護保険法に規定する市町村介護保険事業計画と一体のものとして作成されなければならない。また，市町村老人福祉計画は，社会福祉法に規定する市町村地域福祉計画等の老人の福祉に関する事項を定めるものと調和が保たれたものでなければならない。

9）老人クラブとは，概ね60歳以上の地域の高齢者が自主的に組織した会員数30人以上の団体で，生きがいと健康づくりを進める活動やボランティア活動を通じて地域を豊かにする各種活動を行っている。

図表2-29　有料老人ホームの類型

類　型	類型の説明
介護付有料老人ホーム （一般型特定施設入居者生活介護）	介護等のサービスが付いた高齢者向けの居住施設。 介護が必要となっても，当該有料老人ホームが提供する特定施設入居者生活介護を利用しながら当該有料老人ホームの居室での生活を継続することが可能。（介護サービスは有料老人ホームの職員が提供する。特定施設入居者生活介護の指定を受けていない有料老人ホームについては介護付と表示することはできない。）
介護付有料老人ホーム （外部サービス利用型特定施設入居者生活介護）	介護等のサービスが付いた高齢者向けの居住施設。 介護が必要となっても，当該有料老人ホームが提供する特定施設入居者生活介護を利用しながら当該有料老人ホームの居室での生活を継続することが可能。（有料老人ホームの職員が安否確認や計画作成等を実施し，介護サービスは委託先の介護サービス事業所が提供する。特定施設入居者生活介護の指定を受けていない有料老人ホームについては介護付と表示することはできない。）
住宅型有料老人ホーム^(注)	生活支援等のサービスが付いた高齢者向けの居住施設。 介護が必要となった場合，入居者自身の選択により，地域の訪問介護等の介護サービスを利用しながら当該有料老人ホームの居室での生活を継続することが可能。
健康型有料老人ホーム^(注)	食事等のサービスが付いた高齢者向けの居住施設。 介護が必要となった場合には，契約を解除して退去しなければならない。

注：特定施設入居者生活介護の指定を受けていないホームにあっては，広告，パンフレット等において「介護付き」「ケア付き」等の表示を行ってはならない。
出所：厚生労働省「有料老人ホームの設置運営標準指導指針について」2018年

(2)　都道府県老人福祉計画（第20条の9）

　都道府県は，市町村老人福祉計画の達成に資するため，各市町村を通ずる広域的な見地から，老人福祉事業の供給体制の確保に関する計画（以下「都道府県老人福祉計画」という）が義務づけられている。

　都道府県老人福祉計画は，介護保険法に規定する都道府県介護保険事業支援計画と一体のものとして作成されなければならない。また，都道府県老人福祉計画は，社会福祉法に規定する都道府県地域福祉支援計画等の老人の福祉に関する事項を定めるものと調和が保たれたものでなければならない。

13）有料老人ホーム

　有料老人ホームとは，老人を入居させ，入浴，排泄，食事の介護，食事の提供またはその他の日常生活上必要な便宜を図り，厚生労働省で定めるものの供与をする事業を行う施設であって，老人福祉施設，認知症対応型老人共同生活援助事業を行う居住等でないものと定義されている。また，有料老人ホームを設置しようとする者は，事前に都道府県知事に届け出なければならない（第29条）。

　なお有料老人ホームは，①介護付，②住宅型，③健康型の3つの類型に分類される（図表2-29）。

２．高齢者虐待の防止，高齢者の養護者に関する支援等に関する法律（高齢者虐待防止法）

　高齢者虐待の防止，高齢者の養護者に対する支援等に関する法律（以下高齢者虐待防止法）が2005年11月に成立し，2006年4月から施行された。

　高齢者虐待防止法では，高齢者が住み慣れた地域で尊厳ある生活を保持していくために，現に起

きている虐待を解消し，再発を防止しすることで安心・安全な環境において生活を再構築し，高齢者の権利利益の擁護を実現させることを目的としている。また，高齢者虐待の防止においては，虐待を受けた高齢者も，虐待を行った養護者も，ともに支援の対象であるとしている。

1）目　　的
　高齢者虐待防止法は，高齢者に対する虐待が深刻な状況にあり，高齢者の尊厳の保持にとって高齢者に対する虐待を防止することが極めて重要であること等にかんがみ，高齢者虐待の防止等に関する国等の責務，高齢者虐待を受けた高齢者に対する保護のための措置，養護者の負担の軽減を図ること等の養護者に対する養護者による高齢者虐待の防止に資する支援のための措置等を定めることにより，高齢者虐待の防止，養護者に対する支援等に関する施策を促進し，もって高齢者の権利利益の擁護に資することを目的とする（第1条）。

2）高齢者虐待の定義
　本法において「高齢者」とは，65歳以上の者をいう（第2条1項）。また，高齢者虐待防止法の附則2項で，高齢者以外の者であって精神上又は身体上の理由により養護を必要とするものに対する虐待の防止等のための制度については，速やかに検討が加えられ，その結果に基づいて必要な措置が講ぜられるものとすると規定しており，「高齢者にあたらない者」についても適切な対応が必要であることが明記してある。

　なお高齢者虐待を，①養護者による高齢者虐待，②養介護施設従事者等による高齢者虐待に区分して，虐待者の属性に応じて定義している（第2条3項）。このため，養介護者ではない親族，あるいは養護者や養介護施設従事者となることが近い将来予定されている者による虐待は，この法律の直接の適用対象にはならないと考えられている。

3）高齢者虐待の類型
⑴　養護者による高齢者虐待
　養護者とは，「高齢者を現に養護する者であって養介護施設従事者等以外の者」とされている（第2条2項）

　養護者は，高齢者の日常生活において何らかの世話をする者（具体的な行為として，金銭の管理，食事や介護などの世話，自宅や自室の鍵の管理など，高齢者の生活に必要な行為を管理したり，提供していることをいう。なお養護者は，必ずしも当該高齢者と同居していなければならないわけではない。例えば，近所に住みながら日常的に世話をしている親族や知人なども「養護者」と考えられる。つまり，養護者は，同居の有無に関係なく，虐待を受けている高齢者を何らかの世話をしている人）が高齢者に暴力，放任等の虐待行為を行っている場合を指す。

(2) 養介護施設従事者等による高齢者虐待

養介護施設従事者等とは，養介護施設の業務に従事する者および養介護事業において業務に従事する者をいう（図表2-30）。

養介護施設従事者等による高齢者虐待とは，当該養介護施設に入所している高齢者やその他当該養介護施設を利用している高齢者に対して虐待が行われる場合と，養介護事業において業務に従事する者によって当該養介護事業に係るサービスの提供を受ける高齢者に対し虐待が行われる場合に分けられる。

養護者および養介護施設従事者等による高齢者虐待とは，養護する高齢者に，業務に従事する者が行う，次の行為とされている（第2条4，5項）（図表2-31）。

① 身体的虐待：高齢者の身体に外傷が生じ，または生じるおそれのある暴行[10]を加えること。

② 介護・世話の放棄・放任：高齢者を衰弱させるような著しい減食，長時間の放置，養護者以外の同居人による虐待行為の放置など，養護を著しく怠ること。

③ 心理的虐待：高齢者に対する著しい暴言又は著しく拒絶的な対応その他の高齢者に著しい心理的外傷を与える言動を行うこと。

④ 性的虐待：高齢者にわいせつな行為をすること又は高齢者をしてわいせつな行為をさせること。

⑤ 経済的虐待：養護者又は高齢者の親族が当該高齢者の財産を不当に処分することその他当該高齢者から不当に財産上の利益を得ること。

高齢者虐待防止法では，高齢者虐待を「高齢者が他者からの不適切な扱いにより権利利益を侵害される状態や生命，健康，生活が損なわれるような状態に置かれること」と広い意味で捉えたうえで，高齢者虐待防止法の対象を定義したものということができる。

図表2-30　高齢者虐待防止法に定める「養介護施設従事者等」の範囲

	養介護施設	養介護事業	養介護施設従事者等
老人福祉法による規定	・老人福祉施設 ・有料老人ホーム	・老人居宅生活支援事業	「養介護施設」又は 「養介護事業」の （※）業務に従事する者
介護保険法による規定	・介護老人福祉施設 ・介護老人保健施設 ・介護療養型医療施設 ・介護医療院 ・地域密着型介護老人福祉施設 ・地域包括支援センター	・居宅サービス事業 ・地域密着型サービス事業 ・居宅介護支援事業 ・介護予防サービス事業 ・地域密着型介護予防サービス事業 ・介護予防支援事業	

（※）業務に従事する者とは，直接介護サービスを提供しない者（施設長，事務職員等）や，介護職以外で直接高齢者に関わる他の職種も含みます（高齢者虐待防止法第2条）。

出所：厚生労働省資料

---

10) 暴行とは，人に向かって不法なる物理的勢力を発揮することで，その物理的力が人の身体に接触することは必要ではない。例えば，人に向かって石を投げ又は棒を打ち下せば，仮に石や棒が相手方の身体に触れないでも暴行罪は成立する（東京高裁判決昭和25年6月10日）。

D　高齢者福祉

図表2-31　高齢者虐待の例

区　分	具体的な例
身体的虐待	①暴力的行為で，痛みを与えたり，身体にあざや外傷を与える行為。 【具体的な例】 ・平手打ちをする。つねる。殴る。蹴る。やけど，打撲をさせる。 ・刃物や器物で外傷を与える。など ②本人に向けられた危険な行為や身体になんらかの影響を与える行為。 【具体的な例】 ・本人に向けて物を壊したり，投げつけたりする。 ・本人に向けて刃物を近づけたり，振り回したりする。など ③本人の利益にならない強制による行為によって痛みを与えたり，代替方法があるにもかかわらず高齢者を乱暴に取り扱う行為。 【具体的な例】 ・医学的判断に基づかない痛みを伴うようなリハビリを強要する。 ・移動させる時に無理に引きずる。無理やり食事を口に入れる。など ④外部との接触を意図的，継続的に遮断する行為。 【具体的な例】 ・身体を拘束し，自分で動くことを制限する（ベッドに縛り付ける。ベッドに柵を付ける。つなぎ服を着せる。意図的に薬を過剰に服用させて，動きを抑制する。など）。 ・外から鍵をかけて閉じ込める。中から鍵をかけて長時間家の中に入れない。など
介護・世話の放棄・放任	①意図的であるか，結果的であるかを問わず，介護や生活の世話を行っている者が，その提供を放棄又は放任し，高齢者の生活環境や，高齢者自身の身体・精神的状態を悪化させていること。 【具体的な例】 ・入浴しておらず異臭がする，髪や爪が伸び放題だったり，皮膚や衣服，寝具が汚れている。 ・水分や食事を十分に与えられていないことで，空腹状態が長時間にわたって続いたり，脱水症状や栄養失調の状態にある。 ・室内にごみを放置する，冷暖房を使わせないなど，劣悪な住環境の中で生活させる。など ②専門的診断や治療，ケアが必要にもかかわらず，高齢者が必要とする医療・介護保険サービスなどを，周囲が納得できる理由なく制限したり使わせない，放置する。 【具体的な例】 ・徘徊や病気の状態を放置する。 ・虐待対応従事者が，医療機関への受診や専門的ケアが必要と説明しているにもかかわらず，無視する。 ・本来は入院や治療が必要にもかかわらず，強引に病院や施設等から連れ帰る。など ③同居人等による高齢者虐待と同様の行為を放置する。 【具体的な例】 ・孫が高齢者に対して行う暴力や暴言行為を放置する。など
心理的虐待	○脅しや侮辱などの言語や威圧的な態度，無視，嫌がらせ等によって，精神的苦痛を与えること。 【具体的な例】 ・老化現象やそれに伴う言動などを嘲笑したり，それを人前で話すなどにより，高齢者に恥をかかせる（排泄の失敗，食べこぼしなど）。 ・怒鳴る，ののしる，悪口を言う。 ・侮蔑を込めて，子どものように扱う。 ・排泄交換や片付けをしやすいという目的で，本人の尊厳を無視してトイレに行けるのにおむつをあてたり，食事の全介助をする。 ・台所や洗濯機を使わせないなど，生活に必要な道具の使用を制限する。 ・家族や親族，友人等との団らんから排除する。など
性的虐待	○本人との間で合意が形成されていない，あらゆる形態の性的な行為又はその強要。 【具体的な例】 ・排泄の失敗に対して懲罰的に下半身を裸にして放置する。 ・排泄や着替えの介助がしやすいという目的で，下半身を裸にしたり，下着のままで放置する。 ・人前で排泄行為をさせる，オムツ交換をする。 ・性器を写真に撮る，スケッチをする。 ・キス・性器への接触，セックスを強要する。 ・わいせつな映像や写真を見せる。 ・自慰行為を見せる。など
経済的虐待 ※養護しない親族による経済的虐待について「養護者による虐待」として認定する	○本人の合意なしに財産や金銭を使用し，本人の希望する金銭の使用を理由なく制限すること。 【具体的な例】 ・日常生活に必要な金銭を渡さない，使わせない。 ・本人の自宅等を本人に無断で売却する。 ・年金や預貯金を無断で使用する。 ・入院や受診，介護保険サービスなどに必要な費用を支払わない。など

出所：厚生労働省「市町村・都道府県における高齢者虐待への対応と養護者支援について（平成30年3月改訂）」

４）通報義務

(1) 養護者による高齢者虐待

養護者による高齢者虐待を受けたと思われる高齢者を発見した者は，高齢者の生命または身体に重大な危険が生じている場合は，速やかに，これを市町村に通報しなければならない（第7条1項）。また，養護者による高齢者虐待を受けたと思われる高齢者を発見した者は，速やかに，これを市町村に通報するよう努めなければならない（第7条2項）

第7条1項および2項は，虐待を受けたと思われる高齢者を発見した者に，市町村への通報義務および通報努力義務を規定している。こうした虐待情報の通報者を保護するため，秘密漏示罪（刑法第134条等）や守秘義務規定（地方公務員法第34条等）は，虐待の通報をすることを妨げるものと解釈してはならないことが明文で規定されている（高齢者虐待防止法第8条）。

通報等を受けた市町村は，事実確認の措置とともに，連携協力する者とその対応について協議しなければならない（第9条1項）（図表2−32）。

(2) 養介護施設従事者等による高齢者虐待

養介護施設従事者等は，当該養介護施設従事者等がその業務に従事している養介護施設または養介護事業において業務に従事する養介護施設従事者等による高齢者虐待を受けたと思われる高齢者を発見した場合は，速やかに，これを市町村に通報しなければならない（第21条1項）。

高齢者虐待防止法では，通報が守秘義務違反にはならないこと，通報したことにより解雇その他不利益な取扱いを受けないことを規定し，通報者の保護を図っている。

通報等を受けた市町村または都道府県は，老人福祉法または介護保険法の規定による権限を適切に行使し，市町村長や都道府県知事の権限に基づく，立入調査，改善命令，指定取消などの措置を行う必要がある（高齢者虐待防止法第24条）。

５）国及び地方公共団体の責務等

国及び地方公共団体の責務等については，下記の責務が規定されている。

1　国及び地方公共団体は，高齢者虐待の防止，高齢者虐待を受けた高齢者の迅速かつ適切な保護及び適切な養護者に対する支援を行うため，関係省庁相互間その他関係機関及び民間団体の間の連携の強化，民間団体の支援その他必要な体制の整備に努めなければならない（第3条1項）。

2　国及び地方公共団体は，高齢者虐待の防止及び高齢者虐待を受けた高齢者の保護並びに養護者に対する支援が専門的知識に基づき適切に行われるよう，これらの職務に携わる専門的な人材の確保及び資質の向上を図るため，関係機関の職員の研修等必要な措置を講ずるよう努めなければならない（第3条2項）。

3　国及び地方公共団体は，高齢者虐待の防止及び高齢者虐待を受けた高齢者の保護に資する

図表2−32　養護者による高齢者虐待への具体的な対応

```
┌─────────────────────────────────────────────────────────────────┐
│ 虐待を受けたと思われる    │ 虐待を受けた │      高齢者・養護者          │
│ 高齢者を発見した者       │  高齢者    │                          │
└─────────────────────────────────────────────────────────────────┘
      │通報            │届出          │相談          ↑
      ↓               ↓             ↓      養護者の負担軽減に向けた
                                          相談・指導・助言，その他
                                          必要な措置
```

┌───┐　　　┌──────────────┐
│　　　市町村等の高齢者虐待対応窓口　　　　　　　　　│──→│　苦情処理窓口　│
│　　　　　　　（受付記録の作成）　　　　　　　　　　│　見　│　関係機関へ　│
└───┘　極　└──────────────┘
　　　　　　　　　│（直ちに召集）　　　　　　　　　　　　　め　　　　　↑

┌───┐
│　　　　　　　　　緊急性の判断　　　　　　　　　　　│
│　　　　　　　　《コアメンバー》　　　　　　　　　　│
│（緊急性の判断，高齢者の安全確認方法，関連機関等への確認事項整理，担当者決定等）│
└───┘
　　　　　　　　　│

┌─────────────────────────────────────┐　　　┌──────────────────────┐
│　　　高齢者の安全確認，事実確認　　　　│　　　│　　　　立入調査　　　　│
│　○関連機関等から情報収集　　　　　　　│←──│○（必要に応じて）警察　│
│　○訪問調査による高齢者，養護者等の状況把握│　　│　への援助要請　　　　　│
└─────────────────────────────────────┘　　　│○高齢者の安全確認　　　│
　　　　　　│（事実確認後速やかに召集）　　　　　　│○養護者等の状況把握　　│
　　　　　　　　　　　　　　　　　　　　　　　　　│○緊急性の判断　　　　　│
┌─────────────────────────────────────┐　　　│　→　入院，一時保護　│
│　　　個別ケース会議（事例分析）　　　　│　　　│○調査報告の作成　　　　│
│　《コアメンバー，事例対応メンバー，専門家チーム》│　└──────────────────────┘
│　援助方針，支援内容，各機関の役割，主担当者，連絡体制等を決定│
│　　（会議録，決定内容等の作成，責任者の確認）　　　│
└─────────────────────────────────────┘

┌───────────────────────────┐　┌───────────────────────────┐
│【より積極的な介入が必要と判断された場合】│　│【既存の枠組みで対応が可能と判断されたとき】│
│　　　　　　　　　　　　　　　　　　　　　│　│　　　　　　　　　　　　　　　　　　　　　│
│○養護者との分離を検討（入院・措置入所）　│　│○継続した見守りと予防的な支援　　　　　│
│※生命や身体に関わる危険性が高く，放置して│　│○ケアプランの見直し　　　　　　　　　│
│　おくと重大な結果を招くおそれが予測される│　│○社会資源の活用による支援　　　　　　│
│　場合，あるいは他の方法では虐待の軽減が期│　│○介護技術等の情報提供　　　　　　　　│
│　待できない場合など　　　　　　　　　　　│　│○問題に応じた専門機関による支援　　　│
└───────────────────────────┘　└───────────────────────────┘

┌─────────────────────────────────────┐　　　┌──────────────────────┐
│　　関係機関・関係者による援助の実施　　│←──→│　【適切な権限の行使】　│
└─────────────────────────────────────┘　　　│┌────────────────────┐│
　　　　　　│　　　　　　　　　　　　　　　　　　│││老人福祉法による措置││
┌─────────────────────────────────────┐　　　│││○ショートステイ　　││
│　　定期的な訪問等によるモニタリング　　│　　　│││○特別養護老人ホーム││
└─────────────────────────────────────┘　　　│││　への入所　　　　　││
　　　　　　│　　　　　　　　　　　　　　　　　　││└────────────────────┘│
┌─────────────────────────────────────┐　　　│┌────────────────────┐│
│ケース会議による評価〜援助方針，内容，各機関の役割の再検討│││成年後見の申立　　　││
│　（会議録，決定内容等の作成，責任者の確認）　│││○家庭裁判所への後見││
└─────────────────────────────────────┘　　　│││　等開始の審判の請求││
　　　　　　│　　　　　　　　　　　　　　　　　　││└────────────────────┘│
┌─────────────────────────────────────┐　　　└──────────────────────┘
│　　　　　　　援助の終結　　　　　　　　│
└─────────────────────────────────────┘

左側の注記：
生命や身体に関わる危険が大きいとき
警察，医療機関，その他関連機関への連絡・調整
入院・保護

出所：厚生労働省老健局「市町村・都道府県における高齢者虐待・養護者支援の対応について」（平成18年4月24日）

ため，高齢者虐待に係る通報義務，人権侵犯事件に係る救済制度等について必要な広報その他の啓発活動を行うものとする（第3条3項）。

高齢者虐待防止法は，虐待の相談，通報の受理，事実確認の対応について市町村が責任を持って行うこととしている。市町村が適切な権限行使をせず高齢者虐待の対応を放置した結果，高齢者の生命や身体，財産に損害が生じた場合，市町村は国家賠償法第1条1項に基づき損害賠償の責任を負う可能性がある。

6）立入調査

立入調査は，市町村が強制力をもって行使する権限のひとつで，下記のとおりである。

・高齢者の生命又は身体に重大な危険が生じているおそれがあると認めるときは，介護保険法の規定により設置する地域包括支援センターの職員その他の高齢者の福祉に関する事務に従事する職員をして，当該高齢者の住所または居所に立ち入り，必要な調査又は質問をさせることができる（第11条）。
・市町村長は，高齢者の生命又は身体の安全の確保に万全を期する観点から，必要に応じ適切に，当該高齢者の住所または居所の所在地を管轄する警察署長に対し援助を求めなければならない（第12条2項）。

つまり，立入調査とは，高齢者本人の安全確認がとれず，生命の危険性が生じている恐れがあると予測される場合に法的根拠をもって実施するものである。そのため，立入調査を実施するにあたっては，事前に対応方針，役割分担，関係機関と通じ高齢者本人への接触や状況把握に努めることが必要である。

7）やむ得ない措置

高齢者虐待防止法は，高齢者の生命又は身体に重大な危険が生じているおそれがあると認められる場合など，養護者による高齢者虐待の防止及び当該高齢者の保護を図るため必要がある場合には，老人福祉法第10条の4（居宅サービスの措置），第11条1項（養護老人ホームへの措置，特別養護老人ホームへのやむを得ない事由による措置，養護受託者への委託）の措置を規定している（高齢者虐待防止法第9条2項）。つまり，市町村に対して，虐待防止と高齢者の保護を図る必要があると判断した場合には，適切にやむを得ない事由による措置を実施することを義務づけている。

やむを得ない事由については以下のとおり，厚生労働省老健局長通知に示されている。

【老人ホームへの入所措置等の指針について】
・事業者と「契約」をして介護サービスを利用することや，その前提となる市町村に対する要

介護認定の「申請」を期待しがたいこと。

・65歳以上の者が養護者による高齢者虐待を受け，当該養護者による高齢者虐待から保護される必要があると認められる場合，または65歳以上の者の養護者がその心身の状態に照らし養護の負担の軽減を図るための支援を必要と認められる場合が想定されるもの[11]。

（平成18年3月31日老発第0331028号厚生労働省老健局長通知　抜粋）

8）高齢者虐待の現状

　厚生労働省は，2006年に高齢者虐待防止法が施行されて以来，高齢者虐待の調査を実施している。2017年度「高齢者虐待の防止，高齢者の養護者に対する支援等に関する法律に基づく対応状況等に関する調査結果」によると，図表2-33のように虐待判断件数，相談および通報件数が増加している。養護者による虐待の種別・類型は，身体的虐待が66.7％と最も多く，心理的虐待39.1％，介護等放棄20.3％，経済的虐待18.3％，性的虐待0.4％の順である。一方，養介護施設従事者による虐待の種別・類型は，身体的虐待が59.8％％と最も多く，心理的虐待30.6％，介護等放棄16.9％，経済的虐待8.0％，性的虐待3.3％の順であった。在宅の被虐待高齢者のうち，8割以上が要介護認定者であり，要介護状態区分では，要介護1が24.5％と最も多い。一方，施設の被虐待高齢者のうち，要介護3以上が8割弱を占めており，要介護状態区分では，要介護4が29.9％と最も多い。（図表2-34）

図表2-33　高齢者虐待の状況

件数・（％）＼年度			2006 （平成18）	2007 （平成19）	2008 （平成20）	2009 （平成21）	2010 （平成22）	2011 （平成23）	2012 （平成24）	2013 （平成25）	2014 （平成26）	2015 （平成27）	2016 （平成28）	2017 （平成29）
養護者	相談・通報件数		18,390	19,971	21,692	23,404	25,315	25,636	23,843	25,310	25,791	26,688	27,940	30,040
	虐待判断件数		12,567	13,273	14,889	15,615	16,668	16,599	15,202	15,731	15,739	15,976	16,384	17,078
	虐待の種別	身体的虐待	8,009(63.7)	8,641(63.7)	9,467(63.6)	9,919(63.5)	10,568(63.4)	10,706(64.5)	10,150(65.0)	10,533(65.3)	10,805(66.9)	10,939(66.6)	11,383(67.9)	11,704(66.7)
		介護等放棄	3,706(29.5)	3,717(28.0)	4,020(27.0)	3,984(25.5)	4,273(25.6)	4,119(24.8)	3,663(23.4)	3,602(22.3)	3,570(22.1)	3,420(20.8)	3,281(19.6)	3,566(20.3)
		心理的虐待	4,509(35.9)	5,089(38.3)	5,651(38.0)	5,960(38.2)	6,501(39.0)	6,209(37.4)	6,319(40.4)	6,759(41.9)	6,798(42.1)	6,746(41.1)	6,922(41.3)	6,853(39.1)
		性的虐待	78(0.6)	96(0.7)	116(0.8)	96(0.6)	94(0.6)	106(0.6)	81(0.5)	88(0.5)	87(0.5)	65(0.4)	101(0.6)	73(0.4)
		経済的虐待	3,401(27.1)	3,426(25.8)	3,828(25.7)	4,072(26.1)	4,245(25.5)	4,147(25.0)	3,672(23.5)	3,486(21.6)	3,375(20.9)	3,285(20.0)	3,041(18.1)	3,202(18.3)
養介護施設従事者等	相談・通報件数		237	379	451	408	506	687	736	962	1,120	1,640	1,723	1,898
	虐待判断件数		54	62	70	76	96	151	155	221	300	408	452	510
	虐待の種別	身体的虐待	40(74.1)	45(77.4)	52(74.3)	53(69.7)	68(70.8)	113(74.8)	149(56.7)	258(64.2)	441(63.8)	478(61.4)	570(65.5)	511(59.8)
		介護等放棄	7(13.0)	10(16.1)	4(5.7)	2(2.6)	14(14.6)	16(10.6)	32(12.2)	67(16.7)	59(8.5)	100(12.9)	235(27.0)	144(16.9)
		心理的虐待	20(37.0)	19(30.6)	21(30.0)	26(34.2)	35(36.5)	56(37.1)	115(43.7)	132(32.8)	298(43.1)	215(27.6)	239(27.5)	261(30.6)
		性的虐待	6(11.1)	3(4.8)	3(4.3)	8(10.5)	1(1.0)	6(4.0)	19(7.2)	14(3.5)	18(2.6)	19(2.4)	24(2.8)	28(3.3)
		経済的虐待	3(5.6)	5(8.1)	3(4.3)	1(1.3)	6(6.3)	4(2.6)	15(5.7)	31(7.7)	117(16.9)	93(12.0)	79(9.1)	68(8.0)

※虐待の種類は複数回答
出所：厚生労働省「高齢者の虐待の防止，高齢者の養護者に対する支援等に関する法律に基づく対応状況などに関する調査結果」（平成30年度）より作成

11）高齢者の生命の危険性等を鑑み養護者から分離し保護する必要があると考えられる場合や65歳以上の養護者（例えば，介護に熱心すぎストレスを留め込んでいる夫が要介護状態の妻に心理的，身体的虐待を行っている場合など）の介護ストレスの軽減（レスパイト）のために措置により一時的にしても今までの介護中心の生活から切り離す必要がある場合を想定している。

図表2-34　被虐待高齢者の要介護状態区分

平成29年度	要支援1	要支援2	要介護1	要介護2	要介護3	要介護4	要介護5	不明
養護者	6.9%	8.3%	24.5%	22.2%	18.2%	12.7%	7.1%	0.2%
養介護施設従事者等	0.8%	0.9%	7.6%	10.9%	20.4%	29.9%	26.6%	2.5%

出所：厚生労働省「高齢者の虐待の防止，高齢者の養護者に対する支援等に関する法律に基づく対応状況などに関する調査結果」（平成30年度）より作成

　養護者による虐待は，「息子」が40.3％と最も多く，夫21.1％，娘17.4％，妻6.4％，息子の嫁3.6％，孫3.6％，と続き，虐待者と同居している高齢者は87.1％に上る。また，被虐待高齢者の76.1％が女性で，年齢別では80代が4割以上を占めている。

　虐待の対応については，被虐待高齢者等と虐待者を分離したケースが27.8％で，分離しなかったケースが49.9％であった。分離しない場合の対応は，養護者に対する助言・指導が52.7％，ケアプランの見直しが26.3％であった。

　虐待を行った養介護施設従事者等の職種は，「介護職」が79.7％と最も多く，管理者4.7％，看護職4.6％と続き，虐待者の性別は男性が54.9％，女性が42.6％であった。また，養介護施設従事者による虐待をサービス種別にみると，「特別養護老人ホーム」が30.4％と最も多く，次いで有料老人ホーム21.6％，認知症対応型共同生活介護14.3％，介護老人保健施設10.4％，と続いている。

　虐待が認められた福祉施設等への対応については，市町村または都道府県による「施設等に対する指導」が423件，「改善計画提出依頼」が457件，「従事者等への注意・指導」が240件であった。

　介護保険法の規定による権限の行使として，「報告徴収，質問，立入検査」が172件，「改善勧告」が66件，「改善勧告に従わない場合の公表」が3件，「改善命令」が12件，「指定の効力停止」が3件，「指定の取消」が1件であった。また，老人福祉法の規定による権限の行使としては，「報告徴収，質問，立入検査」が55件，「改善命令」が16件であった。

3．その他の高齢者施策

1）認知症施策推進総合戦略（新オレンジプラン）

　厚生労働省によると，わが国における認知症の人は2012年時点で約462万人，軽度認知障害（MCI）の人は400万人と推計されている。予備群も含めると65歳以上の4人に1人が認知症ともいわれ，認知症への社会的関心が高まっている。

　認知症施策については，2013年に策定された認知症施策推進5か年計画（オレンジプラン）が進められてきた。また，英国で開催されたG8認知症サミットにおいて，認知症問題に共に取り組むための努力事項を定めた「宣言」および「共同声明」に合意している。さらに，2014年に開催された認知症サミット日本後継イベントにおいて，内閣総理大臣より認知症施策を加速させるための新たな戦略を策定するように指示があり，2015年1月に「認知症施策推進総合戦略～認知症高齢者等にやさしい地域づくりに向けて～」（新オレンジプラン）が策定された。

　新たな推計によると，2025年には認知症の人は約700万人前後になり，65歳以上の高齢者に対する割合は，2012年時点の約7人に1人から約5人に1人に上昇する見込みである。認知症の人を単

【基本的考え方】

　認知症の発症を遅らせ、認知症になっても希望を持って日常生活を過ごせる社会を目指し認知症の人や家族の視点を重視しながら**「共生」**と**「予防」**※1を車の両輪として施策を推進

※1「予防」とは、「認知症にならない」という意味ではなく、「認知症になるのを遅らせる」「認知症になっても進行を緩やかにする」という意味

世界の認知症戦略

英国
○国家認知症戦略
・2009年に国家認知症を年に2020年までの新た

フランス
○神経変性疾患に関する
・2001年に認知症国家戦性疾患全般に関する新

上記のほか、韓国、インドネシア

コンセプト

○認知症は誰もがなりうるものであり、家族や身近な人が認知症になることなども含め、多くの人にとって身近なものとなっている。

○生活上の困難が生じた場合でも、重症化を予防しつつ、周囲や地域の理解と協力の下、本人が希望を持って前を向き、力を活かしていくことで極力それを減らし、住み慣れた地域の中で尊厳が守られ、自分らしく暮らし続けることができる社会を目指す。

○運動不足の改善、糖尿病や高血圧症等の生活習慣病の予防、社会参加による社会的孤立の解消や役割の保持等が、認知症の発症を遅らせることができる可能性が示唆されていることを踏まえ、予防に関するエビデンスを収集・普及し、正しい理解に基づき、予防を含めた認知症への「備え」としての取組を促す。結果として70歳代での発症を10年間で1歳遅らせることを目指す。また、認知症の発症や進行の仕組みの解明や予防法・診断法・治療法等の研究開発を進める。

期間：2025年まで

具体的な施策

認知機能の低下のない人、プレクリニカル期
認知症発症を遅らせる取組
（一次予防※3）の推進

認知機能の低下のある人(軽度認知障害(MCI)
早期発見・早期対応(二次予防)、発症後
進行を遅らせる取組(三次予防※4)の推進

① 普及啓発・本人発信支援

・認知症に関する理解促進　　・相談先の周知
認知症サポーター養成の推進
子供への理解促進

② 予防

・認知症予防に資する可能性のある活動の推進　・民間の商品やサービスの評価・
・予防に関するエビデンスの収集の推進　　　　　認証の仕組みの検討

③ 医療・ケア・介護サービス・介護者への

・早期発見・早期対応、医療体制の整備
・医療従事者等の認知症対応力向上の促進
・医療・介護の手法の普及・開発

④ 認知症バリアフリーの推進・若年性

・バリアフリーのまちづくりの推進
・移動手段の確保の推進
・交通安全の確保の推進
・住宅の確保の推進
・地域支援体制の強化
　・地域の見守り体制の構築支援　・見守り・探索に関する連携
　・地方自治体等の取組支援
　・ステップアップ講座を受講した認知症サポーターが認知症の人やその家族への支援を行う仕組み（「チームオレンジ」）の構築
・認知症に関する取組を実施している企業等の認証制度や表彰
・商品・サービス開発の推進
・金融商品開発の推進
・成年後見制度の利用促進
・消費者被害防止施策の推進
・虐待防止施策の推進
・認知症に関する様々な民間保険の推進
・違法行為を行った高齢者等への福祉的支援

⑤ 研究開発・産業促進・国際展開

・認知症発症や進行の仕組の解明、予防法、診断法、治療法、リハビリテーショ
ン、介護モデル等の研究開発など、様々な病態やステージを対象に研究開発
を推進
・認知症の予防法やケアに関する技術・サービス・機器等の検証、評価指標の
確立

・既存のコホ
人等が研究
・研究開発の
介護サービ

認知症の人や家族の視点の重視

赤字：新規・拡充施策

※3 認知症の発症遅延や発症リスク低減　※4 重症化予防、機能維持、行動・心理症状の予防・対応

出所：厚生労働省「社会保障審議会介護保険部会（第78回）参考資料2-2」

認知症施策推進関係閣僚会議決定）（概要）

■ 世界各国において、政府による認知症戦略策定が進展

米国
○国家アルツハイマー計画法に基づく計画
5カ年計画として発表。2015・2011年に国家アルツハイマー計画法が署名され、
な戦略を発表。　2012年に同法に基づく計画を発表。

オーストラリア
○認知症に関する国家構想
国家計画
略を策定。2014年からは神経変・2005年に認知症に関する国家構想を策定。
たな戦略として策定。　現在は2015年から2019年までの計画期間中

などアジア各国でも国家戦略の策定などの取組が進められている。

我が国の認知症有病率等について

高齢者の約 4 人に 1 人は認知症または軽度認知障害（ＭＣＩ）（2012年時点）
約 7 人に 1 人は認知症（2018年時点）※2

認知症有病率は
65～69歳で　1.5%
70～74歳で　3.6%
75～79歳で　10.4%
80～84歳で　22.4%
85～89歳で　44.3%
90歳以上で　64.2%

※2 2012年時点の推計は厚生労働科学研究費補助金 認知症対策総合研究事業「都市部における認知症有病率と認知症の生活機能障害への対応」平成24年度総合研究報告書による。2018年時点の推計とは日本医療研究開発機構 認知症研究開発事業「健康長寿社会の実現を目指した大規模認知症コホート研究（研究代表者：二宮利治）」において関banてん病期調査を行った福岡県久山町、石川県中島町、愛媛県中山町のデータ解析の当初の結果であり、今後詳細な解析を行う。

目指すべき社会

認知症の発症を遅らせ、認知症になっても希望をもって日常生活を過ごせる社会

含む）　　　　　認知症の人

の　　認知症の人本人の視点に立った
　　　「認知症バリアフリー」の推進

・認知症の人本人からの発信支援
　認知症の人本人がまとめた
　「認知症とともに生きる希望宣言」の展開

主なKPI/目標

① 普及啓発・本人発信支援
・企業・職域型の認知症サポーター養成数400万人
　認知症サポーター養成数1200万人（2020年度）
・世界アルツハイマーデー及び月間における普及・啓発イベント等の開催
・広報紙やホームページ等により、認知症に関する相談窓口の周知を行っている
　市町村100%
・認知症の相談窓口について、関係者の認知度2割増加、住民の認知度1割増加
・認知症本人大使（希望宣言大使（仮称））の創設
・全都道府県においてキャラバン・メイト大使（仮称）の設置
・全都道府県においてピアサポーターによる本人支援を実施

支援
・介護サービス基盤整備・介護人材確保
・介護従事者の認知症対応力向上の促進
・認知症の人の介護者の負担軽減の推進

認知症の人への支援・社会参加支援

・若年性認知症支援コーディネーターの体制検討
・若年性認知症支援コーディネーターのネットワーク
　構築支援
・若年性認知症コールセンターの運営
・就労支援事業所の実態把握等
・若年性認知症の実態把握

・社会参加活動や社会貢献の促進
・介護サービス事業所利用者の社会参加の促進

② 予防
・介護予防に資する通いの場への参加率を8％程度に高める
・認知症予防に関する事例集・取組の実践に向けたガイドラインの作成
・認知症予防に関するエビデンスを整理した活動の手引の作成
・介護保険総合データベースやCHASEによりデータを収集・分析し、科学的に自立支
　援や認知症予防等の効果が裏付けられたサービスを国民に提示

③ 医療・ケア・介護サービス・介護者への支援
・認知症初期集中支援チームにおける医療・介護サービスにつながった者の割合65%
・市町村における「認知症ケアパス」作成率100%
・BPSD予防に関するガイドラインや治療指針の作成、周知
・BPSD予防のための、家族・介護者対象のオンライン教育プログラムの開発、効果検証

④ 認知症バリアフリーの推進・若年性認知症の人への支援　社会参加支援
・全市町村で、本人・家族のニーズと認知症サポーターを中心とした支援を繋ぐ仕組
　み（チームオレンジなど）を整備
・認知症バリアフリー宣言件数、認証制度応募件数、認証件数
　（認知症バリアフリー宣言、認証制度の仕組みの検討結果を踏まえて検討）
・本人の意見を踏まえた商品サービスの登録件数（本人の意見を踏まえ開発された商品・
　サービスの登録制度に関する検討結果を踏まえて設定）
・全預金取扱金融機関（＊）の個人預金残高に占める後見制度支援預金又は後見制
　度支援信託を導入済とする金融機関の個人預金残高の割合　50％以上（2021年度末）
　＊ネットバンク等の店舗窓口において現金を取り扱っていない金融機関及び業域・職域信用組合に係る個人預金
　　残高を除く。
成年後見制度の利用促進について（2021年度末）
・中核機関（権利擁護センター等を含む。以下同じ。）を整備した市区町村数　全1741市区町村
・中核機関においてパンフレット等による成年後見制度や相談窓口の周知を行っている市区町村数 全1741市区町村
・中核機関において後見人候補者を推薦する取組を行っている市区町村数　800市区町村
・中核機関において後見人支援の取組（専門職の雇い上げ等により相談や手続支援を実施）を行っている
　市区町村数　200市区町村
・協議会等の合議体を設置した市区町村数　全1741市区町村
・市町村計画を策定した市区町村数　全1741市区町村
・国研修を受講した中核機関職員の市区町村職員等の数　3500人
・後見人等向けの意思決定支援研修が実施される都道府県の数　全47都道府県
・人口5万人以上の全ての市町において、消費者安全確保地域協議会の設置

ートの役割を明確にしたうえで、認知症発症前の人や認知症の
や治療に容易に参加できる仕組みを構築
成果の産業化とともに、「アジア健康構想」の枠組みも活用し、
ス等の国際展開を促進

⑤ 研究開発・産業促進・国際展開
・認知症のバイオマーカーの開発・確立（POC取得3件以上）
・認知機能低下抑制のための技術・サービス・機器等の評価指標の確立
・日本発の認知症の疾患修飾薬候補の治験開始
・薬剤治験に即刻対応できるコホートを構築

上記1～5の施策は、認知症の人やその
家族の意見を踏まえ、立案及び推進する。

に支えられる側と考えるのではなく，認知症の人に寄り添いながら，認知症の人が認知症とともによりよく生きていくことができるよう，環境整備を行っていくことが求められている。これらのことを踏まえ，新オレンジプランは，「認知症の人の意思が尊重され，できる限り住み慣れた地域の良い環境で自分らしく暮らし続けることができる社会の実現を目指す」との基本的な考えの下，以下の7つの柱から構成され，総合的に推進していく各施策と数値目標が示されている。

① 認知症への理解を深めるための普及・啓発の推進
② 認知症の容態に応じた適時・適切な医療・介護等の提供
③ 若年性認知症施策の強化
④ 認知症の人の介護者への支援
⑤ 認知症の人を含む高齢者にやさしい地域づくりの推進
⑥ 認知症の予防法，診断法，治療法，リハビリテーション，介護モデル等の研究開発及びその成果の普及の推進
⑦ 認知症の人やその家族の視点の重視

2）認知症施策推進大綱

2018年12月，内閣官房長官を議長，健康・医療戦略担当大臣及び厚生労働大臣を副議長とし，その他13大臣を構成員とする「認知症施策推進関係閣僚会議」が設置された。その後，認知症施策推進のため有識者会議，認知症の人や家族等の関係者からの意見聴取を経て，認知症施策推進大綱をとりまとめた。

現在，高齢化に伴う認知症の人の増加への取り組みは世界共通の課題となっている。世界においても，各国政府による認知症に関する国家戦略の策定が進展している。世界で最も速いスピードで高齢化が進んできたわが国における，社会をあげた取り組みのモデルを積極的に各国に発信するとともに，認知症の人ができる限り地域のよい環境で自分らしく暮らし続けることができる社会の実現を目指し，「認知症施策推進大綱」が実施されることとなった（図表2-35）。

3）明るい長寿社会づくり推進機構

高齢者が家庭や地域，企業など社会の各分野においてこれまで培ったさまざまな経験と知識，技能を発揮し，積極的に社会参加を行っていけるための基盤整備を推進するため，各都道府県に明るい長寿社会づくり推進機構が置かれ，中央には長寿社会開発センターが設置されている。

4）全国健康福祉祭（ねんりんピック）

健康，福祉，文化に関する総合的な普及啓発活動の展開を通じ，ふれあいと活力のある長寿社会を形成するため，厚生労働省，地方公共団体（開催県），長寿社会開発センターの主催により，各

県持ち回り方式で1988年から開催されている。

参考文献

・網野武博『児童福祉学〈子ども主体〉への学際的アプローチ』中央法規，2002年
・伊藤秀一編『低所得者に対する支援と生活保護制度［第5版］—公的扶助』（社会福祉士シリーズ16）弘文堂，2019年
・右田紀久恵・高澤武司・古川孝順ほか編『社会福祉の歴史—政策と運動の展開　新版』有斐閣，2004年
・大塩まゆみ・奥西栄介編著『新・基礎からの社会福祉③　高齢者福祉』ミネルヴァ書房，2013年
・小澤温・北野誠一編著『障害者福祉論』ミネルヴァ書房，2002年
・亀山幸吉・佐藤久夫編著『障害者福祉論』メヂカルフレンド社，2005年
・九州社会福祉研究会編『21世紀の現代社会福祉用語辞典』学文社，2019年
・京極髙宣『障害者自立支援法の解説』全国社会福祉協議会，2005年
・小池由佳・山縣文治編著『社会的養護』2015年
・厚生労働省「市町村・都道府県における障害者虐待の防止と対応」2012年
・厚生労働省「有料老人ホームの設置運営標準指導指針について（平成14年7月18日付老発第0718003号，最終改正・平成30年4月2日付老発0402第1号）」
・厚生労働省　社会・援護局保護課「資料3　生活困窮者自立支援制度の動向」
・厚生労働省　「平成29年　国民生活基礎調査の概況」
　https://www.mhlw.go.jp/toukei/saikin/hw/k-tyosa/k-tyosa17/dl/02.pdf（2019年11月30日）
・厚生労働省「平成29年度母子家庭の母及び父子家庭の父の自立支援施策の実施状況」
　https://www.mhlw.go.jp/stf/houdou/0000189592_00001.html（2019年11月30日）
・厚生労働省「平成29年度　高齢者虐待の防止，高齢者の養護者に対する支援等に関する法律に基づく対応状況等に関する調査結果」
　https://www.mhlw.go.jp/stf/seisakunitsuite/bunya/hukushi_kaigo/kaigo_koureisha/boushi/index.html（2019年11月21日アクセス）
・厚生労働省「市町村・都道府県における高齢者虐待への対応と養護者支援について（平成30年3月改訂）」
　https://www.mhlw.go.jp/stf/seisakunitsuite/bunya/0000200478.html（2019年11月29日）
・厚生労働省「平成28年度全国ひとり親世帯等調査結果報告」2016年
　https://www.mhlw.go.jp/stf/seisakunitsuite/bunya/0000188147.html（2019年11月30日）
・厚生労働省「福祉事務所の設置状況」2019年
　https://www.mhlw.go.jp/stf/seisakunitsuite/bunya/hukushi_kaigo/seikatsuhogo/fukusijimusyo/index.html（2019年11月30日）
・厚生労働省「認知症施策」
　https://www.mhlw.go.jp/stf/seisakunitsuite/bunya/hukushi_kaigo/kaigo_koureisha/ninchi/index.html（2019年11月29日）
・厚生労働省「厚生労働省関係の主な制度変更（平成30年10月）について」
　https://www.mhlw.go.jp/stf/seisakunitsuite/bunya/0000178239_00003.html（2019年11月29日）
・厚生労働統計協会編『国民衛生の動向』各年度
・厚生労働統計協会編『国民の福祉と介護の動向』各年度
・厚生労働省編『厚生労働白書』日経印刷，2019年
・国立社会保障・人口問題研究所「社会保障統計年報データベース：生活保護に関する公的統計データ一覧」各年度
・小林美智子「乳幼児の虐待と発達—心を育てるために—」『子どもの虹研修情報センター紀要』No.2，2004年
・坂本洋一『図解よくわかる障害者自立支援法　第2版』中央法規，2008年
・清水英佑監修『公衆衛生と社会保障2009』医学評論社，2009年
・白梅学園大学子ども学研究所「子ども学」編集委員会編著『子ども学　第2号』萌文書林，2014年
・社会福祉士養成講座編集委員会編『新・社会福祉士養成講座16　低所得者に対する支援と生活保護制度

第5版』中央法規，2019年
・社会福祉士養成講座編集委員会編『障害者に対する支援と障害者自立支援制度』中央法規，2015年
・社会福祉士養成講座編集委員会編『新・社会福祉士養成講座13　高齢者に対する支援と介護保険制度
　第6版』中央法規，2019年
・社会福祉の動向編集委員会編『社会福祉の動向2019』中央法規，2019年
・社会保障入門編集委員会編『社会保障入門』中央法規，各年度
・『社会保障の手引　施策の概要と基礎資料』中央法規，各年度
・鈴木眞理子・大溝茂編著『児童や家庭に対する支援と児童・家庭福祉制度』久美出版，2009年
・生活保護制度の在り方に関する専門委員会「生活保護制度の在り方に関する専門委員会報告書」2004年
・生活保護自立支援の手引き編集委員会編『生活保護　自立支援の手引き』中央法規，2008年
・『生活保護手帳』中央法規，各年度
・児童育成協会監修，相澤仁・林浩康編著『新・基本保育シリーズ6　社会的養護I』中央法規，2019年
・児童育成協会監修，新保幸男・小林理編著『新・基本保育シリーズ3　子ども家庭福祉』中央法規，
　2019年
・児童育成協会監修，こども未来財団『目で見る児童福祉2018』中央法規，2018年
・児童福祉六法編集委員会編『児童福祉六法（平成31年版）』中央法規，2018年
・全国保健所長会HP　http://www.phcd.jp/
・全国保育士養成協議会監修，西郷泰之・宮島清編『ひと目でわかる保育者のための児童家庭福祉データ
　ブック2018』中央法規，2017年
・相談支援従事者初任者研修テキスト編集委員会編『改訂　相談支援従事者主任者研修テキスト』中央法規，
　2007年
・滝口真・福永良逸編著『障害者福祉論　障害者に対する支援と障害者自立支援制度』法律文化社，2010年
・田畑洋一編著『改訂　現代社会保障論』学文社，2009年
・田畑洋一編著『現代社会福祉概説』中央法規，2004年
・田畑洋一編著『改訂　現代公的扶助論―低所得者に対する支援と生活保護制度―』学文社，2009年
・田畑洋一・岩崎房子ほか編『社会保障―生活を支えるしくみ―』学文社，2016年
・田畑洋一・岩崎房子ほか編著『新社会福祉・社会保障』学文社，2013年
・玉井美知子・阿久津摂ほか編著『社会福祉・児童福祉』学事出版，2009年
・DPI日本会議編『最初の一歩だ！　改正障害者基本法　地域から変えていこう』解放出版社，2012年
・東京都板橋区/首都大学東京共編，岡部卓著者代表『生活保護自立支援プログラムの構築―官学連携によ
　る個別支援プログラムのPlan・Do・See―』ぎょうせい，2007年
・内閣府『平成30年版　少子化社会対策白書　概要版（PDF版）』2018年
　https://www8.cao.go.jp/shoushi/shoushika/whitepaper/measures/w-2018/30pdfgaiyoh/30gaiyoh.html
　（2019年11月29日）
・長瀬修・東俊裕・川島聡ほか編『障害者の権利条約と日本 概要と展望』生活書院，2012年
・日本社会福祉士会編『市町村・都道府県のための養介護施設従事者等による高齢者虐待対応の手引き』
　中央法規，2012年
・福祉行政法令研究会『図解入門ビジネス　障害者自立支援法がよ～くわかる本』秀和システム，2010年，
　2012年
・広島県庄原市「子ども・家庭児童虐待～ちょっとしたサインを見逃さないで～」
　http://www.city.shobara.hiroshima.jp/main/family/（2019年11月29日）

第3章

社会保険制度の諸施策

A 医療保険制度

　昨今の少子高齢化の進展を背景に，財政と医療・介護保険制度の持続可能性の確保は喫緊の課題となっている。医療制度改革は，2011年に閣議決定された「社会保障・税一体改革」に沿って進められている。2019年の「経済財政運営と改革の基本方針2019（骨太方針2019）」において，「人生100年時代に対応した全世代型の社会保障制度を構築し，世界に冠たる国民皆保険・皆年金の維持，そして次世代への継承を目指す」ことを明記し，少子高齢化と生産年齢人口の減少が顕著となる2040年を見据え，医療提供体制の効率化，生産性向上に着手する過程が示された。医療提供体制については，地域医療構想，医師偏在対策，医療従事者の働き方改革を三位一体で推進し，総合的な改革を実施することが提言された。一方，医療等の給付と負担の在り方については，2020年度の「骨太方針2020」において，社会保障の総合的かつ重点的に取り組むべき政策を取りまとめるとし，「骨太方針2019」の原案に明記するにとどめ，痛みを伴う改革は先送りとなった。

1．健康保険

　健康保険制度は，健康保険法を根拠法とし，わが国初めての社会保険として，1922年に制定公布，1927年施行され，その後，度重なる改正を経て今日の制度に至っている。

1）健康保険制度の概要

　健康保険法は，労働者またはその被扶養者の業務災害以外の疾病，負傷もしくは死亡または出産に関して保険給付を行い，もって国民の生活の安定と福祉の向上に寄与することを目的としている。（第1条）。

⑴ 保険者

　健康保険（日雇特例被保険者の保険を除く）の保険者は，全国健康保険協会および健康保険組合で

ある（第4条）。保険者は，保険料を徴収し，被保険者および被扶養者の傷病などの保険事故に対して保険給付を行う。また，特定健康診査，特定保健指導のほか，健康教育，健康相談，健康診査その他被保険者とその被扶養者の健康の保持増進のために必要な事業を行うよう努めなければならない。その他，療養に要する資金の貸付や用具の貸付等の福祉事業を行うことができる（第150条）。

① 全国健康保険協会

　全国健康保険協会は，健康保険組合の組合員でない被保険者の保険を管掌する。2008年9月までは政府が管掌していたが，同年10月より新設された公法人「全国健康保険協会」が保険者となった。全国健康保険協会が管掌する健康保険の事業に関する業務のうち，被保険者の資格の取得および喪失の確認，標準報酬月額および標準賞与額の決定，保険料の徴収ならびにこれらに附帯する業務は厚生労働大臣が行う（第5条）。協会は法人とし，主たる事務所を東京都に，従たる事務所を各都道府県に設置する（第7条の3，第7条の4）。

② 健康保険組合

　健康保険組合は，その組合員である被保険者の保険を管掌する（第6条）。健康保険組合は国に代わって健康保険事業を行うが，厚生労働大臣が指導・監督し，解散するようなことがあれば，全国健康保険協会がその権利義務を引き継ぐことになっている。健康保険組合の事務は，健康保険組合自ら行う。

　健康保険組合の組織は，適用事業所の事業主，適用事業所に使用される一般の被保険者，任意継続被保険者によって構成される。健康保険組合の設立形態には任意設立と強制設立がある。任意設立とは，1または2以上の事業所で常時300人（実際の取り扱いとしては単独では常時700人，複数事業所では合算して常時3,000人）以上の被保険者を使用する事業主が，単独または共同して，各事業所に使用されている被保険者の2分の1以上の同意を得て規約を作り，厚生労働大臣の認可を得て設立するものをいう（第11条，第12条）。強制設立とは，1または2以上の強制適用事業所で常時政令で定める数以上の被保険者を使用する事業主に対して，厚生労働大臣が健康保険組合の設立を命じたものをいう。事業主は規約を作り，厚生労働大臣の認可を受けることを必要とするが，被保険者の同意は不要である（第14条）。

(2) 適用対象

① 適用事業所

　健康保険では，事業所を単位に適用される。健康保険法の適用を受ける事業所を適用事業所といい，強制的に法が適用される強制適用事業所と任意に法が適用される任意適用事業所がある（図表3-1）。

ａ．強制適用事業所

　強制適用事業所は，（ⅰ）製造業，土木建築業，鉱業，物品販売業等一定の目的のもとに継続的に事業を行う事業所で常時5人以上の従業員を使用する事業所（第3条3項1号），（ⅱ）国，地方公共団体または法人の事業所であって，常時従業員を使用する事業所である（同2号）。

図表3−1　事業所経営形態と業種・従業員数との関係

	業　種	従業員数	
国，地方公共団体または法人	すべての業種		強制適用事業所
個　人	適用業種（製造業，土木建築業等）	5人以上	
		4人以下	任意適用事業所
	非適用業種（農林水産業，サービス業等）		

図表3−2　被保険者の種類

b．任意適用事業所

　個人経営の事業所で，（ⅰ）常時4人以下の従業員を使用する事業所，（ⅱ）常時5人以上の従業員を使用する非適用事業種（農林水産業，サービス業，法務業，宗教業等）の事業所は，強制適用事業所に該当しない。これらの事業所については，事業主が当該事業所に使用される者の2分の1以上の同意を得て，厚生労働大臣に申請し認可を受けることにより適用事業所（任意適用事業所）になることができる（第31条）。

②　被保険者

　この法律において被保険者とは，適用事業所に使用される者である一般の被保険者および日雇特例被保険者のほか，適用事業所に使用されなくなった後も任意加入する任意継続被保険者および特例退職被保険者をいう。ただし，適用除外に該当する者は，日雇特例被保険者となる場合を除き，被保険者となることができない（第3条1項）（図表3−2）。

a．強制被保険者（適用事業所に使用される被保険者）

　適用事業所に使用される者は，国籍や性別，年齢，賃金の額などに関係なく，次の「適用除外」に該当する場合を除いて，すべて被保険者となる。一般に適用事業所に使用されるようになった日に被保険者の資格を取得し，適用事業所に使用されなくなった日や死亡した日の翌日に資格を喪失する（第35条，第36条）。強制適用事業所以外の事業所については，任意適用事業所になった場合，当該事業所に使用される者はすべて被保険者となる。

　「適用除外」とは，適用事業所に使用されても被保険者になれない者のことをいい，以下に該当する場合は，船員保険・国民健康保険など他の医療保険に加入することになる。（ⅰ）船員保険の

A　医療保険制度

強制被保険者，（ⅱ）所在地が一定しない事業所に使用される者，（ⅲ）国民健康保険組合の事業所に使用される者，（ⅳ）厚生労働大臣，健康保険組合または共済組合の承認を受けて国民健康保険へ加入した者，（ⅴ）後期高齢者医療の被保険者等である。

　ｂ．任意継続被保険者

　任意継続被保険者とは，被保険者が退職等により被保険者の資格を喪失した後でも，一定の条件のもとに一定の期間引き続いて個人で被保険者の資格を継続することが認められた者をいう。任意継続被保険者になるためには，（ⅰ）適用事業所に使用されなくなったため，または適用除外の規程に該当するに至ったため，一般の被保険者の資格を喪失したものであること，（ⅱ）資格喪失日の前日までに継続して２ヵ月以上一般の被保険者（共済組合の組合員である被保険者を除く）であったこと，（ⅲ）資格喪失日より20日以内に申請すること，（ⅳ）船員保険の被保険者または後期高齢者医療の被保険者等でないこと，（ⅴ）初めて納付すべき保険料をその納付期日までに納付したこと，以上すべての要件を満たすことが必要である（第３条４項，第37条）。なお，この任意継続被保険者の資格の喪失時期については，（ⅰ）任意継続被保険者となった日から起算して２年を経過したとき，（ⅱ）死亡したとき，（ⅲ）保険料（初めて納付すべき保険料を除く）を納付期日までに納付しなかったとき（納付の遅延について正当な理由があると保険者が認めたときを除く），（ⅳ）一般の被保険者となったとき，（ⅴ）船員保険の被保険者となったとき，（ⅵ）後期高齢者医療の被保険者等となったとき，以上のいずれかに該当するに至った日の翌日（ただし，（ⅳ）から（ⅵ）のいずれかに該当するに至ったときは，その日）から，その資格を喪失する（第38条）。

　保険料は事業主負担分を含めて本人が全額負担しなければならず，本人が納付義務を負う（第161条３項）。保険料は，本人の資格消失時の標準報酬月額か，全被保険者の平均の標準報酬月額（30万円）のいずれか低い方の額である。申請は自宅住所地を管轄する全国健康保険協会の都道府県支部または健康保険組合に行う。

　ｃ．特例退職被保険者

　健康保険組合が実施する退職者医療の適用対象者である。健康保険組合のうち厚生労働大臣の認可を受けた特定健康保険組合の組合員である被保険者であった者であって，旧国民健康保険法に規定する退職被保険者であるべきもののうち当該特定健康保険組合の規約で定めるものは，申請により受理された日から特例退職被保険者となることができる。ただし，任意継続被保険者であるときは，特例退職被保険者となることはできない（附則第３条）。

　ｄ．日雇特例被保険者

　適用事業所に使用される日雇労働者は，日雇特例被保険者となる（第３条２項）。日雇労働者とは，臨時に使用される者で（ⅰ）日々雇用される者で１ヵ月を超えない者，（ⅱ）２ヵ月以内の期間を定めて使用され，その期間を超えない者，（ⅲ）季節的業務に継続して４ヵ月を超えない期間使用される者，（ⅳ）臨時的事業の事業所に継続して６ヵ月を超えない期間使用される者である（第３条８項）。

③ 被扶養者（第3条7項）

　健康保険法においては，被保険者の被扶養者に対しても保険給付を行う。被扶養者の範囲は，（ⅰ）被保険者の直系尊属，配偶者（届け出をしていないが，事実上婚姻関係と同様の事情にある者を含む），子，孫および兄弟姉妹であって，主として被保険者の収入により生計を維持する者，（ⅱ）被保険者の三親等内の親族であって，被保険者と同一の世帯に属し，主としてその被保険者の収入により生計を維持する者，（ⅲ）被保険者の配偶者で届出をしていないが事実上婚姻関係と同様の事情にある者の父母および子であって，その被保険者と同一の世帯に属し，主としてその被保険者により生計を維持する者，（ⅳ）前記（ⅲ）の配偶者の死亡後におけるその父母および子であって，引き続き被保険者と同一の世帯に属し，主としてその被保険者により生計を維持する者である。ただし，後期高齢者医療の被保険者はこの限りではない。

　被扶養者の認定にあたっては，上記（ⅰ）は生計の同一性，（ⅱ）〜（ⅳ）は生計＋居住の同一性の2要件が必要である（図表3-3）。

図表3-3　被扶養者の範囲（三親等内の親族図）

出所：全国健康保険協会ホームページ（2019年12月1日）参照

　なお，収入がある者の被扶養者の認定（生計維持関係の有無）基準は，被扶養者が被保険者と同一世帯に属する場合においては，年間収入が130万円（60歳以上の者または障害者の場合は180万円）未満であり，被保険者の年間収入の2分の1未満である場合，また，被扶養者が被保険者と同一世帯に属していない場合においては，年間収入が130万円（60歳以上の者または障害者の場合は180万円）未満であり，かつ，被保険者からの援助による収入額より少ない場合である。

2）保険給付（第52条）

　健康保険の給付には，疾病または負傷に対する「療養の給付」として医療サービスそのものを給

付する現物給付と，所得の保障として傷病手当金，出産手当金，出産育児一時金，療養費などの現金給付がある（図表3-4）。

これらの保険給付は，支給要件，給付の額が法律で定められており，法定給付という。また，これに上乗せして，保険者自らの裁量によって行う付加給付があり，健康保険組合で実施されている。

図表3-4　健康保険の保険給付

保険給付事由	支給形態	本人給付	家族給付
疾病又は負傷	現物給付又は償還払の現金給付	療養の給付 入院時食事療養費 入院時生活療養費 保険外併用療養費 療養費	家族療養費
		訪問看護療養費	家族訪問看護療養費
		高額療養費・高額介護合算療養費	
	現金給付	移送費	家族移送費
		傷病手当金	—
死亡		埋葬料（埋葬費）	家族埋葬料
出産		出産育児一時金	家族出産育児一時金
		出産手当金	—

(1) 傷病に対する給付

① 療養の給付（第63条）

療養の給付の範囲は，診察，薬剤または治療材料の支給，処置・手術その他の治療，居宅における療養上の管理およびその療養に伴う世話その他の看護，病院または診療所への入院およびその療養に伴う世話その他の看護である。給付期間に制限は設けられていない。これらの給付は，保険医療機関や保険薬局の窓口に被保険者証（70歳以上75歳未満の者は高齢受給者証を添える）を提示することにより現物給付として行われる。

療養の給付を受ける被保険者は，その給付を受ける際，次の①～③の区分（図表3-5）に応じ，療養の給付に要する費用の額に当該①～③に掲げる割合を乗じて得た額を一部負担金として保健医療機関等に支払わなければならない。なお，70歳以上の一定以上所得者とは，原則として，70歳以上の被保険者のうち，標準報酬月額が28万円以上の者をいう。

図表3-5　療養の給付の負担割合

	被保険者の区分	負担割合
①	70歳未満	100分の30
②	70歳以上（③を除く）	100分の20
③	70歳以上の一定以上所得者	100分の30

② 入院時食事療養費（第85条）

被保険者が保険医療機関等への入院に伴い食事療養を受けたときに支給される。入院期間中の食

事の費用は，健康保険から支給される入院時食事療養費と被保険者が支払う標準負担額で賄われる。入院時食事療養費の額は，原則として，当該食事療養につき，食事療養に要する平均的な費用の額を勘案して，厚生労働大臣が定める基準により算定した費用の額から，平均的な家計における食費の状況を勘案して厚生労働大臣が定める食事療養標準負担額を控除した額で，現物支給される。

　入院時の食事に係る食事療養標準負担額は，図表3−6に示すとおりである。

図表3−6　入院時食事療養費に係る食事療養標準負担額

対象者			食事療養標準負担額（1食につき）	小児慢性特定疾病児童等・指定難病の患者
一般			460円	260円
低所得者	市町村民税非課税者等	直近12月以内の入院日数が90日以内	210円	210円
		直近12月以内の入院日数が90日超	160円	160円
	70歳以上で判定基準所得のない者		100円	100円

注1：1日の食事療養標準負担額は，3食に相当する額を限度とする。
注2：小児慢性特定疾病児童等・指定難病の患者とは，次に掲げる者である。
　　　a）児童福祉法に規定する指定小児慢性特定疾病医療支援を受ける同法に規定する小児慢性特定疾病児童等
　　　b）難病の患者に対する医療等に関する法律に規定する指定特定医療を受ける指定難病の患者
注3：「市町村民税非課税者」とは，市町村民税の非課税者または免除者および減額を受けなければ生活保護法の規定による保護を必要とする者をいう（附則第58条1号）。
注4：「判定基準所得」とは，総所得金額から必要経費・法定控除を控除したものに山林所得等を加えた所得をいう。

③　入院時生活療養費（第85条の2）

　介護保険との均衡の観点から，療養病床に長期入院する65歳以上75歳未満の被保険者（特定長期入院被保険者）は生活療養（食事療養ならびに温度，照明および給水に関する適切な療養環境の形成である療養をいう）に要した費用について，入院時生活療養費が支給される。

　入院時生活療養費の額は，生活療養に要する平均的な費用の額を勘案して算定した額から，平均的な家計における食費および光熱水費の状況等を勘案して厚生労働大臣が定める生活療養標準負担額（居住費＋食費）を控除した額である（図表3−7）。なお，病状の程度が重篤な者，または常時のもしくは集中的な医学的処置，手術その他の治療を要する者として厚生労働大臣が定める者（人工呼吸器・中心静脈栄養等を要する場合等）については，入院時食事療養費の食事療養標準負担額に相当する額のみの負担になる。

④　保険外併用療養費（第86条）

　健康保険では，保険が適用されない保険外診療がある場合，保険が適用される診療も含めて医療費の全額が自己負担となる。また，保険外診療を受ける場合でも厚生労働大臣の定める「評価療養」，「患者申出療養」または「選定療養」については，その療養に要した費用について，保険外併用療養費が支給される。ただし，実際には現金による給付ではなく，現物給付の方法で行われている。「評価療養」とは，厚生労働大臣が定める高度医療技術を用いた療養その他の療養であって，療養の給付の対象とすべきものであるか否かについて，適正な医療の効率的な提供を図る観点から評価を行うことが必要な療養として厚生労働大臣が定めるものをいい，先進医療，医薬品の治験に係る診療，医療機器の治験に係る診療などがこれに該当する。また，「選定療養」とは，被保険者の選定に係

図表3-7　入院時生活療養費に係る生活療養標準負担額（療養病床に入院する65歳以上の者）

対　　象　　者				生活療養標準負担額	
				食費分 （1食につき）	居住費分 （1日につき）
①下記②③以外の者	一般	保険医療機関（Ⅰ）に入院している者		460円	370円
		保険医療機関（Ⅱ）に入院している者		420円	
	低所得者	A．市町村民税の非課税者等（B.を除く）		210円	
		B．70歳以上で判定基準所得のない者		130円	
②入院医療の必要性の高い者	一般	保険医療機関（Ⅰ）に入院している者		460円	370円
		保険医療機関（Ⅱ）に入院している者		420円	
	低所得者	A．市町村民税の非課税者等（B.を除く）	入院90日以内	210円	
			入院90日超	160円	
		B．70歳以上で判定基準所得のない者		100円	
③指定難病の者	一般	保険医療機関（Ⅰ）に入院している者		260円	0円
		保険医療機関（Ⅱ）に入院している者		260円	
	低所得者	A．市町村民税の非課税者等（B.を除く）	入院90日以内	210円	
			入院90日超	160円	
		B．70歳以上で判定基準所得のない者		100円	

注1：1日の生活療養標準負担額のうち食事の提供に係るものの額は，3食に相当する額を限度とする。
注2：入院医療の必要性の高い者とは，病状の程度が重篤な者または常時のもしくは集中的な医学的処置，手術その他の治療を要する者として厚生労働大臣が定める者。
注3：保険医療機関（Ⅰ）に入院している者とは，生活療養費算定基準において入院時生活療養（Ⅰ）を算定する保険医療機関（管理栄養士または栄養士により患者の年齢等に応じた食事の提供が行われているなど，生活療養について一定の基準に適合しているものとして地方厚生局長等に届出をしている保険医療機関）に入院している者。
注4：保険医療機関（Ⅱ）に入院している者とは，生活療養費算定基準において入院時生活療養（Ⅱ）を算定する「入院時生活療養（Ⅰ）を算定しない」保険医療機関に入院している者。

る特別室の提供その他の厚生労働大臣が定める療養をいい，特別の病室に入院した場合，時間外の診察を希望した場合，予約診察を受ける場合，200床以上の病院を紹介なしに初診を受けた場合，特別の材料を使用した場合，180日を超えての入院などのような場合が該当する。これにより，当該受給者の負担額は，評価療養，患者申出療養または選定療養を受けた場合，評価療養部分，患者申出療養部分または選定療養部分については特別料金として被保険者が全額負担しなければならない。しかし，診察，検査，投薬，入院料などの基礎部分については，保険外併用療養費として保険給付の対象となるため，被保険者は，一部負担金相当額（これに，食事療養を伴う場合は食事療養標準負担額，生活療養を伴う場合は生活療養標準負担額）を負担すればよい。

　しかしながら，「評価療養」や「選定療養」として認められていない保険外診療を受ける場合は，本来は保険診療の対象となる基礎診療部分も全額自己負担とされてきた。そこで，新たな形態として「評価療養」や「選定療養」として認められていない保険外診療についても，困難な病気と闘う患者からの申し出を起点として，拠点となる病院等が今後の診療に関する実施計画等を作成し，原則6週間以内に審査を得ることで，保険診療との併用が認められる「患者申出療養制度[1]」が開始

1）患者申出療養制度とは，困難な病気と闘う患者からの申し出を起点として，「国内未承認医薬品等の使用」や「国内承認済みの医薬品等の適応外使用」などを迅速に保険外併用療養として使用できる仕組みとし，患者の治療の選択肢を拡大することを目的として，2016年度から開始された。

されている。

⑤ 療養費（第87条）

療養費は，療養の給付等の支給を行うことが困難であると保険者が認めた場合，または被保険者が保険医療機関等以外の医療機関で診療等を受けた場合において保険者がやむを得ないと認めたときは，いったん被保険者が医療機関に費用全額を支払った後，保険者から保険給付の範囲内で現金給付（償還払い）として療養費が支給される（自己負担金を控除した額の償還）。たとえば，海外の医療機関で診療を受けた場合やコルセット等治療用装具を医師の指示で作製・装着した場合などがこれにあたる。療養費の算定方法は，「健康保険法の規定による療養に要する費用の額の算定方法」として厚生労働大臣が定めている。

⑥ 訪問看護療養費（第88条）

被保険者が疾病，負傷により居宅で継続して療養を受ける状態にあり，かつ，その状態が安定またはこれに準ずる状態にあって，医師の指示により，厚生労働大臣の指定を受けた訪問看護事業者（指定訪問看護事業者）から，療養上の世話または必要な診療上の補助を受けたときに，保険者が必要ありと認めた場合に支給される。訪問看護を受けた70歳未満の被保険者は，基本利用料として，指定訪問看護に要する平均的な費用の額を勘案して，厚生労働大臣が定めるところにより算定した費用の額となる。これら一部負担割合は，療養の給付と同様である。さらにこれに加え，当該訪問看護に要した交通費・おむつ代等の実費分や時間外利用に要する費用等を指定訪問看護事業者に支払う。

⑦ 移送費（第97条）

被保険者が傷病につき緊急に療養の給付（保険外併用療養費に係る療養を含む）を受けるために病院または診療所に移送された場合，保険者が必要と認めたときに支給される。保険者が必要と認める場合とは，（ⅰ）移送により法に基づく適切な療養を受けたこと，（ⅱ）療養の原因である疾病または負傷により移動することが著しく困難であること，（ⅲ）緊急その他やむを得ないこと，のすべてに該当する場合である。支給額は，厚生労働省令で定めるところにより算定した額で，最も経済的な通常の経路と方法によって移送されたときの費用であるが，実際に要した移送の費用を超えることはできない。

⑧ 高額療養費（第115条）

保険給付額に対する一部負担額は原則３割であるが，一部負担金の家計に与える影響を考慮してそれが高額の場合に，負担の軽減を図り医療保険として十分対応できるように高額療養費が設けられている。保険給付の対象となる療養に係る一部負担金その他の自己負担額が一定限の枠を超えると，超えた分が高額療養費として支給される。ただし，保険外併用療養費の差額部分や入院時食事療養費，入院時生活療養費の自己負担額は対象とならない。高額療養費の自己負担限度額（高額療養費算定基準額）については，負担能力に応じた負担を求める観点から，70 歳未満の所得区分が３区分から５区分に細分化されている。自己負担限度額については，図表3−8のとおりである。また，高額療養費の自己負担限度額に達しない場合であっても，同一月内に同一世帯で21,000円以上の自

図表3−8　高額療養費の70歳未満の自己負担限度額

所得区分	高額療養費算定基準額（自己負担限度額）	
		多数該当 （4回目から）
標準報酬月額83万円以上	252,600円＋（医療費−842,000円）×1％	140,100円
標準報酬月額53万円以上79万円以下	167,400円＋（医療費−558,000円）×1％	93,000円
標準報酬月額28万円以上50万円以下	80,100円＋（医療費−267,000円）×1％	44,400円
標準報酬月額26万円以下	57,600円	
市区町村民税非課税者等	35,400円	24,600円

注1：「「医療費−267,000（558,000・842,000）円」×1％」の計算においては，医療費が267,000（558,000・842,000）円未満の時は，これを267,000（558,000・842,000）円とし，1円未満の端数は四捨五入する。
注2：標準報酬月額とは，会社員等における健康保険と厚生年金保険の保険料を計算するための区分のこと（たとえば，標準報酬月額50万円とは，月収48.5万円以上51.5万円未満の範囲）。
出所：厚生労働省ホームページ（2019年12月1日）

図表3−9　高額療養費の70歳以上75歳未満の自己負担限度額

所得区分		高額療養費算定基準額（自己負担限度額）		
		外来 （個人ごと）	外来・入院 （世帯単位）	多数該当 （4回目から）
一定以上所得者	標準報酬月額83万円以上		252,600円＋（医療費−842,000円）×1％	140,100円
	標準報酬月額53万円以上79万円以下		167,400円＋（医療費−558,000円）×1％	93,000円
	標準報酬月額28万円以上50万円以下		80,100円＋（医療費−267,000円）×1％	44,400円
一般所得者		18,000円 （年間上限額 144,000円）	57,600円	
市町村民税非課税者等		8,000円	24,600円	
判定基準所得がない者			15,000円	

注：「「医療費−267,000（558,000・842,000）円」×1％」の計算においては，医療費が267,000（558,000・842,000）円未満の時は，これを267,000（558,000・842,000）円とし，1円未満の端数は四捨五入する。
出所：厚生労働省ホームページ（2019年12月1日）

己負担が複数あるときは，これらを合算して自己負担限度額を超えた金額が支給される（世帯合算）。なお，同一世帯で診療月を含めた直近12ヵ月に3回以上高額療養費の支給を受けている場合は，4回目からは自己負担限度額が変わる（多数該当）。

　70歳以上75歳未満の自己負担限度額については，図表3−9のとおりである。70歳以上の被保険者または70歳以上の被扶養者については，「一般所得者」「市町村民税非課税者等」と「一定以上所得者（療養の給付または家族療養費の自己負担割合が3割となる者）」とで取り扱いが異なる。「一般所得者」「市町村民税非課税者等」の場合は高額療養費算定基準が，外来（個人）→世帯合算と2段階で適用されるが，「一定以上所得者」の場合は外来（個人）に係る療養を含め，世帯合算に係る高額療養費算定基準額のみが適用される。なお，外来（個人）については，月間の高額療養費に加え，年間の高額療養費の制度もある。また，70歳以上の被保険者または70歳以上の被扶養者が療養（外来療養のみならず，入院療養も含む）を受けた場合において，当該被保険者または被扶養者が，同一の月にそれぞれ同一の病院等から療養を受けた際に支払った一部負担金の額を合算した額（一般所得者および市町村民税非課税者等について，すでに外来療養に係る高額療養費が支給されている場合には，その額を控除する）が，高額療養費算定基準額を超えるときは，その超える額が高額療養費として

支給される。

⑨　高額介護合算療養費（第115条の２）

　療養の給付に係る一部負担金等の額および介護保険の利用者負担額（それぞれ高額療養費または高額介護サービス費もしくは高額介護予防サービス費が支給される場合には当該支給額を控除して得た額）の合計額が著しく高額である場合の負担の軽減を図る観点から，高額介護合算療養費が支給される。算定方法は，毎年８月１日〜翌年７月31日までの１年間に支払った各自己負担額が対象となる。ただし，保険外併用療養費の差額分や入院時食事療養費，入院時生活療養費の自己負担額は対象とならない。（図表3−10，3−11）。

図表3−10　高額介護合算療養費の70歳未満の自己負担限度額

所得区分	介護合算算定基準額／年額 （自己負担限度額）
標準報酬月額83万円以上	2,120,000円
標準報酬月額53万円以上79万円以下	1,410,000円
標準報酬月額28万円以上50万円以下	670,000円
標準報酬月額26万円以下	600,000円
市町村民税非課税者等	340,000円

出所：全国健康保険協会ホームページ（2019年12月１日）

図表3−11　高額介護合算療養費の70歳以上75歳未満の自己負担限度額

所得区分		介護合算算定基準額／年額 （自己負担限度額）
一定以上所得者	標準報酬月額83万円以上	2,120,000円
	標準報酬月額53万円以上79万円以下	1,410,000円
	標準報酬月額28万円以上50万円以下	670,000円
一般所得者		560,000円
市町村民税非課税者等		310,000円
判定基準所得がない者		190,000円

出所：全国健康保険協会ホームページ（2019年12月１日）

⑩　傷病手当金（第99条）

　被保険者（任意継続被保険者を除く）が疾病，負傷などにより労務不能となり収入が減少または無くなるなどの生活不安に対し，その所得を保障する目的で設けられている。支給額は，支給を始める日の属する月以前の直近の継続した12ヵ月間の各月の診療報酬月額を平均した額の30分の１に相当する額の３分の２に相当する額となる。なお，標準報酬月額が定められている月が12ヵ月に満たない場合は，「支給開始日以前の直近の継続した各月の標準報酬月額を平均した額の30分の１に相当する額」，または「支給開始日の属する年度の前年度の９月30日における全被保険者の標準報酬月額を平均した30分の１に相当する額」のいずれか少ない額の３分の２に相当する額となる。なお，受給要件は，（ⅰ）疾病，負傷の療養中であること，（ⅱ）労務に服することができないこと，（ⅲ）連続して３日間の待機期間が完成していること，以上の要件をすべて満たしていることが必要である。支給期間は同一の傷病およびこれにより発した疾病については，その支給開始の日から起算し

て1年6ヵ月を超えないものとする。

　なお，労務不能の間，事業主から報酬が受けられる場合，同一の疾病や負傷により厚生年金法の障害厚生年金や障害手当金を受け取ることができるようになった場合，また，退職後に傷病手当金の継続給付を受けている者が年金各法における老齢（退職）年金を受けることができるようになった場合は，傷病手当金は支給されない。ただし，傷病手当金の額が，受けられる報酬の額や障害厚生年金の額（これと同一の支給事由に基づき国民年金法による障害基礎年金が支給されるときはその合算額），障害手当金の額または老齢（退職）年金の額を上回るときは，その差額が支給される。

　⑪　家族療養費等（第110条～115条，115条の2）

　被扶養者が保険医療機関等で療養の給付，入院時食事療養費，入院時生活療養費，保険外併用療養費，療養費等を受けたときは，被保険者に対してその療養に要した費用について家族療養費が支給される。その給付の範囲・受給方法・受給期間などはすべて被保険者に対する給付と同様である。その他，被扶養者にはその療養に関連して，家族訪問看護療養費，家族移送費，高額療養費，高額介護合算療養費が支給される。なお，義務教育就学前（6歳に達する日以降の最初の3月31日）の乳幼児の家族療養費は8割給付であるため，自己負担割合は2割となる。

(2)　出産に関する給付

　①　出産育児一時金（第101条）・家族出産育児一時金（第114条）

　被保険者およびその被扶養者が出産したときに，出産前後の諸費用の家計負担を軽減させるために，出産育児一時金（家族出産育児一時金）が支給される。この給付は，母体保護の目的で支給されるもので，妊娠4ヵ月（85日）以上を経過した後の出産，流産・死産等に支給される。

　被保険者が保険医療機関に入院して出産した場合，それが異常分娩（帝王切開術等）であったときは，健康保険の適用となり療養の給付が行われ，その上に出産育児一時金が支給される。なお，多胎出産の場合は，出産児の人数に乗じた額が支給される。

　支給額は，一定の出産に係る事故について補償金の支払いに備えるための産科医療補償制度が創設されたことに伴い，政令により産科医療補償制度に加入している医療機関等において出産した場合は出産児1人につき42万円が支給される。なお，産科医療補償制度に加入している医療機関で妊娠22週未満の出産の場合や，同制度未加入医療機関等で出産した場合の支給額は1児につき40万4,000円となる。また，出産育児一時金を医療機関等に支給する直接支払制度，出産育児一時金の受け取りを医療機関等に委任する受取代理制度，本人に支払う従前の制度のいずれかを選択できることとなっている。

　②　出産手当金（第102条）

　被保険者（任意継続被保険者を除く）が出産した場合，産前・産後の休業による賃金の喪失を補てんするために出産手当金が支給される。支給の対象となるのは，出産の日（出産の日が出産の予定日後であるときは，出産の予定日）以前42日（多胎妊娠の場合においては98日）から出産の日後56日までの間において労務に服することができなかった期間，1日につき，支給を始める日の属する月以

前の直近の継続した12ヵ月間の各月の診療報酬月額を平均した額の30分の1に相当する額の3分の2に相当する額である。ただし，標準報酬月額が定められている月が12ヵ月に満たない場合は，「支給開始日以前の直近の継続した各月の標準報酬月額を平均した額の30分の1に相当する額」，または「支給開始日の属する年度の前年度の9月30日における全被保険者の標準報酬月額を平均した30分の1に相当する額」のいずれか少ない額の3分の2に相当する額となる。

(3) 死亡に対する給付

① 埋葬料（第100条1項）・家族埋葬料（第113条）

被保険者が死亡したとき，その者により生計を維持していた者の中で埋葬を行った者，または埋葬を行おうとする者に対して，一律5万円が支給される。なお，被扶養者が死亡したときに，被保険者に対して5万円が家族埋葬料として支給される。

② 埋葬費（第100条2項）

被保険者が死亡したときに，埋葬料を受けるべき者がいない場合に，実際に埋葬を行った者に対して，埋葬料の金額（5万円）の範囲内においてその埋葬に要した費用に相当する額が支給される。

(4) 付加給付

保険者が健康保険組合である場合，各組合の規約に定めるところに従って，法定給付と合わせて，その他の給付（付加給付）を行うことができる（第53条）。付加給付には一部負担還元金，家族療養付加金，合算高額療養付加金などがある。なお，付加給付は組合管掌健康保険で実施するほか，共済組合や国民健康保険組合でも実施されている。

3）費用負担

(1) 保険料

健康保険の保険料額は，健康保険事業に係る額である「一般保険料額」と介護保険事業に係る額である「介護保険料額」から構成されている。これは，40歳以上65歳未満の被保険者（介護保険第2号被保険者）については，各医療保険の保険者等が，医療保険の保険料と併せて介護保険料を徴収することになっているためである。

健康保険では，被保険者の報酬月額を区分し，これを保険給付および保険料算定の基礎としている。また，賞与については標準賞与額（実際の賞与の1,000円未満は切り捨て）として保険料の対象となり，保険料額は，標準報酬月額および標準賞与額に保険料率を乗じて算定される。2019年度現在，標準報酬月額は全50等級（上限139万円，下限5.8万円）に区分され，標準賞与額は，年間上限が573万円となっている。

協会管掌健康保険の保険料率は，かつての政府管掌健康保険においては，一般保険料は全国一律であり，地域において疾病の予防等の取り組みにより医療費が低くなっても，保険料率には反映されない等の問題点があった。その後，健康保険法の改正により，都道府県単位とされた。都道府県

単位の平均保険料率は，2018年度で10.00％を維持している。なお，協会管掌健康保険の一般保険料率については，1,000分の30～130までの範囲内において決定される。協会管掌健康保険の保険料率（都道府県単位保険料率）を変更するときは，あらかじめ協会理事長が当該変更に係る都道府県に所在する支部の支部長の意見を聞いたうえで，運営委員会の議を経て厚生労働大臣の認可を受ける。なお，介護保険第2号被保険者は，健康保険の一般保険料に介護保険料を上乗せした額を健康保険料として納めることとなる。介護保険料率は2019年5月納付分より1.73％となっている。

健康保険組合の一般保険料率も1,000分の30～120までの範囲内において決定され，これを変更しようとするときは，理事長は，原則として，その変更について厚生労働大臣の認可を受けなければならない。また，介護保険第2号被保険者は，一般保険料に介護保険料を上乗せして徴収されるが，介護保険第2号被保険者である被扶養者がいる40歳未満65歳以上の被保険者からも介護保険料を徴収することができるほか，定額の介護保険料（特別介護保険料[2]）を設定することができる。

保険料は原則として，事業主と被保険者がそれぞれ折半で負担することになっている。任意継続被保険者の保険料は，全額自己負担となる。なお，「育児休業，介護休業等育児又は家族介護を行う労働者の福祉に関する法律」により，3歳未満の子を養育する被保険者は事業主に申し出て育児休業または育児休業に準ずる休業を取得することができ，この期間中の保険料については被保険者分・事業主負担分ともに，事業主が年金事務所に申請することにより免除される。保険料が免除となる期間は，その育児休業等を開始した日に属する月からその育児休業等が終了する日の翌日が属する月の前月までである。

(2) 負担と補助

事業者の社会的責任と同様に国の社会保険医療への責任は財政面でも必須であり，国庫の負担や補助については次のように定められている。①毎年度，予算の範囲内において健康保険事業の事務の執行に要する費用を全額負担する（第151条）。②健康保険組合に対し，各組合の被保険者数を基準として国庫負担金を交付する（第152条）。③全国健康保険協会の健康保険事業に要する費用のうち，保険給付の支給に要する費用ならびに前期高齢者交付金に要する費用，さらに全国健康保険協会が拠出する前期高齢者納付金および後期高齢者支援金，介護納付金の納付に要する費用に対して政令で定める割合の額を補助する（第153条）。④日雇特例被保険者に対する保険給付の支給に要する費用，前期高齢者納付金および後期高齢者支援金，介護納付金の納付に要する費用に対して政令で定める割合の額を補助する（第154条）。

なお，国庫補助率を当分の間16.4％と定め，その安定化を図る措置がとられている。全国健康保険協会が，今後保険料率を引き上げる場合は，他の健康保険組合の医療費や保険料率の動向等を踏

2）特別介護保険料（額）は，通常の介護保険料額（標準報酬に介護保険料率を乗じたもの）とはせず，健康保険組合が規約により独自の方法で介護保険料額を徴収する場合の額のこと。たとえば，標準報酬等級ごとに保険料率を設定するなどで，この場合，健康保険組合は特別介護保険料額の合計額が社会保険診療報酬支払基金に収める介護納付金額と同額になるようにしなければならない。

まえて，国庫補助率について検討し，必要があれば措置を講じるとしている。

4）診療報酬の仕組み

　社会保険医療は医療自体を給付するものではなく，保険者が医療に要した費用（一部負担を除く診療報酬額）の支払いを保険医療機関に行うことで，広く国民に医療の受給を可能とする役割を果たす。しかし，単に費用の支払い（償還）を行うのではなく，「療養の給付」は現物給付としてその給付を保障する方式をとっており，保険医療にあたる医療機関の特定と報酬支払いの仕組みが必要である（図表3−12）。

(1)　医療機関等

　健康保険による医療は，厚生労働大臣（地方厚生局長等）の指定を受けた病院，診療所（「保険医療機関」）と薬局（「保険薬局」），または保険者指定もしくは組合直営の医療機関等のうち，被保険者が自己の選定に基づく医療機関で，同じく厚生労働大臣（地方厚生局長等）の登録を受けた医師，歯科医師，薬剤師（「保険医，保険薬剤師」）によって行われる（第63条3項，第64条）。指定と登録は，医療保険の開設者および医師等の申請によって行われ，有効期限は6年である（第65条，第68条，第71条）。保険医療機関・保険薬局の指定，保険医・保険薬剤師の登録が行われても法定の取消事由にあたる場合には厚生労働大臣はそれを取り消すことができる（第80条）。なお，厚生労働大臣は指定・登録の取り消しにあたっては，地方社会保険医療協議会に諮問しなければならない（第82条）。

(2)　診療報酬

　保険医療機関が被保険者・被扶養者に対して療養を行った場合，その対価（報酬）として保険者が保険医療機関に支払う金銭を診療報酬という。診療報酬の算定にあたっては，実際に行われた医療の種類，量に応じて診療報酬点数表に基づいて点数化され，その点数に単価（1点10円）を乗じて価格が決定する「出来高払い方式」を基本としている。診療報酬の基準は厚生労働大臣が中央社会保険医療協議会に諮問した後，決定・告示する。

　保険医療機関は，患者の一部負担金を除いた残りの費用を審査支払機関（社会保険診療報酬支払

図表3−12　医療保険制度の基本的な仕組み

出所：厚生労働省編『平成26年版　厚生労働白書』資料編，p.30

基金）に対して診療報酬請求書と診療報酬明細書（レセプト）を添えて請求する。審査支払機関はこれを審査し，各保険者に送付する。これをもとに保険者は請求金額を審査支払機関に支払い，審査支払機関はこれを各医療機関に診療報酬として2ヵ月後に支払うシステムになっている。

5）不服申立て

　被保険者等は被保険者の資格，標準報酬または給付に関する処分に不服がある者は社会保険審査官に対して審査請求をし，さらにその決定に不服がある者は社会保険審査会に対して再審査請求を行うことができる（第189条）。国民の受給権の保障のために，簡便な手続きによる迅速な対応を図る不服申立制度は制度の発展のためにも重要である。再審査請求の後，なお不服のある場合には裁判による司法救済が行われる。

2．国民健康保険

　国民健康保険法は，社会保障および国民保健の向上に寄与することを主たる目的として，農林従業者・自営業者等を対象とする医療保険制度として，1938年に制定および施行された法律である。当初は，組合方式で導入されたが普及するに至らず，1961年までに，全ての市町村に市町村運営方式を採用することを義務付け，国民皆保険体制が実現した。

1）制度の概要

　国民健康保険は，健康保険，船員保険，共済組合等の被用者保険の加入者以外の自営業者・農業者・退職者などを対象とし，そのなかに，医師・歯科医師・薬剤師・弁護士・土木建築業・食品販売業・理容美容業など同種の事業または業務に従事する者で組織される国民健康保険組合[3]の組合員も含まれる公的医療保険制度であり，国民健康保険は，国民皆保険の最後の砦ともいえるものである。国民健康保険の被保険者に該当した者は，強制加入となり，保険料（税）が強制徴収される。国民健康保険は，国民健康保険法第1条，第2条に基づき，被保険者の疾病，負傷，出産または死亡に関して必要な保険給付を行い，国民健康保険事業の健全な運営を確保し，国民保健の向上に寄与することを目的としている。

　しかし，市町村国民健康保険は，財政単位を市町村としている現状においては，小規模保険者が多数存在し，そうした小規模保険者では財政が不安定になりやすいこと，被保険者の年齢構成や所得分布の差異が大きいこと，医療機関の偏在によって医療給付費の格差が生じていることなどの構造的な問題を抱えている。これらの課題の打開策として，2013年に「持続可能な社会保障制度の確立を図るための改革の推進に関する法律」が成立した。この法律は，持続可能な医療保険制度を構築するため，国民健康保険をはじめとする医療保険制度の財政基盤の安定化，負担の公平化，医療

3）国民健康保険組合は，同業同種の者を対象に国民健康保険事業を行うことができる公法人である。（医師・歯科医師・薬剤師：92組合，建設関係：32組合，一般業種：39組合，全国土木：1組合，計164組合（302万人）：（2013年度現在）。

費適正化の推進等の措置を講ずるものである。

(1) 保険者

　国民健康保険の保険者は，都道府県（当該都道府県内の市町村（特別区を含む））および国民健康保険組合である。そのうち国民健康保険組合は，同種の事業または業務に従事する300人以上の者により組織される法人で，市町村の行う国民健康保険事業に支障のない限りにおいて，知事の認可を受けて設立される。なお，都道府県は，県内の市町村（特別区を含む）とともに，国民健康保険を行う（第3条，第13条，第17条）。

　都道府県（当該都道府県内の市町村（特別区を含む））等が行う国民健康保険は，かつては市町村が保険者であったが，2018年度から国民健康保険の安定化を図るために運営のあり方の見直しがなされ，保険者が都道府県に移管された。移管の理由は，①国民健康保険に係る財政運営の責任を担う主体（保険者）を都道府県とし，都道府県が地域医療の提供水準と標準的な保険料等の住民負担の

図表3−13　都道府県等が行う国民健康保険の仕組み（2018年度改正）

出所：国民健康保険中央会『国保のすがた』2018年，p.36

図表3-14　都道府県と市町村のそれぞれの役割

改革の方向性		
1．運営の在り方（総論）	○都道府県が，当該都道府県内の市町村とともに，国保の運営を担う ○都道府県が財政運営の責任主体となり，安定的な財政運営や効率的な事業運営の確保等の国保運営に中心的な役割を担い，制度を安定化 ○都道府県が，都道府県内の統一的な運営方針としての国保運営方針を示し，市町村が担う事務の効率化，標準化，広域化を推進	
	都道府県の主な役割	市町村の主な役割
2．財政運営	財政運営の責任主体 ・市町村ごとの国保事業費納付金を決定 ・財政安定化基金の設置・運営	・国保事業費納付金を都道府県に納付
3．資格管理	国保運営方針に基づき，事務の効率化，標準化，広域化を推進※4．と5．も同様	・地域住民と身近な関係の中，資格を管理（被保険者証等の発行）
4．保険料の決定賦課・徴収	標準的な算定方法等により，市町村ごとの標準保険料率を算定・公表	・標準保険料率等を参考に保険料率を決定 ・個々の事情に応じた賦課・徴収
5．保険給付	・給付に必要な費用を，全額，市町村に対して支払い ・市町村が行った保険給付の点検	・保険給付の決定 ・個々の事情に応じた窓口負担減免等
6．保健事業	市町村に対し，必要な助言・支援	・被保険者の特性に応じたきめ細かい保健事業を実施（データヘルス事業等）

出所：国民健康保険中央会『国保のすがた』2018年，p.36

あり方を総合的に検討することが可能な体制を実現する。②国民健康保険が抱える財政的な構造問題（赤字補填の法定外繰入や保険者のあり方（小規模保険者））に関する課題を解決するため，従来の対応（保険財政共同安定化事業等）を超えて財政運営の責任を都道府県に持たせることが不可欠である。③ただし，国民健康保険の財政の構造問題の解決が移行の前提条件である，などである。これに伴い，国，都道府県，市町村の責務が整理され，国は国民健康保険事業の運営が健全に行われるよう必要な各般の措置を講ずるとともに，国民健康保険法の目的の達成に資するため，保健，医療および福祉に関する施策その他の関連施策を積極的に推進する。都道府県は安定的な財政運営，市町村の国民健康保険事業の効率的な実施の確保，その他の都道府県および当該都道府県内の市町村の国民健康保険事業の健全な運営について中心的な役割を果たす。市町村は，被保険者の資格の取得および喪失に関する事項，国民健康保険の保険料の徴収，国民健康保険事業の実施その他の国民健康保険事業を適切に実施するものとしている。なお，運営に関する重要事項を審議するため，市町村には国民健康保険運営協議会が置かれる（第4条，第11条）（図表3－13，3－14）。

(2) 被保険者

①都道府県（市町村（特別区を含む））等が行う国民健康保険の被保険者は，その都道府県の区域内に住所を有する者である。適用除外は，被用者保険（健康保険，船員保険，各種共済組合）の被保険者およびその被扶養者，高齢者の医療の確保に関する法律の被保険者，国民健康保険組合の被保険者，生活保護世帯に属する者などである。それ以外は強制加入で，当該市町村の区域内に住所を有した日，または適用除外に該当しなくなった日から資格を有する（第5条，第6条，第7条）。外国人については，出入国管理および難民認定法に定める在留資格を有しない者または3ヵ月以下の短期滞在者を除き，日本に居住するすべての者が被保険者となる。

②国民健康保険組合が行う国民健康保険の被保険者は，その組合員および組合員の世帯に属する者となっている（第19条）。

近年，都道府県（市町村（特別区を含む））等が行う国民健康保険の被保険者に無職者や非正規雇用の被用者の割合が高まり，世帯主の職業別世帯構成割合をみると，「無職」の割合が最も高くなっている。「無職」のなかでは，年金生活者である無職者の世帯が年々増加している。

2）保険給付

国民健康保険の被保険者に病気やケガ等の保険事故が発生した場合，原則的には医療サービス（現物）が給付される。ただし，高額療養費や出産育児一時金，葬祭費などは現金給付となる。保険給付の内容は，特別療養費[4]を除き健康保険に準じており，保険制度改正によって国民健康保険の

4）保険者は特別の事情がないのに保険料を滞納している世帯主に対して，被保険者証の返還を求め，被保険者資格証明書の交付を行う。被保険者資格証明書の交付を受けた被保険者が保険医療機関等について療養を受けた場合には，いったん全額を医療機関の窓口で支払い，後に支払った額が現金給付で支給される（第54条の3）。

図表3－15　国民健康保険と健康保険の給付内容

(2019年12月現在)

給付		国民健康保険（都道府県等）	健康保険	
医療給付	療養の給付 訪問看護療養費	義務教育就学前：8割，義務教育就学後から70歳未満：7割 70歳以上75歳未満：8割（現役並み所得者（現役世代の平均的な課税所得以上の課税所得を有する者）：7割）		
	入院時食事療養費	食事療養標準負担額：一食につき460円 低所得者：市町村民税非課税者で90日以内の入院：一食につき210円 低所得者：市町村民税非課税者で90日を超える入院：一食につき160円 低所得者：70歳以上で判定基準所得の所得のない者：一食につき100円		
	入院時生活療養費 （65歳〜）	生活療養標準負担額：保険医療機関Ⅰに入院：一食につき460円（食費）＋370円（居住費） 医療医療機関Ⅱに入院：一食につき420円（食費）＋370円（居住費） 低所得者：市町村民税非課税者：一食につき210円（食費）＋370円（居住費） 低所得者：70歳以上で判定基準所得のない者：130円（食事）＋370円（居住費） 注：入院医療の必要性の高い者については，居住費分の負担はなく，食費分については，入院時食事療養費の食事療養標準負担額と同額		
	高額療養費 （自己負担限度額）	70歳未満の者 健保：標準報酬月額83万円以上 国保：賦課基準額901万円以上 　252,600円＋（医療費－842,000）×1％〈4回目〜：140,100円〉 健保：標準報酬月額53〜79万円 国保：賦課基準額600〜901万円 　167,400円＋（医療費－558,000）×1％〈4回目〜：93,000円〉 健保：標準報酬月額28〜50万円 国保：賦課基準額210〜600万円 　80,100円＋（医療費－267,000）×1％〈4回目〜：44,400円〉 健保：標準報酬月額26万円以下 国保：賦課基準額210万円以下 　57,600円〈4回目〜：44,400円〉 市町村住民税非課税　35,400円〈4回目〜：24,600円〉	70歳以上75歳未満の者 　　　　　　　　　　外来（個人ごと）　外来・入院（世帯計） 健保：標準報酬月額83万円以上 国保：課税所得690万円以上 　252,600円＋（医療費－842,000円）×1％〈4回目〜：140,100円〉 健保：標準報酬月額53〜79万円 国保：課税所得380万円以上 　167,400円＋（医療費－558,000円）×1％〈4回目〜：93,000円〉 健保：標準報酬月額28〜50万円 国保：課税所得145万円以上 　80,100円＋（医療費－267,000円）×1％〈4回目〜44,400円〉 一般所得者　　18,000円（年間上限額144,000円）　57,600円〈4回目〜44,400円〉 市町村民税非課税者等判定基準所得がない者（年金収入80万円以下等）　8,000円／8,000円　24,600円／15,000円		
現金給付	出産育児一時金	給付内容は条例で定めるところによる。 （ほとんどの保険者が原則42万円（産科医療補償制度の加算対象出産ではない場合は，404,000円））。	出産育児一時金	被保険者またはその被扶養者が出産した場合は，原則42万円を支給。 （産科医療補償制度の加算対象出産ではない場合は，404,000円））。
			家族出産育児一時金	
	葬祭費 埋葬料	給付内容は条例で定めるところによる。 （1〜5万円程度としている市町村が多い） ほとんどの市町村が実施	埋葬料	被保険者が死亡した場合，遺族に対し，定額5万円を支給。
			家族埋葬料	被扶養者が死亡した場合，被保険者に対し，定額5万円を支給。
	傷病手当金	任意給付 （実施している市町村はない）	被保険者が業務外の事由による療養のため労務不能となった場合，その期間中，最長で1年6ヵ月，1日につき標準報酬日額の3分の2相当額を支給。	
	出産手当金		被保険者本人の産休中（出産日以前42日から出産日後56日まで）の間，1日につき標準報酬日額の3分の2相当額を支給。	

注：1）標準報酬月額とは，会社員等における健康保険と厚生年金の保険料を計算するための区分のこと（たとえば，標準報酬月額50万円とは，月収48.5万円以上51.5万円未満の範囲）

　　2）賦課基準額は，国民健康保険加入者の要件で，所得から住民税基礎控除額33万円を差し引いた金額

出所：厚生労働省ホームページ（2019年12月1日）

給付内容も改正されている（図表3－15，図表3－16）。給付率も健康保険と同様に原則として7割であり，被保険者は費用の3割相当額の一部負担金を支払う。義務教育就学前（6歳に達する日以降の最初の3月31日）の乳幼児への給付も健康保険と同様に8割給付となっている。また，70歳以上75歳未満の被保険者については，8割給付となっている。ただし，一定以上の所得がある場合には7割給付である。

図表3-16　国民健康保険の保険給付

法定給付		療養の給付 入院時食事療養費 入院時生活療養費 保険外併用療養費 療養費 訪問看護療養費 特別療養費 移送費 高額療養費 高額介護合算療養費
	法定任意給付	出産育児一時金 葬祭費（葬祭の給付）
任意給付		傷病手当金 出産手当金

3）費用負担

　都道府県が行う国民健康保険の場合，一般の被保険者の給付に要する費用（医療費−患者負担）は，その50％が公費（内訳は，国が41％（うち32％が療養給付費等負担金・介護納付金負担金，9％が調整交付金），都道府県が9％（一般会計からの繰入れ）で，残りの50％が保険料で賄われている。

⑴　保険料（税）

　国民健康保険の保険料（税）は，保険者（都道府県（市町村（特別区を含む））および国民健康保険組合）が国民健康保険事業の費用に充てるため，保険税または保険料のいずれかにより，世帯主または組合員から徴収する（第76条）。いずれによるかは，市町村において決定することとなるが，税による場合は地方税法に，保険料による場合は政令に，賦課・徴税方法が定められている。保険料（税）の賦課限度額については，被保険者の納付意欲に与える影響や，制度および事業の円滑な運営を確保する観点から，被保険者の保険料（税）負担に一定の限度を設けている。賦課限度額は2019年現在，年間96万円であるが，今後も，より負担能力に応じた負担とする観点から，健康保険の仕組みとのバランスを考慮しつつ，段階的に引き上げていくとしている。

　国民健康保険制度に要する費用の徴収方式として国民健康保険法第76条では，保険料方式を定めており，保険税方式は例外である。しかし，実態としては，約90％の自治体で保険税方式を採用している。これは保険税方式を採用した方が，徴収権の時効が長くなることや滞納処分の優先順位が高くなる等の理由からである。ただし，保険税方式を採用している自治体であっても，納税者向けの書類上では「保険料」と記載していることが多い。保険料額は当該世帯の所得，被保険者数等を基礎として，応能割と応益割の合算によって算定される。国民健康保険の保険料の算定方法については，法令の定めにより市町村が決定することとされるが，市町村によって計算方法が少しずつ異なる。これは財政状況や加入者の年齢構成，所得・資産の状況や1年間に予測される医療費の総額が市町村によって異なってくることから，全国一律の料金体系を構築することが困難なためである。また，国民健康保険料の徴収目的に，介護納付金の納付に要する費用が加えられ，介護保険の第2

号被保険者である被保険者に賦課されている。なお，特別の理由がある者，低所得世帯については，条例または規約（組合の場合）の定めにより保険料の減免[5]措置がある。保険料の徴収方法には，特別徴収と普通徴収がある。特別徴収は，公的年金を受ける被保険者である世帯主から公的年金の支払いをする年金保険者に保険料を徴収させ，かつ，その徴収すべき保険料を納入させる方法（年金から天引きする方法）である。65歳以上75歳未満の者のみで構成される世帯の世帯主であって，支払いを受けている公的年金の総額（年額）が18万円以上のものについては，介護保険料額と合算した保険料（税）額が当該年金給付額の2分の1を超える場合を除き，原則としてこの方法で徴収される。普通徴収は，市町村が世帯主に納入の通知をすることによって保険料を直接徴収する方法であるが，特別徴収されない者については，この方法で徴収される。

(2) 国庫負担（補助）金

　国民健康保険は，健康保険などの被用者保険における保険料の事業主負担に相当するものがないこと，被保険者に低所得者層を含むことなどから，被用者保険に比べ国庫負担（補助）金が多く導入されている（図表3−17）。そのうち，被保険者の所得水準の高い国民健康保険組合の国庫補助については，負担能力に応じた負担とする観点から，各組合への財政影響も考慮しつつ，2016年度か

図表3−17　国民健康保険財政の状況（2019年度予算案ベース）

医療給付費等総額：約109,900億円

※1　それぞれ保険給付費等の9％，32％，9％の割合を基本とするが，定率国庫負担等のうち一定額について，財政調整機能を強化する観点から国の調整交付金に振りかえる等の法律上の措置がある
※2　平成28年度決算（速報値）における決算補填等の目的の一般会計繰入の額
※3　退職被保険者を除いて算定した前期高齢者交付金額であり，実際の交付額とは異なる
※4　平成31年度は，平成29年度に特例基金に措置した500億円のうち残330億円は取り崩しない

出所：厚生労働省ホームページ「全国高齢者医療・国民健康保険主管課（部）長及び後期高齢者医療広域連合事務局長会議」保険局国民健康
　　　保険課説明資料，p.13

5）減免制度は，条例で定められている制度（国民健康保険法第77条），つまり，市町村の制度であり，市町村によりその内容がかなり異なっている。

ら5年かけて段階的に見直すこととし，所得水準に応じて13％～32％の補助率とするとしている。

① 療養給付費等負担金（補助金）

国は国民健康保険事業の健全な運営を図るため，市町村保険者に対し，療養給付費等に要する費用の一部を負担することとされている。これは，医療費の一部について国が負担することで，被保険者の保険料（税）の負担を緩和するためである。一方，国民健康保険において，このような制度が設けられているのは，国民健康保険が多数の低所得者層を被保険者として事業を実施し，また，他の被用者保険における事業主負担を持たないこと等に基づくものであるといわれている。

法の規定に基づく市町村の負担のうち，療養の給付にかかる一部負担金を国が負担することとしている。入院時食事療養費，入院時生活療養費，保険外併用療養費，療養費，訪問看護療養費，特別療養費，移送費，高額療養費および高額介護合算療養費の合算額から当該年度の保険基盤安定制度[6]における市町村の繰入金の2分1の相当額を控除した額と前期高齢者納付金および後期高齢者支援金ならびに介護納付金の納付に要する費用の額の合算額の32％に相当する額を国が定率にて負担する。

② 財政調整交付金

市町村の場合だけの交付金で，市町村の保険財政の状況に応じて国民健康保険の財政を調整するため，政令の定めるところにより調整交付金が交付される。財政調整交付金は，医療分と後期高齢者支援分と介護分に区分され，市町村間の財政力の不均衡を調整するため，画一的な測定基準により，市町村の財政力を判断したうえで交付される普通調整交付金と，その他特別の事情（災害等）に応じた特別調整交付金からなる。

普通調整交付金は，前述の療養給付費等負担金での定率補助だけでは，市町村の格差を解消できないため，市町村間の財政不均衡の是正を図るべく設けられた交付金である。算定対象額の9％に相当する額が交付される。特別調整交付金においては，算定対象額の2％相当額とされている。

③ 都道府県調整交付金

2005年に行われた三位一体改革に伴い，国の定率負担の一部と調整交付金の一部を税源移譲することとし，国民健康保険において都道府県内における医療費，所得等の格差機能を都道府県が担うこととされた。この改革によって，新たに都道府県調整交付金が導入され，財政調整を行うこととなった。交付金の額は，2012年度以降は算定対象額の9％相当額とされている。

④ 事務費負担金

国は，国民健康保険組合の事務費に関しては全額を負担する（第69条）。なお，都道府県および市町村は，国民健康保険に関する収入および支出について，政令で定めるところにより，それぞれ特別会計を設けなければならない（第10条）。介護納付金に関する事務費は2000年度の介護保険制度創設により予算化され，2004年度から一般財源化した。

6）市町村国民健康保険において，低所得者数に応じた保険料額の一定割合と低所得者の保険料軽減分を公費で補填する制度のこと。

⑤　保険基盤安定等負担金

低所得者が多い国保の構造的問題に対応するためのもので，以下の2種類がある。

　　ア）保険税軽減分保険税軽減の対象となる被保険者の保険税について，軽減相当額を一般会計から繰り入れるもの（財源：県3/4，市1/4）。

　　イ）保険者支援分中間所得者層の保険税負担を軽減することを目的に，保険税軽減となる低所得者数に応じ，平均保険税の一定割合を繰り入れするもの（財源：国1/2，県1/4，市町村1/4）。

保険基盤安定制度は1988年に創設され，1990年の国民健康保険法の改正により恒久化された。

4）保険医療機関と診療報酬

　被保険者が療養の給付を受けた場合，被保険者は定められた一部負担金を保険医療機関に支払い，保険医療機関は当該一部負担金を控除した額を診療報酬として保険者に請求する。

　なお，健康保険では，その支払事務などを社会保険診療報酬支払基金に委託して行っている。これに対して，国民健康保険は，その支払事務などを各都道府県に1つずつ置かれる国民健康保険団体連合会に委託する。支払いの仕組みは健康保険と同様である。

　療養の給付費用の算定に関しては，点数単価方式をとっている。診療報酬内容に関しては，専門家による療養担当規則，診療報酬点数表等に基づき個々の医療行為を点数による審査を経て，確定した金額が保険者から保険医療機関に支払われる。診療報酬は，厚生労働大臣が中央社会保険医療協議会に諮問して定める（図表3-18）。

図表3-18　診療報酬審査・請求支払いの流れ

出所：国民健康保険中央会ホームページ（2019年12月1日）

5）退職者医療制度

　健康保険の被保険者は，企業を退職後，国民健康保険に加入することとなる。医療の必要性が高まる高齢退職者は給付率が低下し，また，医療費の負担では国庫と国民健康保険加入者に依存し，退職者，保険者双方にとって不満と負担をもたらし国民健康保険の財政負担が大きいことが問題と

されていた。このような医療保険制度間の不合理を是正するために，退職者医療制度が1984年に創設された。

本制度は，2008年4月に後期高齢者医療保険制度が創設されたことにより廃止されたが，2014年度までの間に65歳未満で退職した者が65歳に達するまでの経過措置として存続，2015年3月末に廃止された。ただし，2015年3月31日までにこの制度に該当している場合は，その者が65歳になるまでの間は，退職者医療制度の資格が継続する。

3．後期高齢者医療制度

わが国の高齢者医療は，1983年に施行された「老人保健法」に基づき行われてきたが，加速に拍車がかかる高齢化等に伴う高齢者医療費の増大の財政負担増に対応するため，被保険者の窓口負担の引き上げ等を行うなど，制度改正を度重ねてきた。

このような実情を背景に，高齢者医療費の財政負担を抑制するため「老人保健法」から，2008年4月「高齢者の医療の確保に関する法律（以下，高齢者医療確保法）」に法律名が変更され，その内容を全面改正するとともに，制度名も「老人保健制度」から「後期高齢者医療制度」に改められた。

後期高齢者医療制度は，老人保健法による制度とは異なり，75歳以上の国民が原則加入する独立した保険制度である。これまでの老人保健法上の医療制度とその給付範囲は大きく異ならないもの

図表3−19　高齢者医療制度改革会議における改革の基本的な方向

出所：安藤秀雄他著『最新　医事関連法の完全知識』医学通信社，2011年，p.197

図表3-20　老人保健法と高齢者の医療の確保に関する法律の比較

出所：安藤秀雄他著『医事関連法の完全知識』医学通信社，2011年，p.198

の，保険者および被保険者の範囲が変更されている。これまで被用者保険や国民健康保険組合，市町村が保険者であったものが，都道府県単位の後期高齢者医療広域連合として創設された。従来，被保険者は保険料を各医療保険に支払っており，老人保健制度における負担がなかったが，患者負担を除く総医療費の１割を保険料として加入者全体で賄うことになった。そのため，75歳以上の国民は，現在加入している国民健康保険や被用者保険から脱退し，新たな後期高齢者医療制度に加入することになり，加入者一人ひとりに保険料支払いの義務が生じている。

　2009年11月から，同制度に代わる新たな制度を検討するため，厚生労働省内に設置された「高齢者医療制度改革会議」による議論が行われ，2010年５月19日に「医療保険制度の安定的運営を図るための国民健康保険法等の一部を改正する法律（平成22年５月19日法律第35号）」が公布され，７月１日から施行された。そのなかでの主な改正内容は，①親の国民健康保険の保険料滞納で無保険となっている世帯に交付する短期被保険者証（有効期限は６ヵ月）の対象を「中学生以下」から「高校生世代以下」に拡大する（国民健康保険法），②市町村国民健康保険に対する財政支援措置（低所得者を抱える市町村，高額な医療費に対する国・都道府県の補助等）を４年間延長する（国民健康保険法），③全国健康保険協会の国庫補助割合を13％から16.4％に引き上げる（健康保険法），④後期高齢者支援金について，３分の１に保険者の財政能力に応じた負担方法（総報酬割）を導入する（高齢者の医療の確保に関する法律），などである。その後，同会議は同年12月20日に最終とりまとめを行い，制度の骨格を示し，2014年３月に改正内容が実施された（図表3-19，図表3-20）。

1）制度の概要

⑴　目的および基本理念

　高齢者医療確保法は，「国民の高齢期における適切な医療の確保を図るため，医療費の適正化を推進するための計画の作成及び保険者による健康診査等の実施に関する措置を講ずるとともに，高齢者の医療について，国民の共同連帯の理念等に基づき，前期高齢者に係る保険者間の費用負担の調整，後期高齢者に対する適切な医療の給付等を行うために必要な制度を設け，もって国民保健の向上及び高齢者の福祉の増進を図ること」を目的としている（第１条）。

また，基本理念は，「国民は，自助と連帯の精神に基づき，自ら加齢に伴って生ずる心身の変化を自覚して常に健康の保持増進に努めるとともに，高齢者の医療に要する費用を公平に負担するものとする」，さらに「国民は，年齢，心身の状況等に応じ，職域若しくは地域又は家庭において，高齢期における健康の保持を図るための適切な保健サービスを受ける機会を与えられるものとする」としている（第2条）。

(2) 運営主体および保険者機能

　後期高齢者医療の事務処理のために，市町村には，各都道府県の区域ごとに全市区町村が加入する後期高齢者医療広域連合が設立され，後期高齢者医療制度を運営している（第48条）。後期高齢者医療広域連合は，保険料決定，賦課決定，医療費の支給などの事務を行う。ただし，保険証等の交付申請や引き渡し等のいわゆる「窓口事務」および「保険料（税）の徴収事務」については，引き続き各市町村で行われる。

(3) 被保険者

　後期高齢者医療広域連合の区域内に住所を有する75歳以上の者（75歳の誕生日から資格取得）および65歳以上75歳未満の者で一定の障害の状態（政令で定める程度の障害の状態）にあることを当該広域連合が認定した者（認定の日から資格取得）である（第50条）。なお，一人ひとりに後期高齢者医療被保険者証が交付される。

　適用除外としては，生活保護法による保護を受けている世帯と厚生労働省令で定められた者は該当しない（第51条）。ここでいう厚生労働省令で定められた者とは，①日本国籍を有しない者であって，出入国管理および難民認定法に定める在留資格を有しない者，または在留資格をもって本邦に在留する者で1年未満の在留期間を決定された者，②日本国籍を有しない者であって，外国人登録法第4条1項の登録を受けていない者などである（施行規則第9条）。

(4) 保健事業と後期高齢者医療給付

① 保健事業

　老人保健法から高齢者医療確保法への全面改正に伴い，これまで，当該市町村の区域内に居住地を有する40歳以上の者を対象としていた老人保健事業（健康手帳の交付，健康教育，健康相談，健康診査，機能訓練および訪問指導）は，「高齢者医療確保法」に基づき，医療保険者が実施する特定健康診査[7]および特定保健指導[8]と，「健康増進法」に基づき市町村が実施する健康増進事業（健康

7）内臓脂肪型肥満（メタボリック・シンドローム）に着目した生活習慣病予防のための保健指導を必要とする人を選び出すための健診である（40歳以上の加入者が対象）。

8）目的は，対象者が自分の健康状態を自覚し，生活習慣の改善のための自主的な取り組みを継続して行うことができるようにすることである。断層化により，動機付け支援（生活習慣の改善を促すため原則1回の支援），積極的支援（3ヵ月以上・複数回にわたっての継続的な支援）に該当した人に対して実施される。

手帳の交付，健康教育，健康相談，健康診査，機能訓練および訪問指導）に移行された。

高齢者医療確保法では，75歳未満の国民に対して，糖尿病をはじめとする生活習慣病に関する健康診査（特定健康診査）と特定健康診査の結果により，健康の保持に努める必要があるものとして規定された者に対する保健指導（特定保健指導）が規定されている（第125条）。なお，保険者は，厚生労働大臣が策定するこの特定健康診査等基本方針に即して，5年ごとに特定健康診査等実施計画を定め，特定健康診査および特定保健指導を行うことになっている。また，後期高齢者医療広域連合には，75歳以上の後期高齢者の健康教育，健康相談，健康診査その他の被保険者の健康の保持増進のために必要な事業を行うよう努力義務が定められた。したがって，40歳から74歳までの者（被保険者と被扶養者）は，高齢者医療確保法に基づき，医療保険者が特定健康診査を行うことになる。75歳以上の後期高齢者は，後期高齢者医療広域連合が健康診査を行う。

　②　保険給付

医療給付内容は，基本的に他の医療保険制度と同様である。法定給付と任意給付に大別され，さらに法定給付は，絶対的必要給付と相対的必要給付に分けられる。絶対的必要給付は，療養の給付，入院時食事療養費，入院時生活療養費，保険外併用療養費，療養費，訪問看護療養費，特別療養費，移送費，高額療養費および高額介護合算療養費の支給である。相対的必要給付には，葬祭費の支給または葬祭の給付がある。加えて，後期高齢者医療広域連合の条例で定めるところによる給付が設けられている（第56条）（図表3-21）。

なお，高額介護合算療養費は，1年間の患者負担と介護保険の自己負担の合計額が高額になったとき，同一世帯の後期高齢被保険者について医療保険の患者負担と介護サービスの自己負担がある場合において，これらの合算額の年間額について負担の上限額を設けることとしている（図表3-22）。

2）医療の費用負担

後期高齢者医療制度の費用は窓口での自己負担を除き，公費約5割，現役世代からの支援金約4

図表3-21　後期高齢者医療の保険給付

法定給付	絶対的必要給付	療養の給付（第64条） 入院時食事療養費（第74条） 入院時生活療養費（第75条） 保険外併用療養費（第76条） 療養費（第77条） 訪問看護療養費（第78条） 特別療養費（第82条） 移送費（第83条） 高額療養費（第84条） 高額介護合算療養費（第85条）
	相対的必要給付	葬祭費の支給又は葬祭の給付（第86条1項）
任意給付		傷病手当金その他の給付（第86条2項）

出所：TAC社会保険労務士講座編　『2020年度版　社労士の教科書』Part2, p.424を参考に作成

図表3-22　後期高齢者医療制度の医療費自己負担限度額

被保険者区分		自己負担割合	高額療養費の自己負担限度額（月額）			高額介護合算療養費の自己負担限度額（年額）	
			外来（個人ごと）	自己負担額（世帯単位）			
現役並みの所得者（単独世帯の場合：年収383万円）（夫婦2人世帯の場合：年収520万円）		3割	57,600円	80,100円＋（医療費－267,000円）×1％〈多数回該当の場合は，44,400円〉		現役並み所得Ⅲ	212万円
						現役並み所得Ⅱ	141万円
						現役並み所得Ⅰ	67万円
一般		1割	14,000円（年間144,000円上限）	57,600円〈多数該当の場合は，44,400円〉		56万円	
低所得者（住民税非課税）	Ⅱ（年収130万円以上267万円未満）	1割	8,000円	24,600円		31万円	
	Ⅰ（単独世帯の場合：年収80万円未満）（夫婦2人世帯の場合：年収約130万円未満）	1割		15,000円		19万円	

注1）：高額療養費の自己負担限度額：75歳に達する日の属する月に受けた療養（75歳到達特例対象療養）については，表中の額の2分の1が自己負担限度額となる。
　2）：高額介護合算療養費の自己負担限度額：前年8月1日～翌年7月31日の1年間に支払った自己負担額を対象とする。
出所：厚生労働省資料

割，高齢者自身の保険料1割で賄う（第93条～115条）（図表3-23，図表3-24）。

(1)　自己負担（一部負担金）

　医療費の1割が窓口での自己負担となるが，現役並みの所得がある場合には，医療費の3割を自己負担する。この窓口負担については月毎の上限額が設けられている。また，入院の場合，同一医療機関で支払う負担額は月毎の上限額までとなっている（図表3-22）。

(2)　公費負担（5割）

　公費については，国，都道府県，市町村が4：1：1の割合で負担することとなっている（図表

図表3-23　後期高齢者医療制度の仕組み

出所：厚生労働省資料

図表3-24　後期高齢者医療制度の財政の概要（2019年度予算ベース）

(平成30年度予算ベース)

医療給付費等総額：15.8兆円

財政安定化基金
○保険料未納リスク，給付増リスク及び保険料上昇抑制に対応するため，国・都道府県・広域連合（保険料）が1/3ずつ拠出して，都道府県に基金を設置し，貸付等を行う。
0.1兆円程度（基金残高）

高額医療費に対する支援
○高額な医療費による財政影響を緩和するため，1件80万円を超えるレセプトに係る医療費の一定部分について，国・都道府県が1/4ずつ負担する。
0.3兆円

特別高額医療費共同事業
○著しく高額な医療費による財政影響を緩和するため，広域連合からの拠出により，1件400万円を超えるレセプトに係る医療費の200万円超分について，財政調整を行う。
54億円（うち国10億円）

都道府県単位の広域連合
53%　47%

国調整交付金（8％）1.2兆円
支援金（41％）6.6兆円
定率国庫負担（24％）3.7兆円
高額医療費に対する支援
定率都道府県負担（8％）1.2兆円
保険料 1.2兆円
定率市町村負担（8％）1.2兆円
公　費

調整交付金（国）
○普通調整交付金（調整交付金の9/10）
…広域連合間の所得格差による財政力不均衡を調整するために交付する。
○特別調整交付金（調整交付金の1/10）
…災害その他特別の事情を考慮して交付する。

・保険基盤安定制度（低所得者等の保険料軽減）
・保険料軽減特例
○保険基盤安定制度
・低所得者等の保険料軽減
…均等割7割・5割・2割軽減，被扶養者の5割軽減
〈市町村1/4，都道府県3/4〉
0.3兆円程度
○保険料軽減特例〈国〉
・低所得者の更なる保険料軽減
…均等割9割・8.5割軽減
606億円

※現役並み所得を有する高齢者の医療給付費には公費負担がなく，その分は現役世代の支援金による負担となっていることから，公費負担割合は47％となっている。

出所：厚生労働省「医療保険制度をめぐる状況」

3-23）。

(3)　後期高齢者支援金（4割）

　運営主体の広域連合に納付される医療保険者（現役世代）からの支援金で，従来の拠出金に替わるものである（図表3-23）。特定健康診査・特定保健指導の実施率やメタボリック・シンドロームの該当者・予備群の減少率により，後期高齢者支援金が加算される。実施率や減少率の基準となる「参酌標準」を国が示した上で，各医療保険者が特定健康診査等実施計画を定め，その目標達成の程度によって，後期高齢者支援金の額が変動される仕組みである（第118条）。後期高齢者支援金の額は，基本的に各医療保険制度の加入者数に応じて算定（加入者割）されるが，特定健康診査等の実施およびその成果にかかる目標の達成状況を勘案して±10％の範囲内で増減が行われることとなっている。ただし，2010年7月以降，被用者制度内の負担については，支援額の3分の1部分に各保険者の総報酬額をベースに按分する総報酬割が取り入れられている[9]。このことにより，相対的に

9）総報酬割が導入された背景は2点あり，1点目は，後期高齢者支援金に係る全国健康保険協会の負担の軽減である。当時，全国健康保険協会は財政赤字が深刻化しており，保険料率の2桁への引き上げが避けられない状況にあった。そこで，支援金負担を減らすと同時に全国健康保険協会の給付費への国庫補助率が13％から16.4％へ引き上げるという措置により，保険料率の大幅な引き上げを回避することが図られた。2点目は，公費負担の節約である。国は全国健康保険協会の負担する後期高齢者支援金に対して，16.4％の国庫補助を行っている。全国健康保険協会の支援金負担の軽減は，その分の国庫補助の節約をもたらすことになる。

所得水準の低い全国健康保険協会は，後期高齢者医療制度への支援金が軽減される。当初，この特別措置は2012年度までであったが，全国健康保険協会の財政悪化を背景に，2014年度まで延期され，2015年度以降，総報酬制の適用が段階的に拡大された。具体的には，これまでの3分の1が2015年度には2分の1，2016年度には3分の2，2017年度以降は100％に拡大され，全国健康保険協会の支援金負担は軽減されている。

(4) 高齢者の保険料（1割）

　老人保健法においては，75歳になった後も，国民健康保険などの各医療保険に加入したまま老人保健法による医療を受けており，保険料（税）は加入している各保険者へ支払われていた。一方，後期高齢者医療制度では，対象年齢の75歳になった後は，各医療保険を離れ，新たに後期高齢者医療制度へ移行し，保険料（税）は被保険者一人ひとりに課せられ後期高齢者医療制度へ支払うこととなり，これまで保険料（税）を負担していなかった被用者保険の被扶養者も新たな保険料（税）の負担が生じることになった。

　被保険者が，個人単位で年度ごと（4月1日）に賦課される。保険料の額は，被保険者が等しく負担する均等割額と被保険者の負担能力（所得）に応じて負担する所得割額を合計した額である（限度額62万円）。所得割の率や均等割の額は，各広域連合が，それぞれの都道府県の医療の給付に応じて，2年ごとに条例で定める。低所得世帯に属する被保険者については，世帯の所得水準に応じて，保険料（均等割額）が一定の割合（7割，5割，2割）で軽減される。なお，保険料は市町村が徴収し，後期高齢者医療広域連合に納付するが，保険料の徴収方法には，特別徴収と普通徴収がある。公的年金の総額が18万円以上の被保険者については，介護保険料と合算した保険料額が当該年金給付額の2分の1を超えるときを除き，原則として特別徴収される。特別徴収されない被保険者については普通徴収されるが，この場合，被保険者本人のみならず，被保険者の属する世帯の世帯主や被保険者の配偶者も保険料を連帯して納付する義務を負う。

3）前期高齢者にかかる被保険者間の費用負担の調整

　65歳から74歳の前期高齢者については，従来どおり各医療保険制度に継続して加入し続けることとなっている。高齢者が各医療保険制度に継続加入することによる制度間の加入者割合の相違に基づく負担の不均衡については，各医療保険の加入者数に応じて前期高齢者の医療費を分担し調整する措置が講じられている（図表3-25，図表3-26）。

4）診療報酬

　医療保険に加入している者が保険で診療を受けた場合は，診療報酬点数表に基づいて費用が請求される仕組みになっているが，診療報酬点数表は健康保険法の規定に基づき，厚生労働大臣が中央社会保険医療協議会に諮問のうえ告示される。2006年度の診療報酬改定では，高齢者の心身の特性を踏まえ，高齢者独自の点数として引き続き存続させることが特に必要なものを除き，点数表の簡

図表3−25　前期高齢者にかかる財政調整の仕組み

注：前期高齢者に係る後期高齢者支援金（0.5兆円）についても，同様の調整を行う。
出所：厚生労働省資料

図表3−26　保険者間の費用負担調整の概要

※数字(%)は前期高齢者加入率

前期高齢者交付金

支払基金

前期高齢者納付金

調整対象基準額

前期高齢者
加入者の
全保険者平均

全保険者平均	協会けんぽ	健保組合	共済組合	国民健康保険
15%	5%	2.9%	2.5%	31%

出所：厚生労働省資料

素化の観点から原則として医科診療報酬点数表と一本化され，2008年度改定では後期高齢者医療制度の創設にあたり，後期高齢者の心身の特性にふさわしい医療が提供できるように，新たな診療報酬体系を構築することとされた。しかしながら，国民医療費は，高齢化や高額な医薬品の保険適用等の影響で増加の一途を辿っており，2019年度の予算ベースで約46兆円にまで達した。今後，2022年から団塊の世代が後期高齢者に到達し始めるため，さらなる医療費の急増が見込まれている一方，制度の支え手である現役世代人口は急速に減少すると予測されている。診療報酬体系の見直しをはじめ，適正化・効率化を通じた制度の安定とその持続可能性を高めていくことが，喫緊かつ重要な課題である。

A　医療保険制度

B 介護保険

1. 目的および基本理念

　介護保険法は，加齢に伴って生ずる心身の変化に起因する疾病等により要介護状態となり，入浴，排せつ，食事等の介護，機能訓練ならびに看護および療養上の管理その他の医療を要する者等について，これらの者が尊厳を保持し，その有する能力に応じ自立した日常生活を営むことができるよう，必要な保健医療サービスおよび福祉サービスに係る給付を行うため，介護保険制度に関して必要な事項を定め，国民の保健医療の向上および福祉の増進を図ることを目的としている（第1条）。

　また，法は基本理念として，上記目的を達成するため，①保険給付は，要介護状態または要支援状態の軽減または悪化の防止に資するよう行われるとともに，医療との連携に十分配慮されなければならないこと，②被保険者の心身の状況，環境等に応じて，被保険者の選択に基づき，適切な保健・医療・福祉サービスが，多様な事業者等から，総合的かつ効率的に提供されるように配慮されなければならないこと，③保険給付の内容および水準は，被保険者が要介護状態となった場合においても，可能な限り，その居宅において，その有する能力に応じ自立した日常生活を営むことができるように配慮されなければならないことをあげている（第2条）。

2. 保険関係

1）保険者

　保険者は市町村および特別区（以下，「市町村」という）である（第3条）。ただし，介護保険事業の運営が安定かつ円滑に行われるように，複数の市町村が集まった広域連合や一部事務組合なども保険者となることができる。また，国および都道府県，医療保険者，年金保険者等がその事務運営，財政面から市町村を重層的に支える仕組みとなっている。

　保険者は，被保険者の資格管理に関する事務，要介護（要支援）認定に関する事務，介護保険の財政運営に関する事務（介護保険特別会計の設置）などに加え，介護保険制度の運営に必要な条例・規則等の制定，改正等に関する事務を行い，また，厚生労働大臣の定める基本指針に即して3年ごとに市町村介護保険事業計画を定めなければならない。なお市町村は国に介護給付費や要介護認定等に関するデータを提出しなければならず，国はそのデータを集計・分析し，各都道府県・市町村の地域分析に資するデータを提供する。市町村は，国から提供されたデータを分析した上で介護保険事業計画を策定するとともに，被保険者の地域における自立した日常生活の支援，介護予防・重度化防止，介護給付等に要する費用の適正化などの取り組み内容と目標を記載する。そして，これ

らに基づいて実績評価が行われる。

2）被保険者

　被保険者は，年齢，費用徴収の面，受給要件等により，第1号被保険者と第2号被保険者に2分類される（第9条）。

　第1号被保険者とは，市町村の区域内に住所を有する65歳以上の者である。

　第2号被保険者とは，市町村の区域内に住所を有する40歳以上65歳未満の医療保険加入者である。ただし，障害者支援施設等の一定の施設の入所者等については，当分の間，被保険者としないこととなっている（適用除外）。なお40歳以上65歳未満の生活保護の被保護者で医療保険未加入者は，介護保険の被保険者とならないため，この者への介護サービス給付に係る費用は，生活保護制度の介護扶助より全額給付されることとなる。

　既述のとおり，被保険者には住所要件があり，当該被保険者の住所がある場所の市町村がその者の保険者となるのが原則であるが，法は住所地の特例を設けている。住所地特例とは，被保険者が住所地特例対象施設[10]に入所等をすることにより当該施設の所在する場所に住所を変更した場合，住所を移した最初の住所地特例対象施設に入所等をする前の市町村を保険者とするというものである。なお，住所地特例の対象者は，居住地の地域密着型サービスを利用でき，居住地の市町村の地域支援事業の対象となる。また，一定の適用除外施設（特定適用除外施設）から退所して住所地特例対象施設に入所した者については，特定適用除外施設に入所する際に支給決定や措置等を行った市町村を保険者とする。

3．保険給付等の手続および内容

1）要介護認定（第27条）

　介護保険制度における保険給付は，「要介護状態」にある被保険者または「要支援状態」にある被保険者について行われるものである（以下，「要介護」および「要支援」について，原則，「要介護」という）。このため要介護認定は，被保険者が要介護状態にあるかどうか，また，どの程度の介護が必要かを確認することを目的に行われ，要支援（1，2），要介護（1～5）に7区分される。要介護認定は，原則として「介護の手間」の判断によって審査が行われる。

　要介護認定の流れは，被保険者から市町村への認定の申請→市町村による心身の状況に関する調査（認定調査）および主治医からの意見聴取（主治医意見書）→コンピュータによる判定（1次判定）→介護認定審査会[11]による審査判定（2次判定）→市町村による認定→被保険者への通知（原則，

10）住所地特例対象施設とは，介護保険施設，特定施設（有料老人ホーム（サービス付き高齢者向け住宅含む），軽費老人ホーム，養護老人ホーム）をいう。

11）介護認定審査会とは，市町村の条例によって定められ設置される第三者機関であり，委員は要介護者の保健，医療または福祉に関する学識経験を有する者のうちから，市町村長が任命する者で，任期は2年（再任可）である。

図表3-27　要介護認定にかかる有効期間

申請区分等		原則の認定有効期間	認定可能な認定有効期間の範囲
新規申請		6ヵ月	3〜12ヵ月
区分変更申請		6ヵ月	3〜12ヵ月
更新申請	前回要支援→今回要支援	12ヵ月	3〜36ヵ月
	前回要支援→今回要介護	12ヵ月*	3〜36ヵ月*
	前回要介護→今回要支援	12ヵ月	3〜36ヵ月
	前回要介護→今回要介護	12ヵ月*	3〜36ヵ月*

＊状態不安定による要介護1の場合は，6ヵ月以下の期間に設定することが適当。
出所：厚生労働省資料を一部改変

申請から30日以内）となっている。なお2019年4月1日以降，一定の要件を満たすケースについて，介護認定審査会の簡素化が可能となった。簡素化を行う具体的な手順等は，介護認定審査会の委員の理解を得たうえで保険者が決定する。その際，少なくとも介護認定審査会（合議体）を開催し，介護認定審査会委員の確認を経て，認定結果を決定することが適当であるとされている。

　要介護認定の申請権者は，原則，本人，成年後見人，家族・親族等，民生委員，介護相談員等，地域包括支援センター，指定居宅介護支援事業者や地域密着型介護老人福祉施設もしくは介護保険施設であって厚生労働省令で定めるものとなっている。また，認定調査における初回調査は，原則，市町村が行うこととされているが，更新認定，区分変更認定の場合は，指定居宅介護支援事業者，地域密着型介護老人福祉施設もしくは介護保険施設，地域包括支援センター，または介護支援専門員であって厚生労働省令で定めるものに委託することができる。さらにこれら市町村が行うこととされる業務は，指定市町村事務受託法人（厚生労働省令で定める要件に該当し，都道府県知事が指定するもの）に委託することができる。

　要介護認定には厚生労働省令で定める有効期間が設けられており，有効期間の満了後においても要介護状態に該当すると見込まれる時は，被保険者は当該要介護認定の更新の申請をする必要がある。申請は有効期間満了前の日の60日前から行うことができる。有効期間については，図表3-27のとおりである。更新認定の効力は，更新前の認定の有効期間満了日の翌日まで遡って生じる。なお有効期間中であっても要介護度に変化がある場合は，被保険者は市町村に対し要介護状態区分の変更の申請をすることができる。市町村も当該被保険者の要介護度に変化があると認められる場合は，職権により区分の変更認定をすることができ，また，市町村は，要介護認定を受けた被保険者が一定の条件に該当するときは，その認定を取り消すことができる。

2）介護サービス計画の作成

　要介護認定により，要介護・要支援状態と認定された者は，介護サービス計画を作成し，サービス事業者と供給契約を結び，サービスを受給することとなるが，居宅サービスを利用する要介護者と要支援者とでは，原則，介護サービス計画作成機関が異なる。すなわち居宅の要介護者は，指定居宅介護支援事業者等の介護支援専門員（ケアマネージャー）[12]に依頼して，居宅サービス計画を作成する。一方，要支援者は，指定介護予防支援事業者（地域包括支援センター）の保健師等に依

頼して介護予防サービス計画を作成する。依頼された地域包括支援センターは，介護予防サービス計画の原案作成等の一部の業務を指定居宅介護支援事業者に委託することができるが，この場合，介護予防サービス計画原案が作成された段階で，地域包括支援センターによる確認が行われる。委託にあたっては，地域包括支援センター運営協議会の承認を得なければならない。なお要介護者等やその家族が各種サービスをコーディネートし，自ら介護サービス計画を作成することも可能である。また，施設サービス利用の場合には，入所先の施設の介護支援専門員に依頼して，施設サービス計画を作成する。

3）保険給付の概要

　介護保険法における保険給付は，介護給付，予防給付，市町村特別給付である。介護給付には，都道府県知事（政令市・中核市長）が事業者の指定・監督を行う居宅介護サービス，施設サービスと，市町村長が事業者の指定・監督を行う地域密着型サービス，居宅介護支援があり，予防給付には，都道府県知事（政令市，中核市長）が事業者の指定・監督を行う介護予防サービス，市町村長が事業者の指定・監督を行う地域密着型介護予防サービス，介護予防支援があり，これらのほかに住宅改修がある（図表3-24）。

　なお保険給付の条件として，法は第1条に「加齢」「疾病等」をあげているため，第2号被保険者への保険給付は，政令で定める16種類の特定疾病[13]によって生じたもの，という要件がつく（第7条3，4項）。第1号被保険者については，要介護状態の者に対し，その原因にかかわらず保険給付が行われる。

　また，介護保険制度施行前は，特別養護老人ホームにおけるサービス，訪問介護，通所介護等のサービス提供は，老人福祉法に基づく「措置」により行われていたが，介護保険制度施行後は，そのほとんどが介護保険法による給付に移行することとなった。ただし，家族による介護放棄等の「やむを得ない事由」により介護保険法に規定するサービスを利用することが著しく困難な場合には，措置によるサービス提供を行うことができる（老人福祉法第10条の4，11条）。

⑴　保険給付の種類

①　介護給付

介護給付とは，居宅介護サービス費，特例居宅介護サービス費，地域密着型介護サービス費，特

12）介護支援専門員とは，保健・医療・福祉に係る法定資格保有者で，それに基づく定められた実務経験を満たしている者が，都道府県知事が厚生労働省令で定めるところにより行う試験に合格し，かつ，都道府県知事が厚生労働省令で定めるところにより行う実務研修を修了し，厚生労働省令で定めるところによる都道府県知事の登録を受け，介護支援専門員証の交付を受けた者である。なお介護支援専門員証の有効期間は5年とされており，更新の際には，更新研修の受講が義務付けられている。

13）特定疾病とは，筋萎縮性側索硬化症（ALS），後縦靱帯骨化症，骨折を伴う骨粗鬆症，多系統萎縮症，初老期における認知症，脊髄小脳変性症，脊柱管狭窄症，早老症，糖尿病性神経障害，糖尿病性腎症および糖尿病性網膜症，脳血管疾患，パーキンソン病関連疾患，閉塞性動脈硬化症，関節リウマチ，慢性閉塞性肺疾患（COPD），両側の膝関節または股関節に著しい変形を伴う関節症，末期がんをいう。

図表3-28 介護サービスの種類

介護サービスの種類

市町村が指定・監督を行うサービス	都道府県，政令市，中核市が指定・監督を行うサービス
介護給付を行うサービス ◎地域密着型サービス ○定期巡回・随時対応型訪問介護看護 ○夜間対応型訪問介護 ○地域密着型通所介護 ○認知症対応型通所介護 ○小規模多機能型居宅介護 ○認知症対応型共同生活介護（グループホーム） ○地域密着型特定施設入居者生活介護 ○地域密着型介護老人福祉施設入所者生活介護 ○複合型サービス（看護小規模多機能型居宅介護） ◎居宅介護支援	◎居宅サービス **【訪問サービス】** ○訪問介護（ホームヘルプサービス） ○訪問入浴介護 ○訪問看護 ○訪問リハビリテーション ○居宅療養管理指導 **【通所サービス】** ○通所介護（デイサービス） ○通所リハビリテーション **【短期入所サービス】** ○短期入所生活介護（ショートステイ） ○短期入所療養介護 ○特定施設入居者生活介護 ○特定福祉用具販売 ○福祉用具貸与 ◎施設サービス ○介護老人福祉施設 ○介護老人保健施設 ○介護療養型医療施設 ○介護医療院
予防給付を行うサービス ◎地域密着型介護予防サービス ○介護予防認知症対応型通所介護 ○介護予防小規模多機能型居宅介護 ○介護予防認知症対応型共同生活介護（グループホーム） ◎介護予防支援	◎介護予防サービス **【訪問サービス】** ○介護予防訪問入浴介護 ○介護予防訪問看護 ○介護予防訪問リハビリテーション ○介護予防居宅療養管理指導 **【通所サービス】** ○介護予防通所リハビリテーション **【短期入所サービス】** ○介護予防短期入所生活介護（ショートステイ） ○介護予防短期入所療養介護 ○介護予防特定施設入居者生活介護 ○特定介護予防福祉用具販売 ○介護予防福祉用具貸与

＊住宅改修

出所：厚生労働省資料

例地域密着型介護サービス費，居宅介護福祉用具購入費，居宅介護住宅改修費，居宅介護サービス計画費，特例居宅介護サービス計画費，施設介護サービス費，特例施設介護サービス費，高額介護サービス費，高額医療合算介護サービス費，特定入所者介護サービス費，特例特定入所者介護サービス費の14種類であり，その対象者は要介護者である。

　以下では，各サービス費についてまとめる。なお特例が冠されたサービス費は，法に定められた一定の場合で，市町村が必要があると認めた場合に，被保険者に償還払いにより支給されるものである。高額介護サービス費，高額医療合算介護サービス費，特定入所者介護サービス費については，後述する（pp.143-144参照）。

a．居宅介護サービス費

　居宅介護サービス費は，原則，居宅要介護被保険者が指定居宅サービス事業者から指定居宅サービスを受けたときに支給される。居宅サービスは，訪問介護，訪問入浴介護，訪問看護，訪問リハビリテーション，居宅療養管理指導，通所介護，通所リハビリテーション，短期入所生活介護，短期入所療養介護，特定施設入居者生活介護（有料老人ホーム等の特定施設（地域密着型特定施設以外の

もの）による），特定福祉用具販売，福祉用具貸与の12種類である。ただし，居宅サービス費の支給対象となる居宅サービスに特定福祉用具販売は含まれない。特定福祉用具販売は居宅介護福祉用具購入費の対象となる。なおホームヘルプサービス，デイサービス，ショートステイなどの高齢・障害・児童等対象サービスについて，共に利用できるものとして共生型サービスがある。共生型サービスとは，介護保険または障害（児）者福祉において，いずれかの指定を受けていれば，もう一方の制度の指定を受けやすくする特例を設けることで，一つの事業所で，いずれのサービスも受けられるようにしたものである。

ｂ．地域密着型介護サービス費

　地域密着型介護サービス費は，原則，要介護被保険者が指定地域密着型サービス事業者から指定地域密着型サービスを受けたときに支給される。地域密着型サービスは，定期巡回・随時対応型訪問介護看護，夜間対応型訪問介護，認知症対応型通所介護，小規模多機能型居宅介護，地域密着型通所介護，認知症対応型共同生活介護（グループホーム），地域密着型特定施設入居者生活介護（有料老人ホームであって，その入居者が要介護者，その配偶者，３親等以内の親族に限るもの（介護専用型特定施設）のうち，その入居定員が29人以下である特定施設による），地域密着型介護老人福祉施設入所者生活介護（特別養護老人ホームのうち，入所定員が29人以下である特定施設による），複合型サービス（看護小規模多機能型居宅介護）の９種類である。なお2015年度からは地域密着型介護老人福祉施設入所者生活介護の新規入所者は原則要介護３以上の者となった。

　介護保険におけるサービス提供は，全国一律水準が原則であるが，住み慣れた身近な地域で生活を継続できるよう，地域の特性に応じた多様で柔軟なサービス類型として，また，自治体ごとの弾力的な運用が可能となるサービスとして，地域密着型サービスが設けられているのである。地域密着型サービスの指定・監督は，地域密着型サービスの種類ごと，かつ個々の事業所ごとに市町村長が行い，原則として当該市町村内の被保険者に限り保険給付によるサービスを受給できる。なお地域密着型サービスの人員・設備・運営基準は，原則として厚生労働省令で定める基準に「従い」または「標準として」または「参酌して」，市町村の条例で定められるが，市町村は，この基準を厚生労働省令で定める範囲内で変更できる。2011年法改正により，市町村長指定期間中は，市町村長指定区域・サービス事業所にかかる指定地域密着型サービス事業者の指定は公募により行うこととなっている。また，市町村（生活圏域）ごとに必要整備量を計画的に定め，これを超える場合などには，市町村は指定を拒否できる。地域密着型サービスの介護報酬については，当該サービスの種類その他の事情を勘案して厚生労働大臣が定める基準により算定した額を限度として，市町村が独自の額を定めることが可能である。

ｃ．居宅介護福祉用具購入費

　居宅介護福祉用具購入費は，市町村が必要と認める場合に限り，居宅要介護被保険者が特定福祉用具販売にかかる指定居宅サービス事業者から特定福祉用具を購入したときに支給される。なおその支給は償還払いである。

ｄ．居宅介護住宅改修費

居宅介護住宅改修費は，市町村が必要と認める場合に限り，居宅要介護被保険者が厚生労働大臣の定める種類の住宅改修を行ったときに支給される。なおその支給は償還払いである。また，住宅改修については，事業者の指定制度をとっていない。

ｅ．居宅介護サービス計画費

居宅介護サービス計画費は，原則，居宅要介護被保険者が指定居宅介護支援事業者から居宅介護支援を受けたときに支給される。なお居宅介護サービス計画費は，10割給付である。

ｆ．施設介護サービス費

施設介護サービス費は，原則，要介護被保険者が介護保険施設から施設サービスを受けたときに支給される。

施設サービスとは，指定介護老人福祉施設により行われる介護福祉施設サービス，介護老人保健施設により行われる介護保健施設サービス，介護医療院における介護医療院サービス，指定介護療養型施設により行われる介護療養施設サービスがある。なお介護療養病床は，2024年度末までに廃止されることとなっており，2012年度以降の介護療養病床の新設は認められない。このため，介護療養病床の規定は法より削除されたが，経過措置として従前の例により対応することとなった（附則第53条，第130条の２）。

なお2015年度から介護老人福祉施設への新規入所者は，原則要介護３以上の者となった。

②　予防給付

予防給付とは，介護予防サービス費，特例介護予防サービス費，地域密着型介護予防サービス費，特例地域密着型介護予防サービス費，介護予防福祉用具購入費，介護予防住宅改修費，介護予防サービス計画費，特例介護予防サービス計画費，高額介護予防サービス費，高額医療合算介護予防サービス費，特定入所者介護予防サービス費，特例特定入所者介護予防サービス費の12種類であり，その対象者は要支援者である。

予防給付の仕組みは，基本的には介護給付と同様である。なお介護予防訪問介護及び介護予防通所介護は，市町村が実施する地域支援事業に移行した。以下では，介護予防サービス，地域密着型介護予防サービスの種類と主な特徴および介護予防サービス計画，介護予防住宅改修についてまとめる。

介護予防サービスは，介護予防訪問入浴介護，介護予防訪問看護，介護予防訪問リハビリテーション，介護予防居宅療養管理指導，介護予防通所リハビリテーション，介護予防短期入所生活介護，介護予防短期入所療養介護，介護予防特定施設入居者生活介護，介護予防福祉用具貸与，介護予防福祉用具販売の10種類である。ただし，介護予防サービス費の支給対象となる介護予防サービスに介護予防福祉用具販売は含まれない。介護予防福祉用具販売は介護予防福祉用具購入費の対象となる。

これら介護予防サービスは生活機能の維持，改善など介護予防を行うものであり，介護保険法の基本理念である自立支援をより徹底し，状態の改善に役立つよう位置づけられている。また，地域

密着型介護予防サービスには，介護予防認知症対応型通所介護，介護予防小規模多機能型居宅介護および介護予防認知症対応型共同生活介護（要支援2の者のみ）の3種類がある。なお地域密着型介護サービスと同様，サービスの指定・監督は事業所ごとに市町村長が行い，市町村は地域の実情に応じた基準および報酬の設定が可能である。また，介護予防サービス計画は，指定介護予防支援事業者として指定を受けた地域包括支援センターから介護予防支援を受けたとき，介護予防住宅改修は居宅介護住宅改修と同様に支給される。

③ 市町村特別給付

市町村特別給付とは，介護給付，予防給付以外で，要介護状態または要支援状態の軽減または悪化の防止に資するものにつき，条例で定めるところにより市町村が独自で行うことができる給付であり，その対象者は要介護者および要支援者である。なお市町村特別給付の財源は，原則，当該市町村の第1号被保険者の保険料により賄われる。

(2) 基準該当サービス，その他

介護保険法が規定するサービス提供事業者は，原則，都道府県知事等あるいは市町村長から指定等を受けた事業者である。たとえば，指定居宅サービス事業者とは，居宅サービスを行うものとして，都道府県知事等に申請を行い，その指定を受けたものをいう。都道府県知事等の指定は，居宅サービスの種類ごと，かつ事業所ごとに，原則として，厚生労働省令で定める基準に「従い」または「標準として」または「参酌して」，都道府県の条例で定められている指定居宅サービスの人員・設備・運営等に関する基準に基づき行われる[14]。つまり，介護保険では，要介護被保険者が指定居宅サービス事業者による居宅サービスを受けたとき，居宅介護サービス費が支給されるのである。ただし，法は，指定条件を完全には満たしていない事業者のうち，一定の水準を満たすサービス提供を行う事業者について，保険者が認めた場合に，そのサービスを保険給付の対象とすることを可能としている（第42条）。これを基準該当サービスという。この給付は，特例居宅介護（予防）サービス費として支給されるため，原則として償還払いによって支給されることとなる。また，指定居宅サービスおよび基準該当サービスの確保が著しく困難である離島その他の地域において，保険者が認めた場合は，それ以外の事業者によるサービス（相当サービス）も介護保険の保険給付の対象となる。この場合も原則として償還払いによって支給される。

(3) 介護給付費（介護報酬）

介護給付費（介護保険の保険給付の対象となる各種サービスの費用）の額は，厚生労働大臣が定める基準により算定される。この算定基準は，基本的には，それぞれのサービスの種類ごとに，①サー

---

14) 介護保険法で規定されているサービスや施設の運営基準については，従来は厚生労働省令で定められていたが，2011年の「地域の自主性及び自立性を高めるための改革の推進を図るための関係法律の整備に関する法律」（平成23年法律第37号：第1次一括法）および2013年の同名（平成25年法律第44号：第3次一括法）により都道府県または市町村が制定する条例に委任された。

ビスの内容，②要介護・要支援状態区分，③事業所・施設の所在地域（人件費・物件費等の違いなど）などをもとに算定されるサービスの平均費用額を勘案して定めることとされている。個々の介護給付費はその基準に基づき介護給付費単位数表により単位数を計算し，それに１単位あたりの単価を乗じて金額に換算されることとなる。ただし，そのようにして計算された介護給付費は，いわばサービスの価格の上限であって，実際のサービス価格がこれよりも低かった場合には，その実際にかかった額（実費）が支払われる。１単位の単価は10円を基本として，サービスの種類や事業所，施設所在地域等の人件費等の違いが一定の割合増率で反映された金額が設定されている。介護給付費は３年ごとに改定される。なお地域密着型（介護予防）サービスについては，当該サービスの種類その他の事情を勘案して厚生労働大臣が定める基準により算定した額を限度として，市町村が独自の額を定めることが可能となっている。

　保険給付が現物給付化された場合，そのサービスについての介護報酬（介護給付費の利用者負担を除いた額）は，市町村からサービス提供事業者に支払われるが，市町村は介護報酬の審査および支払い業務を都道府県の国民健康保険団体連合会に委託することができる。委託を受けた国民健康保険団体連合会には審査請求業務を行うための介護給付費等審査委員会[15]が設けられている（第179条）。

(4)　支給限度額

　介護保険では，居宅サービス，地域密着型サービス等の１ヵ月間において利用したサービス費用の合計額に対する保険給付の支給限度額が決められている（区分支給限度基準額：図表3-29）。また，福祉用具購入費，住宅改修費には個別の支給限度額が定められている（福祉用具購入費支給限度基準額，住宅改修費支給限度基準額）。ただし，市町村は条例で，区分支給限度基準額，福祉用具購入費

図表3-29　区分支給限度基準額（居宅）

要介護度	支給限度額	区分支給限度基準額に含むサービス
自立	—	○要支援：介護予防訪問入浴介護（特別地域加算を除く），介護予防訪問看護（特別地域加算を除く），介護予防訪問リハビリテーション，介護予防通所リハビリテーション，介護予防短期入所生活介護，介護予防短期入所療養介護（緊急時施設療養費（介護老人保健施設）・特定診療費（病院・診療所を除く）），介護予防福祉用具貸与（特別地域加算を除く），介護予防特定施設入居者介護（短期利用に限る），介護予防認知症対応型通所介護，介護予防小規模多機能型居宅介護，介護予防認知症対応型共同生活介護（短期利用に限る） ○要介護：訪問介護（特別地域加算を除く），訪問入浴介護（特別地域加算を除く），訪問看護（特別地域加算，ターミナルケア加算を除く），訪問リハビリテーション，通所介護，通所リハビリテーション，短期入所生活介護，短期入所療養介護（介護老人保健施設の緊急時施設療養費（緊急時治療管理・特定治療）・病院・診療所の特定診療費を除く），特定施設入居者生活介護（短期利用に限る），福祉用具貸与（特別地域加算を除く），定期巡回・随時対応型訪問介護看護，夜間対応型訪問介護，地域密着型通所介護，認知症対応型通所介護，小規模多機能型居宅介護，認知症対応型共同生活介護（短期利用に限る），地域密着型特定施設入居者生活介護（短期利用に限る），複合型サービス
要支援1	5,032単位／月	
要支援2	10,531単位／月	
要介護1	16,765単位／月	
要介護2	19,705単位／月	
要介護3	27,048単位／月	
要介護4	30,938単位／月	
要介護5	36,217単位／月	

＊１単位：10〜11.4円（地域やサービスにより異なる）

---

15)　介護給付費等審査委員会は，それぞれ同数の介護サービス担当者代表委員，市町村代表委員，公益代表委員により構成され，任期は２年である。

支給限度基準額，住宅改修費支給限度基準額を増額できる。また，厚生労働大臣が定める居宅サービス費等の区分支給限度基準額の範囲内において，個別のサービス種類ごとに支給限度基準額を決めることができる（種類支給限度基準額）。一方，施設介護サービス費の場合は，基本的にはその施設がすべてのサービスを提供し，保険者は施設に対し一定の給付額を支払うこととなる。つまり施設介護サービスについては，介護報酬が施設サービスの種類ごとに，要介護状態区分に応じて段階的に設定され，さらに各施設の職員配置によって細分化されている。

(5) 上乗せサービス，横だしサービス

記述のとおり，介護保険では，厚生労働大臣が区分支給限度基準額，福祉用具購入費支給限度基準額，住宅改修費支給限度基準額を定めているが，市町村は，条例によってその額を超える額を独自に当該市町村の支給限度基準額とすることができる。この厚生労働省が示す額を超える部分のサービスを「上乗せサービス」という。また，「横だしサービス」とは，介護給付，予防給付の法定給付以外に市町村が独自に条例で定めて行う市町村特別給付および保健福祉事業（地域支援事業を除く）のことである。この市町村特別給付の対象者は要介護者，要支援者に限られるが，保健福祉事業は被保険者のほか，介護者等も対象としている。「上乗せサービス」，「横だしサービス」に要する費用は，原則として第1号被保険者の保険料のみで賄うこととなる（第121条，123〜125条）。

(6) 利用者負担関係
① 応益負担

被保険者は介護サービスに要した費用のうち，1割（一定以上の所得を有する第1号被保険者は，2015年8月からは2割，2018年8月からは3割）を自己負担しなければならない。これはサービスを利用する者と利用しない者との公平な負担の確保や負担を通じてリハビリテーション等への喚起を促すこと等を目的としている。ただし，居宅サービス計画費，介護予防サービス計画費についての自己負担はない。また，施設サービス計画費は，保険給付として独立していないため施設サービス費に含まれている。

② 高額介護（予防）サービス費

サービス等に必要な費用負担の家計に与える影響を考慮して，1ヵ月の自己負担額が一定額を超えた場合は超過分が払い戻される仕組みとして，高額介護（予防）サービス費の支給がある。これら高額介護（予防）サービス費の具体的な支給要件等は政令で定める。ただし，福祉用具の購入，住宅改修は，高額介護（予防）サービス費の対象外となっている。自己負担の限度額は，世帯単位で所得状況等の段階によって設定されており，同一世帯に複数の要介護者等がいる場合には世帯全体の負担額が上限を超えた場合に支給される。

③ 高額医療合算介護（予防）サービス費

2008年度から同一世帯の医療保険（療養の給付にかかる一部負担金等の額）と介護保険（利用者負担額）の自己負担を合算した額が著しく高額である場合の負担の軽減を図る観点から，負担限度額

を超えた場合に超えた分が支給される「高額医療・高額介護合算制度」が創設された。支給額は，世帯における医療・介護の自己負担額の年間合計額から世帯の負担限度額を引いた額で，医療保険・介護保険の比率に応じてそれぞれの保険者から，高額介護合算療養費，高額医療合算介護（予防）サービス費として支給される。高額療養費や高額介護（予防）サービス費が支給される場合は，当該支給額を引いた額を合算する。

④　特定入所者介護（予防）サービス費（補足給付）

　施設入所サービスおよび短期入所サービスにおける居住（滞在）費と食費，通所サービスの食費は，原則，利用者の負担となっている。このため利用者の負担軽減を図る観点から，所得と資産の状況に応じた（1～4段階に分かれる）負担限度額が設けられ，これを超える費用は特定入所者介護（予防）サービス費として給付される。この特定入所者介護（予防）サービス費等の支給を補足給付といい，補足給付を行う際の居住費と食費の基準を「基準費用額」という。支給対象となる特定入所者（低所得者）は，支給対象サービスを利用した生活保護受給者と市町村民税世帯非課税者等で，所得区分に応じた利用者負担段階の1～3段階の者であり，負担限度額認定証が交付される。なお現金，預貯金等が一定額（単身者で1,000万円，夫婦で2,000万円）を超えている場合等は対象外となる。補足給付の支給対象サービスは，介護保険施設サービス，地域密着型介護老人福祉施設入所者生活介護，（介護予防）短期入所生活介護，（介護予防）短期入所療養介護であり，支給額は，食費の基準費用額から食費の負担限度額を控除した額と居住費の基準費用額から居住費の負担限度額を控除した額の合計額である。

図表3－30　新しい地域支援事業（2014年改正前後）

・財源構成は，2018年4月からの割合である。
出所：厚生労働省資料を一部改変

4）地域支援事業

　地域支援事業とは，予防重視型システムの一環として，要支援・要介護状態になる以前からの介護予防を推進するとともに，地域における包括的・継続的なマネジメント機能を強化する観点から位置づけられるものである。実施主体は市町村であり，市町村は地域支援事業の必須事業として，①介護予防・日常生活支援総合事業，②包括的支援事業を行うほか，③任意的事業として，介護給付費適正化事業，家族介護支援事業，その他を行うことができる。2014年介護保険法改正前後の地域支援事業は図表3-30のとおりであり，改正後の地域支援事業は2017年度末までにすべての市町村で移行が完了した。

5）地域包括支援センター

　地域包括支援センターとは，地域住民の心身の健康の保持と生活の安定のために必要な援助を行うことにより保健医療の向上と福祉の増進を包括的に支援することを目的として，第1号介護予防支援事業，包括的支援事業その他厚生労働省令で定める事業を実施するものである。実施主体は市町村（法人への委託可能）であり，人口2～3万人程度に1ヵ所設置されることとなっている。職員は，第1号被保険者の数が概ね3,000人以上6,000人未満ごとに原則として，常勤専従の保健師，主任介護支援専門員（準ずる者を含む），社会福祉士等のそれぞれ各1人を配置することとなっている。ただし小規模市町村等は緩和することができる。

　地域包括支援センターの設置者は，包括的支援事業の効果的な実施のために，介護サービス事業者，医療機関，民生委員，高齢者の日常生活の支援に関する活動に携わるボランティアその他の関係者との連携に努めなければならない。また，2014年介護保険法改正により地域包括支援センターの設置者は自らその実施する事業の質の評価を行うこと，および市町村による実施状況の定期的な点検を行うことが努力規定とされた。なお地域包括支援センターの設置・運営に関しては，中立性の確保，人材確保支援等の観点から地域包括支援センター運営協議会（事業者，関係団体等で構成）がかかわることとなっている。また，地域包括支援センターが指定介護予防支援事業者の指定を受けた場合には，保健師等をして介護予防支援を行う。

6）情報公表制度

　介護保険では，利用者のサービス選択等に資するため，事業者が所要の介護サービス情報を都道府県知事へ報告することとなっており，都道府県知事は報告された介護サービス情報を公表しなければならない。ただし，報告を受けた都道府県知事は，必要があると認める場合には，介護サービス情報のうち厚生労働省令で定めるものについて調査を行うことができ，その場合は調査結果を公表することで，報告内容を公表したものとすることができる。

　事業者の情報公表については，都道府県の自治事務として位置づけられており，原則として都道府県が行うが，都道府県は指定情報公表センターを指定して行うことができる。

4．費用負担

1）基本的仕組み

保険給付に要する費用は，50％の公費負担および50％の被保険者の保険料による。

2）公費負担

公費負担の内訳は，施設等給付（介護保険施設・特定施設）については，国が20％，都道府県が17.5％，市町村が12.5％であり，それ以外の給付については，国が25％，都道府県が12.5％，市町村が12.5％である。なおいずれも国の負担分のうち5％は，介護保険財政の調整を行うための調整交付金である。調整交付金は，第1号被保険者の年齢階級別の分布状況，所得の分布状況，災害時の保険料減免等を考慮して市町村に対して交付するものである。

3）保 険 料

保険料は概ね3年ごとに改定されることとなっており，第1号被保険者と第2号被保険者の保険料の負担割合は，ほぼ同水準になるように定められている。2018年度から2020年度の割合は，第1号被保険者が23％，第2号被保険者が27％である。保険料のうち，第1号被保険者の保険料は，所得段階別（原則9段階）の定額保険料となっており，その額は政令で定める基準に従い条例で定める（図表3-31）。ただし，市町村は，独自に保険料段階の細分化，保険料率の変更をすることができることとなっている。なお2015年度より第1段階の者にかかる保険料を公費でさらに軽減し，2017年10月からは，公費により保険料を軽減する範囲が第3段階の者にまで広がった。この低所得

図表3-31　所得段階別保険料

段階	対象者	保険料 2015年4月～	保険料 2019年10月～
第1段階	・生活保護受給者 ・世帯全員が市町村民税非課税かつ老齢福祉年金受給者 ・世帯全員が市町村民税非課税かつ本人年金収入等80万円以下	基準額×0.5（×0.45）	基準額×0.5（×0.3）
第2段階	・世帯全員が市町村民税非課税かつ本人年金収入等80万円超120万円以下	基準額×0.75	基準額×0.75（×0.5）
第3段階	・世帯全員が市町村民税非課税かつ本人年金収入等120万円超	基準額×0.75	基準額×0.75（×0.7）
第4段階	・本人が市町村民税非課税（世帯に課税者がいる）かつ本人年金収入等80万円以下	基準額×0.9	基準額×0.9
第5段階	・本人が市町村民税非課税（世帯に課税者がいる）かつ本人年金収入等80万円超	基準額×1	基準額×1
第6段階	・本人が市町村民税課税かつ合計所得金額が120万円未満	基準額×1.2	基準額×1.2
第7段階	・本人が市町村民税課税かつ合計所得金額が120万円以上200万円未満	基準額×1.3	基準額×1.3
第8段階	・本人が市町村民税課税かつ合計所得金額が200万円以上300万円未満	基準額×1.5	基準額×1.5
第9段階	・本人が市町村民税課税かつ合計所得金額が300万円以上	基準額×1.7	基準額×1.7

注：（　）内は，政令による軽減幅
出所：厚生労働省資料を一部改変

者に対する費用について，市町村は政令で定めるところにより特別会計より繰り入れ，国はその費用の50％，都道府県は25％を負担する。公費投入後に基準額に乗じる割合は，市町村が設定する割合から政令による範囲内で軽減した割合となる。

第1号被保険者の保険料の徴収方法は特別徴収と普通徴収とに分けられる。特別徴収とは年金給付額が政令で定める基準額（2019年度現在18万円／年）を超える者について，年金から天引きし，市町村に納入する方法である。特別徴収の対象年金は老齢年金，遺族年金，障害年金（20歳前の障害基礎年金等の無拠出年金含む）である。一方，普通徴収とは特別徴収に該当しない者等について，市町村が直接徴収する方法である。なお第1号被保険者が属する世帯の世帯主および第1号被保険者の配偶者は，保険料の連帯納付義務を負う。保険料の減免については，市町村は，条例で定めるところにより，特別の理由がある者に対し，保険料を減免し，またはその徴収を猶予することができる。また，市町村は，国の出した3原則を遵守して保険料の減免を行うことが可能である。3原則とは，保険料の全額免除は行わない，②収入のみに着目した一律減免は行わない，③保険料の減免分を一般財源からの繰り入れにより補填することを行わない，とするものである。

また，第2号被保険者の保険料は，各医療保険者により徴収される。健康保険加入者は事業主負担，国民健康保険加入者は国庫負担がある。なお2017年度からの介護納付金の算出方法は，段階的に，被用者保険のみ加入者の標準報酬総額に応じたものとされている（2020年度から全面実施予定である）。

4）市町村への財政支援

国は政令の定めるところにより，市町村に対し，介護保険の事務の執行に要する費用（要介護認定にかかる事務の処理に必要な費用）の2分の1に相当する額を交付する。また，都道府県は，市町村の介護保険財政の安定化に資するため財政安定化基金を設置する。基金の財源について国，都道府県，市町村は各3分の1負担する（このうち市町村の財政安定化基金への拠出金は，第1号被保険者の保険料で賄われる）。さらに市町村は，財政単位の広域化による財政安定と市町村間の保険料格差の是正を図るため，近隣の市町村と共同して，保険給付費等の総額と収入総額とが均衡するよう調整保険料率を設定し，これに基づき，広域的な保険財政の調整を図ることができる（市町村相互財政安定化事業）。

5．権利救済および苦情解決

1）行政救済と司法救済

(1) 行政救済

保険給付に関する処分（被保険者証の交付の請求に関する処分および要介護認定または要支援認定に関する処分を含む），または保険料その他介護保険法の規定による徴収金（財政安定化基金拠出金，納付金および第157条1項に規定する延滞金を除く）に関する処分に不服がある者は介護保険審査会[16]に審査請求をすることができる。

(2) 司法救済

介護保険法に定める給付に不服がある者は，訴訟による救済を求めることが可能である。なお処分の取り消しの訴えは，当該処分についての審査請求に対する裁決を経た後でなければ提起することができない（第196条）。これを審査請求前置主義という。

2）苦情解決

介護保険事業の円滑な運営に資するため，被保険者からの苦情を受け付ける苦情解決機関として，各都道府県に国民健康保険団体連合会が位置付けられている（第176条）。

なお苦情解決に関しては，介護保険法に基づく国民健康保険団体連合会の苦情解決の他に，社会福祉法に基づく苦情解決システムが設けられている。

C 公的年金

1．公的年金の意義と被用者年金の一元化

公的年金とは，企業等が保険者である私的年金に対して，政府や公法人が保険者となり運営される年金制度のことである。老齢，障害，死亡といった3つの保険事故を対象とし，かかる事故からの所得喪失を補うことで，国民生活の安定と福祉の向上を図ることを目的としている。私的年金は貯蓄的性格を有し，基本的に金利機能に依存しているため，予期できない物価上昇や生活水準の上昇という不確実な要素に対応が困難であるが，この点公的年金は，必要な年金原資を同時期の現役世代の保険料で賄う賦課方式をとっており，貨幣の実質価値は目減りしない仕組みとなっている。公的年金が長期にわたる老後生活の主柱となるのに対して，私的年金はより豊かな老後生活を確保するために公的年金を補完する役割を担っているといえる。

公的年金の代表的なものとしては，全国民を対象とする国民年金，民間企業等に勤務する一般被用者を対象とする厚生年金保険，公務員等を対象とする共済年金の3つがあったが，少子・高齢化の一層の進展等に備え，制度の安定性を高め，公平性を確保し公的年金全体に対する国民の信頼を高めるために，2015年10月，それまでの共済年金制度が廃止された。これにより，公務員及び私学教職員は厚生年金保険制度に加入することとし，2階部分の年金は厚生年金に統一される（図表3

---

16) 介護保険審査会は，各都道府県に置かれる（第183条）。介護保険審査会の委員は，被保険者を代表する委員3人，保険者を代表する委員3人および公益を代表する委員3人以上で構成される。委員は非常勤とされており，都道府県知事が任命する。任期は3年であり，その身分は特別職に属する地方公務員となる。

図表3−32　被用者年金一元化後の公的年金制度の体系（平成27年10月以降）

被保険者年金一元化後の公的年金制度の体系—H27.10以降—

（数値は，平成27年3月末）

出所：厚生労働省ホームページ参照（2019年12月1日）

−32）。また，公務員等の保険料率を引き上げるとともに，公務員等に支給されていた職域部分（3階部分）を廃止し，民間被用者と同一保険料率・同一給付が実現することになる。ここでは，1階部分の国民年金，2階部分の被用者を対象とする厚生年金保険について，その適用と給付内容を中心に取り上げる。

2．国民年金

1）適　　用

　国民年金制度の保険者は政府である（窓口は年金事務所）。被保険者の種別には，法律上の要件を満たせば当然に被保険者となる強制加入被保険者と，自己の意思で加入できる任意加入被保険者に分けられる。強制加入被保険者は大きく3つの類型（第1号，第2号，第3号被保険者）に区分される。第1号被保険者は日本国内に住所を有する20歳以上60歳未満の自営業者，農林漁業従事者，学生・生徒等で，第2号，第3号被保険者のいずれにも該当しない者である。第2号被保険者は被用者年金各法の被保険者，組合員または加入者であり，第3号被保険者は第2号被保険者の被扶養配偶者で20歳以上60歳未満の者である。任意加入被保険者については，受給資格期間の確保だけでなく，年金額の増額のためにも認められている。任意加入被保険者は第1号被保険者として扱うが，保険料の免除規定は適用されない。また，国民年金基金にも加入することができない。

2）給　　付

⑴　老齢基礎年金

　老齢基礎年金は，受給資格期間（保険料納付済期間と保険料免除期間の合算）が10年以上[17]の者が

17）社会保障・税一体改革における年金関連法の2012年8月10日成立の法律により，年金の受給資格期間をそれまでの25年から10年に短縮することとなった。

149　　　　　　　　　　　　　　　　　　　　　　　　　　　C　公的年金

図表3－33　年金額計算式

$$780{,}100\text{円}\times\frac{\text{保険料}\atop\text{納付済月数}+\dfrac{\text{全額免除}\atop\text{月数}}{\times}\atop 4/8+\dfrac{\text{4分の1納付}\atop\text{月数}}{\times}\atop 5/8+\dfrac{\text{半額納付}\atop\text{月数}}{\times}\atop 6/8+\dfrac{\text{4分の3納付}\atop\text{月数}}{\times}\atop 7/8}{40\text{年（加入可能年数）}\times12\text{月}}$$

出所：日本年金機構ホームページ参照（2019年12月1日）

図表3－34　国民年金への加入可能年数

生年月日	加入可能年数	生年月日	加入可能年数
1926年4月2日～27年4月1日	25年	1934年4月2日～35年4月1日	33年
27年4月2日～28年4月1日	26年	35年4月2日～36年4月1日	34年
28年4月2日～29年4月1日	27年	36年4月2日～37年4月1日	35年
29年4月2日～30年4月1日	28年	37年4月2日～38年4月1日	36年
30年4月2日～31年4月1日	29年	38年4月2日～39年4月1日	37年
31年4月2日～32年4月1日	30年	39年4月2日～40年4月1日	38年
32年4月2日～33年4月1日	31年	40年4月2日～41年4月1日	39年
33年4月2日～34年4月1日	32年	41年4月2日～	40年

図表3－35　老齢基礎年金の支給率

繰り上げ支給		繰り下げ支給	
60歳	70.0%～75.5%	66歳	108.4%～116.1%
61歳	76.0%～81.5%	67歳	116.8%～124.5%
62歳	82.0%～87.5%	68歳	125.2%～132.9%
63歳	88.0%～93.5%	69歳	133.6%～141.3%
64歳	94.0%～99.5%	70歳	142%

65歳になったときに支給される（国民年金法第26条）。老齢基礎年金は，保険料納付済期間[18]と保険料免除期間を合算して25年に満たない場合は支給されなかったが，合算対象期間[19]を合算して10年以上ある場合には支給される。老齢基礎年金は，20歳から60歳に達するまでの40年間すべてにおいて保険料納付済期間がある場合には満額の年金を支給するが，保険料納付済期間が40年に満たない場合には，その足りない期間に応じて年金額は減額される（図表3－33）。

　しかし，国民年金制度が発足した1961年4月1日に20歳以上の者（1941（昭和16）年4月1日以前に生まれた者）に対しては，60歳に達するまでに40年間の保険料納付要件を満たすことは不可能なため，生年月日に応じた加入可能年数が設けられており，生年月日に応じた加入可能年数を満たすことで，満額の老齢基礎年金を支給することになっている（図表3－34）。

18) ①第1号被保険者として保険料を納付した期間，②第2号被保険者としての被保険者期間のうち20歳以上60歳未満の期間，③第3号被保険者としての被保険者期間，④1961（昭和36）年4月1日から1986年3月31日までの被用者年金，船員保険または共済組合の被保険者期間のうち，20歳以上60歳未満の期間のことである。

19) 20歳以上60歳未満の国民年金の任意加入要件に該当していた者が任意加入しなかった期間のことで，老齢基礎年金の資格期間には算入されるが，年金額の算定には含まれない「カラ期間」のことである。

老齢基礎年金の支給開始年齢は65歳である（第26条）。老齢基礎年金の受給権は，受給資格期間を満たした者が65歳に達したときに発生し，65歳に達した月の翌月から支給が開始される。ただし，本人の意思により繰り上げ支給（減額），繰り下げ支給（増額）を選択することができる。繰り上げ支給した額は請求時の年齢に応じて計算された額に減額されて支給されることになる（図表3-35）。なお，老齢基礎年金の受給権は，本人の死亡により消滅する（第29条）。

(2) 障害基礎年金

　障害基礎年金は，原則として，国民年金の被保険者期間中または60歳以上65歳未満で日本国内に住んでいる間に初診日のある傷病によって，障害認定日［初診日から1年6ヵ月を経過した日（1年6ヵ月以内に症状が固定した場合は，固定した日）のこと）］に政令で定める障害等級（1級・2級）に該当した場合に支給される。障害基礎年金を受けるには，初診日の属する月の前々月までに，保険料納付済期間と保険料免除期間を合わせた期間が被保険者期間の3分の2以上あることが必要である（第30条）。ただし，初診日が2016年4月1日以前の場合は，直近1年間の保険料の滞納がなければ受給できる。また，20歳前の病気・けがにより障害者になった場合も，20歳に達したときから支給される（本人の所得制限あり）。障害認定日において受給要件を満たさなかった場合には，「事後重症制度」がある。事後重症制度とは，障害認定日において障害等級表に定める1級・2級に該当する障害の状態になかった者が，その後65歳になるまでの間にその障害が悪化し，障害等級表の1級または2級に該当するようになったときは，本人の請求により，その請求の翌月分から障害基礎年金が支給されるものである。

　障害基礎年金の額は定額で2級障害が老齢基礎年金と同額となり，1級障害が2級額の1.25倍の額となる。2020年度について年額，2級額が78万1,700円，1級額が99万7,125円（2級の1.25倍）となっている。障害基礎年金が受けられるようになった当時，その者によって生計を維持していたその者の子（18歳に達する日以後の最初の3月31日までにある子および20歳未満であって障害等級に該当する障害の状態にある子に限る）があるときは，さらに法定額が加算される。第1子と第2子には1人につき22万4,500円，第3子以降は1人につき7万4,800円が加算される。年金額は被保険者期間に関わりなく一律定額で，所得制限なく全額支給される（20歳前障害等による障害基礎年金受給者を除く）。なお，国民年金の任意加入期間に加入しなかったことにより障害基礎年金を受給していない障害者について，福祉的措置として特別障害給付金制度[20]が創設されている。

20）1991年3月以前に国民年金の任意加入対象であった学生または1986年3月以前に国民年金の任意加入対象であった被用者等の配偶者であって，当時，任意加入していなかった期間内に初診日があり，現在，障害基礎年金の1，2級に相当する障害状態にある者に支給される。ただし，障害基礎年金や障害厚生年金，障害共済年金等を受給できる者には支給されない。2020年度の給付月額は，障害基礎年金の1級相当に該当する者が5万2,450円（2級の1.25倍），障害基礎年金の2級相当に該当する者が4万1,960円である。

(3) 遺族基礎年金

遺族基礎年金は，国民年金の被保険者または老齢基礎年金の受給資格期間が25年以上ある者が死亡した場合に，その遺族の生活の安定を図るために子のある配偶者または子に支給される（第37条）。ただし，障害基礎年金と同様の受給資格期間の定めがある。配偶者については，被保険者または被保険者であった者の死亡の当時その者によって生計を維持し，かつ，遺族基礎年金を受けることができる子と生計を同じくしていること，子については，18歳に達する日以後の最初の3月31日までの間にあるか，または20歳未満であって障害等級1・2級の障害の状態にあり，かつ，現に婚姻していないことが要件である。被保険者または被保険者であった者の死亡の当時，胎児であった子が生まれたときは，将来に向かって，その子は被保険者または被保険者であった者の死亡の当時その者によって生計を維持していたものとみなし，配偶者はその者の死亡当時その子と生計を同じくしていたものとみなされ，その子は生まれた日に遺族基礎年金の受給権を取得し，生まれた日の属する月の翌月から遺族基礎年金の支給が受けられる。

遺族基礎年金の額は定額で，配偶者に支給するときは基本額に，生計を同一にする子の法定額が加算される。2020年度では配偶者が受ける場合は年額78万1,700円で，生計を同一にする第1子と第2子は1人につき22万4,500円，第3子以降は1人につき7万4,800円を加算した額となる。自営業者の妻が死亡した場合に支給されるのは，死亡一時金である。子が受ける場合とは，父子家庭または母子家庭で，父親または母親が亡くなり，子だけになったときで，子が1人のときは基本額が支給され，子が2人以上いるときは基本額に法定の加算額を加えた額である。第2子につき22万4,500円，第3子以降1人につき7万4,800円を加算した額を子の数で割った額がそれぞれの子に支給される。

遺族基礎年金の受給権は，その支給要件がなくなったときは消滅する。すなわち，受給権者が死亡したとき，婚姻したとき，直系血族または直系姻族以外の養子になったとき等に消滅する。その他，子については離縁によって，死亡した被保険者または被保険者であった者の子でなくなったとき，子が18歳到達の年度末（障害のある子は20歳）になったとき等に受給権が消滅する（第40条）。また遺族基礎年金の子に対する支給停止要件として，配偶者が遺族基礎年金を受けられる間，または生計を同じくする子の父または母がいるときは支給停止となる。

(4) 第1号被保険者に対する独自給付

① 付加年金

付加年金は任意加入制の給付で，被保険者が付加保険料（月額400円）を納めた場合に，老齢基礎年金に上乗せして支給される。付加年金額は，「年額＝200円×付加保険料給付済月数」で，老齢基礎年金と異なり，物価スライドは行われない。なお，付加年金の受給権は，受給権者が死亡したときに消滅する（第43条，第44条）。

② 寡婦年金

第1号被保険者として，保険料納付済期間と保険料免除期間とを合算した期間が10年以上[21]あ

る夫が死亡した場合に，その死亡の当時，夫に扶養されており，死亡したときまで引き続き10年以上婚姻関係があった妻に，60歳から65歳になるまで支給される。ただし，その夫が障害基礎年金の受給者であったとき，または老齢基礎年金を受給したことがあるときは支給されない。寡婦年金の額は，夫が受けられたであろう第1号被保険者期間にかかる老齢基礎年金の額の4分の3に相当する額である（第49条，第50条）。寡婦年金の受給権者が65歳に達したとき，再婚したとき，直系血族または直系姻族以外の養子になったとき，繰り上げ支給による老齢基礎年金の受給権を取得したときに受給権は消滅する。

③　死亡一時金

第1号被保険者として保険料を3年以上納めた者が，老齢基礎年金も障害基礎年金も受けないまま死亡し，かつ，遺族基礎年金も支給されない場合に一定の遺族に支給される。死亡一時金の額は，保険料納付済期間に応じて法定（12万円～32万円）されている。死亡日の前日までに付加保険料納付済期間が3年以上ある場合には，さらに8,500円が加算される（第52条の2～6）。

(5)　外国人に対する脱退一時金

第1号被保険者としての保険料納付済期間が6月以上ある外国人であって，老齢基礎年金の受給資格期間を満たしていない者が日本国内に住所を有しなくなり，最後に被保険者の資格を喪失した日から2年以内に請求を行ったときに支給される。脱退一時金の額は，保険料納付済期間に応じて，4万740円～24万4,440円の6等級に区分される（附則第9条の3の2）。

3）国民年金の財源

第1号被保険者の給付費用を賄うために，政府が第1号被保険者から保険料を徴収する（第87条）。被保険者は，保険料納付義務があり，保険料を納付しなければならない（第88条）。保険料の額は定額（2020年度は月額17,000円）で，急速な少子高齢化に対応し将来の現役世代へ過重な負担を課さないために，将来の保険料水準を固定して，段階的に引き上げ，2020年度以降は，月額100円アップすることが定められている。

国民年金では長期に渡って保険料を納める必要があるが，第1号被保険者についての独自制度として保険料の納付義務を免除する制度が設けてある。保険料免除には法定免除と申請免除がある。法定免除とは，法定の要件を満たせば当然に免除されるものであり，その対象は障害給付等の受給権者，生活保護法による生活扶助受給者等である（第89条）。申請免除とは，所得がない又は低額な者，世帯員の誰かが生活保護法の生活扶助以外の扶助を受けている，その他保険料を納めることが著しく困難と認められる者等が保険料免除を申請して，厚生労働大臣が保険料納付困難と認めた場合に免除される（第90条）。学生等の保険料納付については，学生納付特例制度が創設され，第1号被保険者であって本人所得が一定所得以下の者は，その者の申請により国民年金の保険料の納

---

21) 2017年8月1日より前の死亡の場合25年以上の期間が必要。

付を要しないことになっている（第90条の3）。保険料追納については，その各月から10年間は追納できるが，追納されない場合は受給資格期間には算入されるが，年金額には反映されない。

2002年4月から半額免除制度が実施され，さらに，保険料を納付しやすい仕組みにするために，2005年4月から若年者への納付猶予制度が創設された[22]。2006年7月には，多段階免除制度が導入され全額・半額免除に加えて，4分の3免除・4分の1免除が追加された（第90条の2）。なお，免除を受けた期間の保険料は，10年以内の期間に限って追納することができる。

なお，国庫は，基礎年金の給付に要する費用のうち，第1号被保険者のかかる費用の2分の1相当額を負担する他，予算の範囲内で事務費を負担する（第85条）。

4）国民年金基金

国民年金基金は，国民年金の老齢基礎年金および死亡一時金の受給権者に対し，老齢基礎年金に上乗せすることを目的として，1991年4月に創設された。国民年金基金は，国民年金の第1号被保険者（保険料の免除者や農業者年金の被保険者は除く）によって組織された公法人で，地域型国民年金基金と職能型国民年金基金の2種類がある（第115条の2）。前者は，同一の都道府県の区域内に住所のある1,000人以上の第1号被保険者で組織され，各都道府県に1個創設される。後者は，同種の事業・業務に従事する3,000人以上の第1号被保険者で組織され，同種の事業・業務ごとに全国で1個設立される（第116条，第118条の2）。

第1号被保険者は，その者が住所を有する地域に係る地域型国民年金基金またはその従事する事業もしくは業務に係る職能型国民年金基金に申し出て，加入員となることができる。ただし，同時に2つ以上の国民年金基金の加入員となることはできない（第127条）。また，加入は任意であるが，任意に脱退することはできない。基金の加入員は，掛金（上限額：月額6万8,000円）を毎月負担する（第134条）。なお，この掛金は税制上の社会保険料控除の対象となっている。基金が支給する年金は，原則として加入員だった者が，老齢基礎年金を受けられるようになったときに，老齢基礎年金に上乗せする形で支給される。また，基金が支給する一時金は，原則として加入員または加入員であった者が死亡したときに，死亡一時金に上乗せする形で，その遺族に支給される（第129条）。

5）時効と不服申立て

年金給付を受ける権利は，その支給事由が生じた日から5年を経過したときは，時効によって消滅する（第102条1項）。

被保険者の資格に関する処分，保険料または徴収金に関する処分に不服がある者は，社会保険審査官に対して審査請求をし，その決定に不服があるときは社会保険審査会に対して再審査請求をすることができる。審査請求から60日以内に決定がないときは，請求が棄却されたものとみなして，審査請求人は社会保険審査会に対して再審査請求をすることができる（第101条1・2項）。

22）2016年6月までは30歳未満，7月以降は50歳未満が納付猶予制度の対象となる。

なお，年金に関する行政庁の処分に関しては，裁判所に取り消しの訴えを提起できるが，その場合は，当該処分についての再審査請求に対する社会保険審査会の裁決を経た後でなければ提起することができない（第101条の2）。

3．厚生年金保険

　厚生年金保険は，労働者の老齢，障害または死亡について保険給付を行い，労働者およびその遺族の生活の安定と福祉の向上に寄与することを目的とし，あわせて厚生年金基金がその加入員に対して行う給付に関して必要な事項を定めるものとする（厚生年金保険法第1条）。

1）適　　用

　厚生年金保険の保険者は，政府である（第2条）。厚生年金保険の被保険者には，強制的に被保険者となる当然被保険者，本人の意思により加入する任意単独被保険者，高齢任意加入被保険者，第4種被保険者がある。被用者年金が一元化されたことにより，2015年10月以降は，厚生年金の被保険者区分は，民間被用者が第1号厚生年金被保険者，国家公務員等が第2号厚生年金被保険者，地方公務員等が第3号厚生年金被保険者，私学教職員が第4号厚生年金被保険者となる。

① 当然被保険者とは，適用事業所に使用される70歳未満の者
② 任意単独被保険者とは，適用事業所以外の事業所に使用される70歳未満の者で，事業主の同意と厚生労働大臣の認可により，単独で被保険者になることができる。
③ 高齢任意加入被保険者とは，70歳以上になっても老齢基礎年金の受給資格期間を満たしていない者が受給資格期間を満たすまで，厚生年金保険に任意加入することである。
④ 第4種被保険者とは，原則として1941年4月1日以前に生まれている者で，厚生年金保険の被保険者期間が10年以上あるが被保険者期間が20年に達しないで退職した場合に，その期間を満たすまで任意に継続して被保険者になった者をいう。

　ここでいう適用事業所とは，「強制適用事業所」と「任意適用事業所」のことである。強制適用事業所は，①常時5人以上の従業員を使用し，法で定める16業種の事業所，②常時従業員を使用する国，地方公共団体または法人の事業所，③船員法第1条に規定する船員が乗り込む船舶である。任意適用事業所は，事業主が使用する従業員の2分の1以上の同意を得て厚生労働大臣の認可を受けた事業所である。

2）給　　付
(1) 老齢厚生年金

　老齢厚生年金は，老齢基礎年金の受給資格期間を満たしている者が，65歳に達したときに老齢基礎年金に上乗せして支給される（第42条）。老齢厚生年金には独自の受給資格期間はなく，老齢基礎年金の受給権があれば，厚生年金保険の被保険者期間がたとえ1ヵ月であっても，老齢厚生年金

が支給される。なお，年金の支給開始年齢を66歳以降に繰り下げることもできる。

老齢厚生年金額は，報酬比例の年金額に加給年金額を加えた額である。報酬比例の厚生年金額の算式は，2003年4月に総報酬制が導入されたことにより，「平均標準報酬額×5.481／1,000×被保険者期間の月数×スライド率」となった。ただし，2003年3月以前に被保険者期間がある者は，2003年3月以前の期間を「平均標準報酬月額×7.125／1,000×被保険者期間の月数×スライド率」と計算し，上記の算式で得られる額としたものが報酬比例の年金額となる。

さらに，被保険者期間が20年以上ある者が受給権を取得した当時，その者によって生計を維持していた被保険者の配偶者（65歳未満）または子（18歳に達する日以後の最初の3月31日までにある子および20歳未満で障害等級1，2級に該当する障害のある子に限る）があるときは，加給年金額が加算されて支給される（第44条）。加給年金額は，配偶者が22万4,500円，1人目・2人目の子どもは各22万4,500円，3人目以降は各7万4,800円となっている。

なお，2015年10月，共済年金は厚生年金に統一されそれまで公務員等に支給されていた職域部分（3階部分）を廃止し，その代わりに「年金払い退職給付」が新たに設置された。

(2)　特別支給の老齢厚生年金

老齢厚生年金は老齢基礎年金と同様に，原則として65歳支給となっている。しかし，当分の間は，老齢厚生年金の被保険者期間が1年以上あり，老齢基礎年金の受給資格期間を満たし，被保険者資格を喪失している者には，60歳から65歳になるまでの間，厚生年金保険独自の給付として，老齢厚生年金の特別支給が行われる。ただし，女子と坑内員・船員については，支給開始年齢を60歳から55～59歳に繰り上げる特例を設けている。

特別支給の老齢厚生年金は，定額部分と報酬比例部分からなり，支給開始年齢について，2013年度からは定額部分の支払いがなくなり，報酬比例部分の支給開始年齢も65歳へ引き上げられ，2025年度からは，「特別支給の老齢厚生年金」はなくなる。

(3)　在職老齢年金

在職老齢年金は，老齢厚生年金を受給している者が厚生年金保険の被保険者として働いて収入がある場合に年金の給付額を調整する仕組みのことである。

①　60歳代前半の在職老齢年金

60歳代前半に支給される特別支給の老齢厚生年金は，被保険者資格を喪失した退職者には全額支給されるが，在職中の被保険者については，総報酬月額相当額と老齢厚生年金の額を12で除して得た額（基本月額）の合計に応じて支給制限が設けられている。60歳代前半の在職老齢年金の計算法は，下記のとおりである。

ⅰ）基本月額＋総報酬月額相当額≦28万円の場合は，年金支給停止はなく，老齢厚生年金は全額支給される。

ⅱ）基本月額＋総報酬月額相当額≧28万円の場合は，賃金に応じて，老齢厚生年金の一部または全

額が支給停止となる。

② 60歳代後半の在職老齢年金

60歳代後半の在職老齢年金は，厚生年金保険の加入年齢上限が，適用事業所に勤める65歳から70歳未満と改められたことにより在職老齢年金も65歳から70歳未満の者にも適用となり，60歳代前半の在職老齢年金と同じく総報酬月額相当額と老齢厚生年金の額を12で除して得た額（基本月額）の合計に応じて支給制限が設けられた。60歳代後半の在職老齢年金の計算式は下記のとおりである。

ⅰ）基本月額＋総報酬月額相当額≦47万円の場合は，年金支給停止はなく，老齢厚生年金は全額支給される。

ⅱ）基本月額＋総報酬月額相当額≧47万円の場合は，賃金に応じて，老齢厚生年金の一部または全額が支給停止となる。

なお，70歳以上の被用者（昭和12年4月1日以前に生まれた者を除く）の老齢厚生年金についても，60歳代後半の在職老齢年金と同様の給付調整が行われる。

(4) 障害厚生年金・障害手当金

障害厚生年金は，厚生年金保険の被保険者期間中に初診日のある傷病が原因で，障害基礎年金に該当する障害（1・2級）が生じたときに，障害基礎年金に上乗せする形で支給される。障害程度が1・2級に該当せず，厚生年金の障害等級表の3級に該当したときは，独自の障害厚生年金（3級）が支給され，障害基礎年金の支給はない。なお，1〜3級の障害には該当しないが，一定の障害状態にある場合には障害手当金（一時金）が支給される。障害厚生年金の支給要件，障害認定日，事後重症制度等は，いずれも障害基礎年金と同一である。単独では障害等級に該当しない障害が複数ある場合でも，それらを併合して初めて障害等級の1級または2級に該当するときは，該当する障害等級に応じた障害厚生年金が支給される。

障害厚生年金および障害手当金の額は，障害の程度に応じて報酬比例の年金額に一定の率をかけた額で，1・2級の障害厚生年金には配偶者の加給年金額が加算される。子についての加給年金額は，障害基礎年金につくので障害厚生年金では加算されない。報酬比例の年金額の算定にあたっての被保険者期間の月数とは，実際に厚生年金保険に加入した月数のことであるが，被保険者期間の月数が300月（25年）未満のときは300月として計算する。

(5) 遺族厚生年金

遺族厚生年金は，被保険者または被保険者であった者が，次のいずれかに該当する場合に，その遺族に支給される。①被保険者（失踪宣告を受けた者であって，行方不明となった当時被保険者であった者をも含む）が死亡したとき，②被保険者であった者が，被保険者の資格を喪失した後に，被保険者であった間に初診日がある傷病により当該初診日から起算して5年を経過する日前に死亡したとき，③障害等級の1・2級に該当する障害の状態にある障害厚生年金の受給権者が死亡したとき，④老齢厚生年金の受給権者または老齢厚生年金の受給資格期間を満たした者が死亡したとき，その

者の遺族に支給される（第58条）。

　遺族の範囲は，上記の死亡した者に生計を維持されている①配偶者と子，②父母（配偶者と子が
いない場合），③孫（配偶者，子，父母がいない場合），④祖父母（配偶者，子，父母，孫がいない場合）
であり，この順位で受給権を取得する。ただし，被保険者の死亡当時，夫，両親，祖父母は55歳以
上（支給は60歳）であることが必要である（第59条）。

　遺族厚生年金の年金額は，遺族のうち，老齢厚生年金その他の老齢または退職を支給事由とする
年金たる給付であって政令で定めるもの（以下，老齢厚生年金等という）のいずれかの受給権を有す
る配偶者（65歳に達している者に限る）以外の者については，報酬比例の年金額の４分の３に中高齢
寡婦加算（子のない妻は遺族基礎年金が支給されないので，65歳になるまで支給される）を加えた額で
ある。また，遺族のうち，老齢厚生年金等のいずれかの受給権を有する配偶者については，①報酬
比例の年金額の４分の３の額と，②配偶者の死亡による遺族厚生年金額の３分の２の額と自身の老
齢厚生年金額の２分の１の額の合計額とを比較して，いずれか高い方の額となる。報酬比例の年金
額の算定にあたっては，被保険者期間が300月未満のときは，300月として計算される（第60条）。

　遺族厚生年金の受給権は，受給権者の死亡，婚姻（内縁を含む），直系血族・直系婚姻以外の者と
の養子縁組（内縁を含む），離婚による死亡者との親族関係の消滅，その他の事由により消滅する（第
63条）ので転給は行われない。2015年10月以降は，共済年金で認められていた転給は，厚生年金と
同様，行われないことになる。

3）離婚時の厚生年金分割

　離婚時の厚生年金分割制度である，①離婚分割（合意分割）制度（離婚等をした場合における特例）
と②３号分割制度（被扶養配偶者である期間についての特例）が，2004（平成16）年改正で導入された。
　離婚分割制度とは，2007年４月１日以後に成立した離婚等において，①当事者同士で按分割合に
ついて合意しているとき，②家庭裁判所が按分割合を定めたときに，当事者からの請求で婚姻期間
（2007年４月１日以前も対象となる）に係る第１号改定者（分割される側）の厚生年金保険料納付記録
を分割する制度である（第78条の２以下）。

　３号分割制度とは，2008年５月１日以後に成立した離婚等において，被扶養配偶者からの請求に
より，国民年金の第３号被保険者期間（2008年４月１日以後の期間が対象となる）に係る厚生年金保
険料納付記録の２分の１を分割する制度で，離婚分割制度と異なり，分割される側の同意は必要と
せず，按分割合を自動的に２分の１とするものである（第78条の13以下）。これは離婚等をしたとき
から２年以内に請求しなければならない。

4）厚生年金の財源

　厚生年金保険の事業に要する経費は，被保険者と事業主が負担する保険料と，国庫負担および積
立金の運用収入で賄われている。保険料は，被保険者の標準報酬月額および標準賞与額（一度に支
給された賞与の保険料算定額の上限額は150万円）に保険料率を乗じた額を，被保険者と事業主が折半

負担し，事業主が一括して毎月納付する（第81条，第82条）。厚生年金や共済年金では，保険料や年金額を計算する際に標準報酬を用いるが，報酬月額を一定の範囲で分け，それに該当する金額を標準報酬月額という。現在は1等級（8万8,000円）から31等級（62万円）まで31等級に分かれている。標準報酬月額は原則として年に一度改定され，標準報酬月額に保険料率を掛けたものが保険料になり，在職中の標準報酬月額に再評価率を掛けたものの平均が年金額の計算に用いられる。保険料率は，急速な少子高齢化に対応し将来の現役世代へ過重な負担を課さないため，将来の保険料水準を固定して段階的に引き上げていく（平成24年9月分〜平成25年8月分：16.766％）。具体的には，2004（平成16）年10月から毎年0.354％（炭坑員・船員は0.248％）ずつ引き上げて，2017（平成29）年9月以降は18.30％で固定する。なお，共済年金の保険料率（掛金率＋負担金率）は1〜3階部分の給付に充てるためのものであったが，2015年10月1日（被用者年金一元化）以後は，1・2階部分の給付に充てられることとなり，毎年9月に0.354％（2019年9月のみ0.314％）ずつ引き上げを行い，2018年9月に厚生年金の保険料率（18.30％）に統一された。他方，国庫負担は，厚生年金保険から国民年金への基礎年金拠出金の2分の1相当額を負担する他，予算の範囲内で事務費を負担する（第80条）。

5）企業年金

　企業年金は，企業が社員に対して年金を支給する仕組みで，厚生年金基金制度，確定給付企業年金制度，確定拠出年金制度等がある。厚生年金基金制度は，わが国の企業年金の中核をなす制度であり，国の老齢厚生年金の一部を国に代わって支給する（代行給付）とともに，企業の実情に応じて独自の上乗せ給付（プラスアルファ給付）を行うことにより，従業員により手厚い老後保障を行うことを目的とするもので，1965年に制定された。その後，生活水準の向上や経済・投資環境の変化などを踏まえ，制度の充実・改善が図られてきたが，2003年9月からは，確定給付企業年金法の制定により，代行部分を国に返し（代行返上），確定給付企業年金へ移行することも認められるようになった。確定給付企業年金制度は，厚生年金基金と異なり，国の厚生年金の代行を行わず，上乗せの年金給付のみを行う仕組みである。確定拠出年金は，拠出された掛金が個人ごとに明確に区分され，掛金とその運用益との合計額をもとに給付額が決定される仕組みである。これまでの確定給付型の企業年金は，中小零細企業や自営業者に十分に普及していないことや，転職時の年金資産の移換が不十分であること等の問題が指摘されていたため，これらの問題の対処を目的に，2001年10月に本制度が新たに導入された。確定拠出年金には，国民年金の第1号被保険者である自営業者なども加入できる。

D 労働保険

　労働保険とは，労働者災害補償保険法による労働者災害補償保険（以下，労災保険という。）と雇用保険法による雇用保険の総称である（労働保険の保険料の徴収等に関する法律第2条1項）。両保険とも保険者が政府で，労働者の雇用関係を前提とした制度である点は同じだが，それぞれの守備範囲は異なる。ここでは，これら両保険の仕組みと保険給付を中心に概説する。

1．労働者災害補償保険

　わが国の労働者災害補償制度は，官営工場労働者に対する1875年の「官役人夫死傷手当規則」を起源とする。民間労働者に対する制度は，1890年の「鉱業条例」の救恤制度に始まり，1911年の「工場法」で一般化した。

　その後，1922年にわが国最初の社会保険である「健康保険法」が成立したが，同法は業務外の傷病と業務上の災害をともに保険事故とする制度であった。

　第2次世界大戦後の1947年4月には「労働基準法」と「労働者災害補償保険法」が同時に公布され，労働基準法第75条の使用者の補償責任を担保するものとして労災保険制度が施行された。これにより，労働者の業務上の災害については，事業主は労働基準法に基づく災害補償責任を負っているが，同法の災害補償に相当する労災保険給付が行われる場合には，この責任は免除され，労災保険が実質的に事業主の災害補償責任を担保する役割を果たすこととなった。

　労災保険法は制定以来たび重なる改正を経てきたが，1973年の改正では，通勤災害が労災保険の保護の対象に加えられ，同年12月1日から施行された。この結果，労災保険においては，通勤災害を被った労働者に対し，業務災害を被った労働者と同等の保護が与えられることとなり，通勤災害についても業務災害と同等の保護を行うべきとするILO第121号条約の要件をも満たすことができるようになった。

1）目的と適用

⑴　目　的

　労災保険法は，労働基準法第8章「災害補償」のなかで定めている使用者の災害補償責任（無過失責任）を代行する目的で設けられた制度である。その目的は，業務災害または通勤災害により稼得能力を損失した被災労働者に対し，迅速かつ公正な保護をするための必要な保険給付を行うとともに，被災労働者の社会復帰の促進，被災労働者とその遺族の援護，適正な労働条件の確保などにより，労働者の福祉の増進に寄与することにある（第1条）。

⑵ 適　　用

① 保 険 者

　労災保険の保険者は政府（国）で，その現業事務を取り扱う出先機関は，都道府県労働局，労働基準監督署である（第2条）。

② 適用事業・適用労働者

　原則として労働者を使用する事業は，すべて労災保険の適用事業となる（法第3条）。ただし，労働者が5人未満の個人経営の農林水産業の事業等は，暫定任意適用事業とされているので，これらの事業が労災保険の適用を受けるには，事業主が申請して厚生労働大臣の認可を受けることが必要である。

　労災保険の対象となる労働者とは，労働基準法第9条に規定する労働者をいい，「職業の種類を問わず，事業又は事務所に使用される者で，賃金を支払われる者」である。したがって，正社員，臨時職員，パートタイマー，アルバイト等の雇用形態の如何は問われない。労災保険は，労働者の災害に対する保護を目的とする制度であるので，事業主・自営業者・家族従事者などの災害の保護は，本来労災保険の対象とならない。しかし，これらの者のなかには，労働者と同じように仕事をし，同じように業務災害や通勤災害を被る可能性のある者がいる。また海外の事業所に派遣された労働者についても，国外においての災害補償が十分でない現状があるため，これらの者に対しては，労災保険に特別加入の制度を設けて，労働者に準じて労災保険の保護の対象とすることとしている。

　なお国家公務員，地方公務員（現業の非常勤職員を除く）については国家公務員災害補償法，地方公務員災害補償法が適用されるため，労災保険の適用除外とされている。

2）業務災害と通勤災害

⑴ 業務災害

① 業務災害の定義

　業務災害とは，業務上の事由による労働者の負傷，疾病，障害又は死亡をいう（第7条第1項第1号）。なお業務災害であるかどうかの判断は非常に難しい。そこでその判断基準として，「業務遂行性」と「業務起因性」の2つの基準が示されている。

② 業務災害の認定

　業務起因性とは，業務と傷病等との間に相当因果関係が存在することであり，業務遂行性とは労働契約に基づいて，事業主の支配下（指揮命令下）にある状態をいう。業務上の傷病等と認定されるためには，その傷病等に業務起因性が成立していなければならず，その前提条件として業務遂行性が認められなければならない。つまり業務災害の認定は，業務遂行性と業務起因性の2要件によって認定される2要件主義がとられている。

⑵ 通勤災害

　労働者が通勤途中に事故に遭った場合は，事業主の支配下にはなく，一般的に業務災害とは認め

られない。しかし，現代の雇用社会においては職住が離れたため，通勤行為なくしては労働者からの労務提供はなされない。そのため，労働者が通勤行為中に事故に遭うような通勤災害に対し，業務災害に準じた保護をする必要性から，業務外である通勤事故が労災保険の対象として規定され，1973年12月1日から施行された。ここにいう通勤災害とは，労働者の通勤による負傷，疾病，障害又は死亡をいい（第7条1項2号），事故が通勤途上で発生し，通勤と傷病等との間に相当因果関係があれば，通勤災害と認定される。

① 通勤の定義

通勤とは，労働者が就業に関し，次に掲げる移動を，合理的な経路及び方法により行うことをいい，業務の性質を有するものを除くものとする。①住居と就業の場所との間の往復，②厚生労働省令で定める就業の場所から他の就業の場所への移動（二重就職者の事業間の移動），③上記①に掲げる往復に先行し，又は後続する住居間の移動（単身赴任者の赴任先住居・帰省先住居間の移動）をさす（第7条2項）。

② 逸脱・中断

逸脱とは，通勤の途中において，就業・通勤とは関係ない目的で合理的経路をそれることをいい，中断とは，通勤の経路上において，通勤と関係ない行為を行うことである（第7条第3項）。そのため，原則として逸脱・中断の間は通勤とせず，その後の往復も通勤としないとされている。

3）保険給付

保険給付は，業務災害に関する保険給付，通勤災害に関する保険給付，健康確保のために2000年

図表3-36 業務災害に関する給付

出所：労働新聞社編『労働保険の手引―平成31年度版―』労働新聞社，2019年，p.179をもとに作成

の法改正により創設された二次健康診断等給付に区分できる。業務災害に関する給付には，図表3－36のように，①療養補償給付，②休業補償給付，③傷病補償年金，④障害補償給付，⑤介護補償給付，⑥遺族補償給付，⑦葬祭料の7種類があり（第12条の8），同様に通勤災害に関する給付としては，①療養給付，②休業給付，③傷病年金，④障害給付，⑤介護給付，⑥遺族給付，⑦葬祭給付がある（第21条）。

(1) 療養補償給付（療養給付）

療養補償給付（療養給付）は，業務上または通勤により負傷し，または疾病にかかって療養（治療等）を必要とする場合に行われる。被災労働者が労災病院等で療養する場合に行う「医療の給付」（現物給付）と被災労働者が指定病院以外の病院で療養した場合に療養に要した費用を補償する「療養の費用の支給」（現金給付）の2種類の給付がある。

療養の給付の範囲は，①診察，②薬剤又は治療材料の支給，③処置・手術その他の治療，④居宅における療養上の管理及びその療養に伴う世話その他の看護，⑤病院又は診療所への入院及びその療養に伴う世話その他の看護，⑥移送（第13条）となっており，これらの給付は指定病院等において行われる。

(2) 休業補償給付（休業給付）

休業補償給付（休業給付）は，労働者が業務上または通勤に起因した傷病による療養のため，労働することができず，賃金を受けられない場合に支給される。支給期間は，休業した日の第4日目から療養のため休業を要する期間中である。休業補償給付が支給されない休業の最初の3日間については，労働基準法第76条により事業主が休業補償を行う。ただし，通勤災害については事業主に休業補償の責任はない。休業補償給付（休業給付）の支給額は，休業日1日につき給付基礎日額[23]の60％に相当する額である（第14条）。この他，社会復帰促進等事業（被災労働者等援護事業）として休業特別支給金（1日につき給付基礎日額の20％）が支給される。

(3) 傷病補償年金（傷病年金）

労働者が業務上または通勤により負傷，または疾病による療養のため労働することができず，休業補償給付（休業給付）の受給者が療養を開始してから1年6ヵ月経過してもその傷病が治癒せず，かつ，その傷病の程度が一定の障害の状態にある場合に，休業補償給付（休業給付）に代えて年金として支給される（第18条，第19条）。支給額は，受給権者の該当する傷病等級に応じて，給付基礎日額の313日分（1級）〜245日分（3級）となっている。この他に，社会復帰促進等事業（被災労働者等援護事業）として，傷病等級に応じて，傷病特別支給金（一時金）および傷病特別年金（年金）

23）給付基礎日額は，原則として労働基準法第12条の平均賃金に相当する額である。すなわち，業務災害または通勤災害の原因となった事故が発生した日，もしくは医師の診断によって疾病の発生が確定した日の直前3ヵ月間に支払われた賃金の総額を，その期間の総日数で割った額である。

が支給される。

(4) 障害補償給付（障害給付）

　障害補償給付（障害給付）は，業務上または通勤による傷病が治癒したが，身体に一定の障害が残り，その障害の程度が厚生労働省令で定める障害等級に該当するとき，その等級に応じて支給される（第15条）。障害補償給付（障害給付）は，該当する障害等級によって2種類に区分できる。すなわち，障害等級第1～7級までの重い障害に対しては障害補償年金（障害年金）が，第8～14級までの比較的軽い障害に対しては障害補償一時金（障害一時金）が支給される。支給額は，受給権者の該当する障害等級に応じて，障害補償年金が給付基礎日額の313日分（1級）～131日分（7級），障害補償一時金が給付基礎日額の503日分（8級）～56日分（14級）となっている。なお障害補償給付（障害給付）の受給権者には，社会復帰促進等事業（被災労働者等援護事業）として，障害等級に応じて，障害特別支給金が一時金として支給される。

(5) 介護補償給付（介護給付）

　介護補償給付（介護給付）は，被災労働者の介護者の負担を軽減するために創設された保険給付で，1996年4月1日から実施されている。その給付は，傷病補償年金（傷病年金）または障害補償年金（障害年金）を受ける権利を有する労働者が，厚生労働省令で定める程度の障害（1級または2級であるが，2級は精神神経障害及び胸腹部臓器障害に限る）により，「常時」または「随時」介護を要する状態にあり，それを受けているときに，当該介護を受けている間に支給する。ただし，被災労働者が障害者総合支援法に規定する障害者支援施設や特別養護老人ホームへの入所，または病院・診療所への入院の間については，介護補償給付（介護給付）の支給は行われない。

　介護補償給付（介護給付）は，月を単位として支給され，その額は被保険者が現実に介護に要する費用を考慮して，厚生労働大臣が定める額とされる。2019年度の支給額は，常時介護の場合は1月当たり16万5,150円，随時介護の場合は1月当たり8万2,580円を上限として支給される。なお親族等による介護を受けていて介護費用が少額であるとき，常時介護の場合は7万790円，随時介護の場合は3万5,400円の一律定額が支給される。なお介護補償給付（介護給付）についての特別支給金はない。

(6) 遺族補償給付（遺族給付）

　遺族補償給付（遺族給付）は，労働者が業務上または通勤による災害により死亡した場合，一定の範囲の遺族に対して支給される。遺族補償給付（遺族給付）は，原則として年金が支給され，年金の受給資格がない場合などには一時金が支給される。

　遺族補償年金（遺族年金）の受給資格者とその順位は，労働者の死亡当時その収入によって生計を維持していた①配偶者（内縁関係者を含む），②子，③父母，④孫，⑤祖父母および⑥兄弟姉妹である。なお労働者の死亡当時胎児であった子は，出生の時から将来に向かって受給資格者となる。

これらの者のうち，妻以外の者については年齢制限がある[24]。これら受給資格者のうち，最先順位者だけが受給権者となる[25]。

遺族補償年金（遺族年金）の額は，受給権者および受給権者と生計を同じくしている受給資格者の数などに応じて，給付基礎日額の153日分～245日分の額である。なお受給権者が2人以上いる場合は，年金は等分して支給される。

また，遺族補償年金の受給権者が希望すれば，遺族補償年金（遺族年金）をまとめて前払いする，前払い一時金の制度がある。遺族補償一時金（遺族一時金）は，労働者の死亡当時，遺族補償年金（遺族年金）の受給資格者がいないときに支給され，その額は給付基礎日額の1,000日分の一時金である。なお遺族補償給付（遺族給付）の受給権者には，社会復帰促進等事業（被災労働者等援護事業）において，遺族特別支給金として，遺族特別年金及び遺族特別一時金が支給される。

(7) 葬祭料（葬祭給付）

労働者が業務上または通勤による災害により死亡した場合に，その葬祭を行う者に対して支給される（第17条）。その額は，通常葬祭に要する費用を考慮して厚生労働大臣が定める額（31万5,000円に給付基礎日額の30日分を加えた額か，給付基礎日額の60日分かのいずれか高い方の額）である。葬祭料（葬祭給付）の受給権者に対する特別支給金の規定はない。

(8) 二次健康診断等給付

近年，業務上の事由によって脳血管疾患・心臓疾患を発症し，突然死に至るなどの過労死等が増加傾向にあるので，これらを予防するために，健康確保給付である二次健康診断等給付が2000年の法改正で創設された。

二次健康診断等給付は，労働安全衛生法に規定する定期健康診断等において，脳血管疾患及び虚血性心疾患の発生に関連する項目について異常の所見があると診断された労働者に対し，その請求に基づいて行う（第26条）。

二次健康診断等給付の範囲は，二次健康診断および特定保健指導の2つである。二次健康診断とは，脳血管および心臓の状態を把握するために必要な検査（一次健康診断として行った検査を除く）であって厚生労働省令で定めるものを行う医師による健康診断（1年度につき1回に限る）をいう。特定保健指導とは，二次健康診断の結果に基づき，脳血管疾患および虚血性心疾患の発症の予防を図るため，医師または保健師の面接により行われる保健指導（二次健康診断ごとに1回に限る）である。なお二次健康診断等給付には特別支給金の規定はない。

---

24) 受給資格者のうち，夫，父母，祖父母，兄弟姉妹については，受給権者となっても，その年齢が60歳に達するまでの間は，遺族補償年金（遺族年金）の支給が停止される。これらの者を若年停止対象者という。
25) なお受給権者（最先順位者）が失権したときでも，遺族補償年金（遺族年金）を受ける権利は消滅せず，次順位者が最先順位者として受給権者となる転給方式が採用される。

4）社会復帰促進等事業

　労災保険においては，その目的に従い労働者の業務災害または通勤災害に対して必要な給付を行う保険事業と併せて，社会復帰促進等事業を行うことができる（第29条）。具体的には，①社会復帰促進事業（療養に関する施設・リハビリテーションセンター施設の設置・運営，義肢その他の補装具の支給等），②被災労働者等援護事業（特別支給金の支給，労災就労保育援護費の支給，休業補償特別援護金の支給，年金受給権を担保とする小口資金の貸付け等），③安全衛生確保等事業（労働災害防止対策の事業，健康診断施設の設置及び運営，未払賃金の立替払いを行う事業等）がある。なお国はこれらの事業の一部を独立行政法人労働者健康安全機構等に行わせるものとする（第29条3項）。

5）費用負担

　労災保険に要する費用は，「労働保険の保険料の徴収等に関する法律」（以下，労働保険徴収法）の規定によって徴収される労災保険料によって賄われている。労災保険事業に係る労働保険料は，労災保険制度が使用者の無過失損害賠償責任に基礎を置いていることから，事業主の全額負担とされている。通勤と業務の密接な関連性，通勤災害の性格，労使の社会的立場等を考慮して，通勤災害に関する保険給付等に要する費用も，事業主全体が負担することとし，保険料は業務災害と同様に，労働保険徴収法により政府が徴収することになっている（労働保険徴収法第15条）。

　労災保険料率は，事業の種類ごとに，過失の災害発生率などを考慮して，54業種について，最高1,000分の88（金属鉱業，非金属工業又は石炭工業等）から最低1,000分の25（その他の各種事業等）の範囲で定められており，これを賃金総額に乗じたものが保険料である（労働保険徴収法第12条2項）。このうち，1,000分の0.6については通勤災害に係る分とされている。なお事業主の労働災害防止の努力の促進を図るとともに，保険料負担の公平を図るため，一定規模以上の事業については個別事業における，過去3年間の災害発生率・保険給付額に応じて保険料率・保険料額を一定の範囲内で上下させるメリット制が採用されている。

6）労災保険における不服申立て

　労災保険の給付に関する処分に不服がある者は，各都道府県に置かれている労働者災害補償保険審査官に対し，処分のあったことを知った日の翌日から起算して60日以内に，口頭または文書で審査請求することができ，また，同審査官の決定に不服があるときは，厚生労働省に設置されている労働保険審査会に決定書の謄本が送付された日の翌日から起算して60日以内に文書で再審査請求することができる（第38条）。

　保険給付以外の処分に不服のある者は，行政不服審査法の規定により，不服申立て（異議申立て又は審査請求）をすることができるが，不正受給に関する徴収金の処分に不服があるときは，処分のあったことを知った日の翌日から起算して30日以内に厚生労働大臣に審査請求することができる（第41条）。

　労災保険に定める給付に不服がある者は，訴訟による救済を求めることが可能である。ただし処

分取消しの訴えは，当該処分についての再審査請求に対する裁決を経たあとでなければ提起することができない（第40条）。ただし，再審査請求がされた日の翌日から起算して3ヵ月を経過しても裁決がないとき等は，裁決を経なくても当該処分の取消しの訴えを提起できる。

2．雇用保険

雇用保険法の前身である失業保険法は，終戦直後の1947年に制定された。その後，同法はわが国における失業補償制度の中心的役割を担ってきた。しかし，1973年の第1次石油危機を契機として，政府は労働者の失業に対し従来のような単なる失業対策ではなく，完全雇用を目標とした積極的雇用対策にその方向を転換した。その結果1974年に同法が廃止されると同時に，新たに雇用保険法が制定され，1975年4月より施行された。

1）目　　的

雇用保険制度は，①労働者が失業した場合および雇用の継続が困難となる事由が生じた場合に必要な給付を行うことにより労働者の生活および雇用の安定を図るとともに，求職活動を容易にする等その就職を促進することと，②労働者の職業の安定に資するため，失業の予防，雇用状態の是正，雇用機会の増大，労働者の能力開発・向上その他労働者の福祉の増進を図ることを目的としている（第1条）。

これらの目的を実現するために雇用保険は「失業等給付」を行うほか，「雇用保険二事業」すなわち雇用安定事業，能力開発事業を行う（第3条）。

2）適　　用

(1) 保険者

雇用保険の保険者は政府であり，その事務は厚生労働大臣が行う（第2条）。実際に雇用保険に関する現業事務は，各事業所の所在地を管轄する都道府県労働局または公共職業安定所により取り扱われる（附則第1条1項，2項）。

(2) 適用事業

雇用保険では労働者を雇用する事業は，すべて適用事業となる（第5条）。ただし，労働者が5人未満の個人経営の農林水産業の事業等は，暫定任意適用事業とされている。

(3) 被保険者

雇用保険の被保険者は，適用事業に雇用される労働者である。被保険者は，①一般被保険者（②，③，④以外の被保険者），②高年齢被保険者（同一の事業主の適用事業に65歳に達した日の前日から引き続いて65歳以後において雇用されている者をいう（短期雇用特例被保険者，日雇労働被保険者を除く）），③短期雇用特例被保険者（季節的に雇用される者のうち，4か月以内の期間を定めて雇用されず，1週

167

間の所定労働時間が20時間以上であって厚生労働大臣の定める時間数（30時間）未満でない者（日雇労働被保険者を除く），④日雇労働被保険者（日々雇用される者または30日以内の期間を定めて雇用される者）の４種類に分かれている。

なお１週間の所定労働時間が20時間未満である者（日雇労働被保険者に該当する者を除く），国，地方公共団体の事業に雇用される者のうち，離職した場合に求職者給付および就職促進給付の内容を上回る退職手当の支給を受ける者等は，被保険者とならない。

3）失業等給付

失業等給付は，雇用保険制度における中心的事業であり，「求職者給付」「就職促進給付」「教育訓練給付」および「雇用継続給付」に大別される（第10条）。失業等給付の体系は図表3−37のとおりである。

⑴　求職者給付
①　一般被保険者の求職者給付

求職者給付は，被保険者が失業した場合の生活の安定を図って求職活動を援助することを目的としたものであり，一般被保険者に係る求職者給付としては，「基本手当」「技能修得手当」「寄宿手当」および「傷病手当」の４種類がある。

a．基本手当

基本手当は，一般被保険者が失業した場合，離職の日以前２年間（疾病・負傷の期間があるときは最長４年間）に被保険者期間が通算して12ヵ月以上あるとき支給される。ただし，特定受給資格者[26]または，特定理由離職者[27]については，離職の日以前１年間に被保険期間が通算して６ヵ月以上であったときでも受給資格要件を満たすことができる（第13条）。

基本手当の受給資格者は，離職後その者の住所または居所を管轄する公共職業安定所に出頭し，事業主から交付された離職票を提出して求職の申し込みをし，失業の認定を受けなければならない。なお雇用保険における「失業」とはすなわち被保険者が離職し，労働の意思および能力を有するにもかかわらず，職業に就くことができない状態にあることをさす（第4条3項）。

基本手当の日額は，離職日前６ヵ月における賃金総額（臨時に支払われる賃金および３ヵ月を超える期間ごとに支払われる賃金を除く）を180で除して得た賃金日額の50〜80％（離職日に60歳以上65歳未満の者については45〜80％）である。基本手当は一定の日数分を限度として支給されるが，この一定の日数を「所定給付日数」という。この所定給付日数は，受給資格者ごとにその受給資格に係る離職の日における年齢，算定基礎期間（被保険者であった期間）およびその者が就職困難な者であ

26）特定受給資格者とは，倒産，解雇等の理由により再就職の準備をする時間的余裕なく離職を余儀なくされた者。

27）特定受給資格者以外の者であって，期間の定めのある労働契約が更新されなかったことその他やむを得ない理由により離職した者。

図表3-37　失業等給付の体系

出所：厚生労働省資料を基に作成

図表3-38　一般の離職者の所定給付日数

区　分 ＼ 被保険者期間		1年未満	1年以上 5年未満	5年以上 10年未満	10年以上 20年未満	20年以上
全年齢		90日			120日	150日
就職困難者	45歳未満	150日	300日			
	45歳以上65歳未満		360日			

出所：労働新聞社編『労働保険の手引―平成31年度版―』三信図書，2019年，p.245を基に作成

図表3-39　特定受給資格者・特定理由離職者の所定給付日数

区　分 ＼ 被保険者期間	1年未満	1年以上 5年未満	5年以上 10年未満	10年以上 20年未満	20年以上
30歳未満	90日	90日	120日	180日	―
30歳以上35歳未満		120日	180日	210日	240日
35歳以上45歳未満		150日	180日	240日	270日
45歳以上60歳未満		180日	240日	270日	330日
60歳以上65歳未満		150日	180日	210日	240日

出所：労働新聞社編『労働保険の手引―平成31年度版―』三信図書，2019年，p.245を基に作成

るか否か等によって定められている（図表3-38，図表3-39）。受給資格者が基本手当を受けることができる期間（受給期間）は原則として，離職の日の翌日から起算して1年間である。

　基本手当の支給を受けられる日数には特例があり，個人的事情や社会の雇用情勢などにより給付日数が延長される場合（訓練延長給付，広域延長給付，全国延長給付，個別延長給付，地域延長給付）がある。なお2以上の延長給付が重複して行われる場合の各延長給付の優先順位は，個別延長給付または地域延長給付，広域延長給付，全国延長給付，訓練延長給付の順になる。

b．技能習得手当及び寄宿手当

　受給資格者が公共職業安定所長の指示した公共職業訓練等を受ける場合には，技能習得手当が支給され，また公共職業安定所長の指示した公共職業訓練等を受けるため，その者により生計を維持されている同居の親族（婚姻の届出をしていないが，事実上その者と婚姻関係と同様の事情にある者を含む）と別居して寄宿する場合には寄宿手当が支給される。技能習得手当には，受講手当と通所手当の2種類がある。

c．傷病手当

　傷病手当は，基本手当の受給資格者が，離職後公共職業安定所に出頭し，求職の申し込みをした後，疾病または負傷のため，引き続き15日以上職業に就くことができず，基本手当が支給されないという認定（傷病の認定）を受けた場合に，その者に対し基本手当に代えて支給される。傷病手当の額は，基本手当の日額と同額であり，支給日数は所定給付日数から，すでに基本手当を受けた日数を差し引いた残日数を限度とする。なお健康保険の傷病手当金，労働基準法の休業補償，労災保険の休業補償給付（休業給付）等が支給される日については，傷病手当は支給されない。

②　一般被保険者以外の求職者給付

　高年齢被保険者の求職者給付としては高年齢求職者給付金，日雇労働被保険者の求職者給付については日雇労働求職者給付金（普通給付・特例給付），短期雇用特例被保険者の求職者給付について

は特例一時金の制度がある。

(2) 就職促進給付

就職促進給付は，失業者が早期に再就職することを援助，促進することを目的とする給付であり，「就業促進手当」「移転費」及び「求職活動支援費」の3種類がある。

① 就業促進手当

就業促進手当は，多様な就業形態を対象として就業を促進するため，新たに2003（平成15）年5月から施行された給付である。給付の種類としては，就業手当（非常用就職型職業に就いた場合の賃金を補填），再就職手当（常用就職型職業に就いた場合の賃金を補填），就業促進定着手当（再就職手当の支給に係る再就職先に6ヵ月以上定着し，賃金が低下した場合の賃金の補填）および常用就職支度手当（身体障害者，知的障害者等の就職困難者が常用就職型職業に就いた場合の賃金の補填を行う）がある。

② 移 転 費

移転費は，受給資格者等が公共職業安定所の紹介した就職に就くため，または公共職業安定所長の指示した公共職業訓練等を受けるため，その住所または居所を変更する場合に支給される。移転費は鉄道賃，船賃，航空賃，車賃，移転料及び着後手当の6種類である。

③ 求職活動支援費

求職活動支援費は，受給資格者等が公共職業安定所の紹介により，広域求職活動（公共職業安定所の管轄外にある求人者の事業所を訪問して，求人者に面接したり，事業所を見学したりするなど）を行うために必要な費用が支給され，広域求職活動費，短期訓練受講費，求職活動関係役務利用費がある。交通費，宿泊費，面接に際しての子どもの一時預かりを利用する場合など受給資格者等が求職活動に伴い求職活動を容易にするため役務の利用をする場合も支給される。

(3) 教育訓練給付

教育訓練給付は，労働者の能力開発，就職促進をその目的として1998年12月1日から，失業等給付の一つとして創設された。一般被保険者または一般被保険者であった者が厚生労働大臣が指定する教育訓練を受け，これを修了した場合に，教育訓練給付を開始した日までの通算した被保険者期間が3年以上（初めて支給を受けようとする者については，一般の教育訓練給付の場合は1年以上，専門実践教育訓練の場合は2年以上）あるとき，教育訓練給付金として支給される。

教育訓練給付金は，2014年10月から従来の給付金を引き継いだ一般教育訓練の給付金と専門実践教育訓練の給付金の2本立てになっている。「一般教育訓練」とは，雇用の安定及び就職の促進をはかるために必要な職業に関する教育訓練として，厚生労働大臣が指定する教育訓練（専門実践教育訓練を除く）をいい，「専門実践教育訓練」とは，雇用の安定及び就職の促進をはかるために必要な職業に関する教育訓練のうち，中長期的キャリア形成に資する専門的かつ実践的な教育訓練として，厚生労働大臣が指定する教育訓練をいう。

教育訓練給付金の支給額は，教育訓練施設に支払った費用の額に，支給率を乗じて得た額である

	一般教育訓練に係るもの	専門実践教育訓練に係るもの
給付額	教育訓練施設に支払った費用の20%	教育訓練施設に支払った費用の50%（40%）（受講終了後，資格を取得し，受講終了日の翌日から1年以内に一般被保険者として雇用された人は，20%が追加給付される）
訓練期間	1年	原則2年，資格につながる教育訓練は最大3年
上限額	10万円	1年間で40（32）万円（訓練期間が最大3年となるため最大で120（96）万円）
		20%が追加給付される場合は，1年間で56（48万円）（訓練期間が最大3年となるため最大で168万円（144万円））

注：（　）の給付金は，2017（平成29）年12月31日以前に受講を開始した場合の額。
出所：社会・労働保険実務研究会編『令和元年5月改訂　社会保険・労働保険の事務百科』清文社，2019年，p.434

（図表3−40）。

　なお2021年度までの暫定措置として，45歳未満の離職者を対象として，専門実践教育訓練の受講を支援するために，教育訓練支援給付金が支給されることとなった[28]。支給額は，当該訓練受講中の基本手当の支給が受けられない期間について，基本手当の日額と同様に計算して得た額の80%（2017年12月31日以前に受講を開始した場合の支給率は50%）に，失業の認定を受けた日数を乗じた額である。

⑷　雇用継続給付

　雇用継続給付制度は，1994年6月の雇用保険法の改正により，1995年4月1日から新たに導入された。雇用継続給付は，被保険者が，高齢や育児休業等のために雇用の継続が困難となる場合に，雇用の継続を援助，促進することを目的として創設された制度であり，給付の種類としては，「高年齢雇用継続給付」「育児休業給付」「介護休業給付（1999年4月施行）」の3種類がある。

①　高年齢雇用継続給付

　この給付は，60歳以上65歳未満の被保険者を対象にしたもので，65歳までの雇用の継続を援助することを目的としており，高年齢雇用継続基本給付金（第61条）と高年齢再就職給付金（第61条の2）とに分けられる。

　高年齢雇用継続基本給付金は，60歳以上65歳未満の一般被保険者であって，各月に支払われている賃金が，60歳時点の賃金月額の75%未満に低下した状態で雇用されているときに支給される。なおその際被保険者期間が5年以上あり，60歳以降基本手当を受給していないことが必要である。また，支給対象月に支払われた賃金の額が支給限度額（36万169円）以上であるときは，支給されない。

　支給額は，支給対象月の賃金が60歳時点の賃金月額の61%未満である場合は，支給対象月の賃金額に15%を乗じて得た額で，支給対象月の賃金が60歳時点の賃金月額の61%以上75%未満である場合は，支給対象月の賃金額に15%から一定の割合で逓減するように厚生労働省令で定める率を乗じ

28）支給の要件として，①専門実践教育訓練を修了する見込みがあること，②受給資格確認時に一般被保険者ではないこと。また，一般被保険者でなくなった後，短期雇用特例被保険者または日雇労働被保険者になっていないこと，③当該専門実践教育訓練の開始日前に教育訓練支援給付金を受けたことがないこと，④教育訓練給付を受けたことがないこと（2014年10月1日前に受けたことがある場合は例外あり），⑤専門実践教育訓練開始日が2021年3月31日以前であることなどがある。

て得た額である。

　高年齢再就職給付金は，60歳以上65歳未満の被保険者が基本手当の支給を受け，その支給残日数が100日以上ある受給資格者が，安定した職業に再就職し，被保険者となった場合に支給される。ただし，受給していた基本手当にかかる離職日に被保険者であった期間が5年以上あり，再就職後の各月の賃金額が直前の離職時の賃金月額に比べて75％未満で雇用されているときに支給される。なお再就職後の支給対象月に支払われた賃金の額が支給限度額（36万169円）以上であるときは支給されない。支給額の計算方法は，高年齢雇用継続基本給付金の場合と同じである。

　②　育児休業給付

　この給付は育児・介護休業法（育児休業・介護休業等育児又は家族介護を行う労働者の福祉に関する法律）に基づいて休業を取得した被保険者を対象としたもので，育児休業給付金として支給される（第61条の4）。

　育児休業給付金は，1歳（その子が1歳に達した日以後の期間に休業することが雇用継続に特に必要と認められる場合として厚生労働省で定める場合にあっては最長2年，なお同一の子について配偶者が休業する場合の特例が適用される場合は1歳2ヵ月とする。）に満たない子を養育するため育児休業を取得した被保険者であって，育児休業開始前2年間に「みなし被保険者期間」（賃金支払い基礎日数が11日以上ある月）が12ヵ月以上ある者に支給される。支給額は，原則として，休業開始時賃金日額×支給日数×40％（当分の間50％）である。なお当該育児休業を開始した日から起算し休業日数が通算して，180日に達するまでの間に限り67％が支給される。

　③　介護休業給付

　急速な高齢化社会を迎えつつあるなかで，1995年6月に「育児・介護休業法」が成立し，1999年4月よりすべての企業に対し介護休業制度の導入が義務づけられた。これにより労働者が介護休業を取得しやすくするため，雇用継続給付の一つとして1999年4月1日より介護休業給付が創設され，介護休業給付金が支給されることとなった（第61条の6）。

　介護休業給付金は，一般被保険者が要介護状態にある対象家族を介護するために休業した場合，介護休業開始前2年間に被保険者期間が通算して12ヵ月以上あるときに支給される。対象家族とは，被保険者の配偶者（事実婚を含む），父母，子及び配偶者の父母，被保険者と同居し，かつ扶養されている被保険者の祖父母，兄弟姉妹及び孫である。

　支給額は，休業開始時賃金日額×支給日数×40％で，休業開始日から起算して1ヵ月ごとに支給される。支給期間は，同一対象家族の同一要介護状態については，93日に達するまでを限度として，1回のみ受給が可能で，同一対象家族の異なる要介護状態については，要介護状態ごとに1回，休業を開始した日から休業を終了した日までの日数を合算して得た日数が93日に達するまでを限度として，複数回受給が可能である。

4）雇用保険二事業

　雇用保険では，失業等給付のほか，被保険者，被保険者であった者及び被保険者になろうとする

者に対し，失業予防，雇用状態の是正，雇用機会の増大その他の雇用の安定を図る雇用安定事業（第62条1項）と雇用保険の被保険者，被保険者であった者及び被保険者になろうとする者に対し，職業生活の全期間を通じて，労働者の能力を開発し，及び向上させることを促進する能力開発事業（第63条1項）の2事業が行われている。なお政府は，雇用保険二事業の一部を，独立行政法人高齢・障害・求職者雇用支援機構[29]に行わせるものとする（第62条3項，第63条3項）。

5）費用負担

　雇用保険事業に要する費用は，事業主および被保険者の負担する保険料と国庫の負担金によって賄われている。

　雇用保険と労災保険の保険料は，「労働保険料」として，原則として一緒に納付する。労働保険料についての詳細は，「労働保険料の徴収等に関する法律」に規定されている。雇用保険では事業主と被保険者の両者が負担する。雇用保険の保険料には，一般保険料と印紙保険料の2種類がある。一般保険料は，労働者の賃金総額に雇用保険料率を乗じて算定する。2019年度の雇用保険料率は，賃金総額の1,000分の9.0（農林水産業は1,000分の11.0，建設業等は1,000分の12.0）とされている。このうち1,000分の3.0（農林水産業，建設業等では1,000分の4.0）は失業等給付に要する費用に充てられ，労使折半となる。一方，賃金総額の1,000分の3.0（建設業では1,000分の4.0）は，雇用保険二事業に充てられ，全額事業主負担となる。国庫は，雇用保険事業のうち求職者給付（高年齢求職者給付金を除く）および雇用継続給付に要する費用の一部を負担する。なお求職者給付の高年齢求職者給付金，就職促進給付，教育訓練給付および雇用保険二事業に要する費用には国庫負担は行われない。

6）雇用保険の不服申立て

　雇用保険の給付に関する処分に不服がある者は，まず各都道府県に置かれている雇用保険審査官に審査請求することができ，また，同審査官の決定に不服があるときは，厚生労働省に設置されている労働保険審査会に再審査請求することができる（第69条1項）。

　雇用保険に定める給付に不服がある者は，訴訟による救済を求めることが可能である。ただし処分取消しの訴えは，当該処分についての再審査請求に対する裁決を経たあとでなければ提起することができない（第71条）。ただし，再審査請求がされた日の翌日から起算して3ヵ月を経過しても裁決がないとき等は，裁決を経なくても当該処分の取消の訴えを提起できる。

29）独立行政法人高齢・障害・求職者雇用支援機構法（平成14年法律第165号）を根拠として，2013年10月に設立。高年齢者等を雇用する事業主等に対する給付金の支給，高年齢者等の雇用に関する技術的事項についての事業主等に対する相談その他の援助，障害者の職業生活における自立を促進するための施設の設置及び運営，障害者の雇用に伴う経済的負担の調整の実施その他高年齢者等及び障害者の雇用を支援するための業務並びに求職者その他の労働者の職業能力の開発及び向上を促進するための施設の設置及び運営の業務等を行うことにより，高年齢者等及び障害者並びに求職者その他の労働者の職業の安定その他福祉の増進を図るとともに，経済及び社会の発展に寄与することを目的とする。

参考文献

・安藤秀雄他著『医事関連法の完全知識』医学通信社，2011年
・安藤秀雄・栗林令子著『公費負担医療の実際知識』医学通信社，2011年
・『月間介護保険』法研，各年各号
・介護支援専門員基本テキスト編集委員会編『介護支援専門員基本テキスト第1巻介護保険と介護支援』中央法規出版，2009年・2012年・2015年
・『介護保険制度の解説（平成30年8月版）』社会保険研究所，2019年
・『介護保険の手引』ぎょうせい，各年度
・鹿児島県後期高齢者医療制度広域連合HP「後期高齢者医療制度について」
 http://www.kagoshima-kouiki.jp/（2019年12月5日）
・川村匡由・島津淳他『社会保障』KUMI，2011年.
・厚生労働省編『厚生労働白書』日経印刷，各年版
・厚生統計協会『保険と年金の動向』厚生統計協会，各年版
・厚生労働省ホームページ「後期高齢者医療制度（後期高齢者医療広域連合）」
 http://www.mhlw.go.jp/（2017年1月27日）
・厚生労働省ホームページ「国民健康保険の見直しについて」厚生労働省保険局
 http://www.mhlw.go.jp/（2017年1月27日）
・厚生労働省「医療補償制度改革について（厚生労働省提出資料）」
 http://www.kantei.go.jp/jp/singi/syakaihosyou（2017年10月17日）
・厚生労働省「医療保険制度をめぐる状況」
 https://www.mhlw.go.jp/file/（2019年12月1日）
・厚生労働省ホームページ「全国高齢者医療・国民健康保険主管課（部）長及び後期高齢者医療広域連合事務局長会議」保険局国民健康保険課説明資料（2019年3月31日）
 http://www.mhlw.go.jp/（2017年1月27日）
・古賀昭典編著『新版 社会保障論』ミネルヴァ書房，2001年
・国民健康保険中央会監修『国民健康保険必携』社会保険出版会，2011年
・国民健康保険中央会
 https://www.kokuho.or.jp/inspect/inspect_rezept.html（2019年12月1日）
・全国健康保険協会ホームページ
 https://www.kyoukaikenpo.or.jp（2019年12月1日）
・国民健康保険中央会ホームページ「国保のすがた」平成30年11月
 https://www.kokuho.or.jp/（2019年12月1日）
・「日本年金機構」ホームページ 特別障害給付金制度の概要
 https://www.nenkin.go.jp/（2019年10月24日）
・労働新聞社編『労働保険の手引―平成31年度版―』労働新聞社，2019年
・社会福祉士養成講座編集委員会編『新・社会福祉士養成講座12 社会保障』中央法規出版，各年度
・『社会保障の手引―施策の概要と基礎資料』中央法規出版，各年度
・社会福祉士養成講座編集委員会『新社会福祉士養成講座高齢者に対する支援と介護保険制度』中央法規出版，2015年
・『社会保険事務・必携』健康と年金出版社，2015年。
・社会・労働保険実務研究会編『令和元年5月改訂 社会保険・労働保険の事務百科』清文社，2019年
・白澤政正・岡田進一ほか編『介護支援専門員現任研修テキスト第1巻専門研修課程Ⅰ第2版』中央法規，2019年
・田畑洋一編著『改訂 現代社会保障論』学文社，2009年
・田畑洋一・岩崎房子・大山朝子・山下利恵子編著『社会保障―生活を支えるしくみ』第2版，学文社，2017年
・中央法規出版編集部『改正介護保険制度のポイント』中央法規出版，2014年
・中央法規出版編集部『速報！改正介護保険法平成24年4月からの介護保険はこう変わる』中央法規出版，2011年

第4章

地域社会と社会福祉実践

A 社会福祉行政と従事者

社会福祉の対象は，国民であり，そこには様々な生活問題と多様なニーズが存在する。その国民の福祉を支える主たる機関は，行政であり，福祉施策への国民の関心とその期待も大きい。しかし，公平性を旨とする制度だけでは，当該制度に漏れる場合や制度の未整備等の理由により，国民がニーズを充足することは難しく，行政施策だけでは十分な福祉が実現されにくいのが実情である。

よって，個々のニーズに比較的柔軟な対応ができ，先駆的事業の開拓・実施等を図ることが可能とされる民間福祉機関の役割も重要であり，公・民の連携と役割分担を基に国民の福祉の実現を図っている。

制度の拡充や公・民の連携と役割分担といったハード面を強化するだけでは，国民の福祉が実現されるとはいえない。ハード面の制度や社会資源を専門的に活用し，利用者主体の原則のもとにマネジメントできる人材，あるいは制度を利用する側の意見を制度へと反映するアドボカシー的役割を担う人材，さらには利用者の自己肯定を支持するエンパワメント支援等，いわば福祉の専門職としてのソフト面の強化が図られてこそ，真に制度が活かされ，国民の多様なニーズに対応できるのである。多くの制度が存在するわが国の状況下においては，これら専門職の育成こそが，国民の福祉を左右する大きな鍵であるといっても過言ではない。

ここでは，社会福祉を支える機関と社会福祉の担い手，さらにその役割について述べていく。

1. 社会福祉の組織と実施体制

1）国の機関

日本国憲法第25条2項[1] において，国民生活の保障義務が規定されている。その責任を司る社会福祉行政の中心機関は，厚生労働省である。なお，厚生労働省において，主として福祉行政事務

1）日本国憲法第25条2項は，「国は，すべての生活部面について，社会福祉，社会保障及び公衆衛生の向上及び増進に努めなければならない」と規定している。

を担うのは，子ども家庭局，社会・援護局，障害保健福祉部，老健局である。

　子ども家庭局は，児童家庭の福祉，児童福祉，母子保健，保育等を担当している（主な取扱法は，児童福祉法，児童手当法，児童扶養手当法，子ども・子育て支援法，母子及び父子並びに寡婦福祉法，母子保健法，児童虐待の防止等に関する法律等）。

　社会・援護局は，生活保護，民生委員，社会福祉法人，社会福祉施設等を担当している（主な取扱法は，社会福祉法，民生委員法，日本赤十字社法，社会福祉士及び介護福祉士法，生活保護法，災害救助法，戦傷病者特別援護法等）。

　同局の障害保健福祉部においては，すべての障害に関する福祉事務を担当する（主な取扱法は，障害者基本法，身体障害者福祉法，知的障害者福祉法，発達障害者支援法，精神保健及び精神障害者福祉に関する法律，障害者の日常生活及び社会生活を総合的に支援するための法律，特別児童扶養手当等の支給に関する法律等）。

　老健局は，老人福祉，介護保険，老人保健等を担当している（主な取扱法は，老人福祉法，介護保険法，高齢者虐待の防止・高齢者の養護者に対する支援等に関する法律等）。

　また，厚生労働省には，社会保障審議会が設置されており，社会保障をはじめ児童福祉，障害者福祉，老人福祉等に関する重要な事項について審議し，大臣や関係機関に意見を述べる付属機関としての役割をもっている。

　厚生労働省は，最高法規である日本国憲法の理念を具体的に国民生活へ反映させるための職務がある。それは，関係法令の整備をはじめ，立法化された法律の執行，あるいは円滑に運用するための関係省庁，都道府県や政令指定都市，さらには全国レベルの関係団体との調整・指導を行う国の最高責任機関としての役割である。

　さらに，国民生活に直結する問題を明らかにし，国民のだれもが安心して暮らせるための国としてのビジョンを示すことであり，それを具体的に執行するという重要な役割を担っている。それゆえ，立法化されたものや各種事業を維持・運用するにとどまらず，現状に即した制度にしていくために，常に現状把握と先見性が求められる機関である。

　厚生労働省は，国民生活に直結した機関であるために，世論の関心が常に高い。進展する高齢化や人口減少の波は，要介護者ならびに認知症患者の増加とそれを支える人材不足を招いている。いわゆる2025年問題や2040年問題に対する政策を抜きには考えられない極めて重要な局面を迎えており，福祉行政への国民の注目と期待は極めて大きいといえよう。

2）地方公共団体の機関

　都道府県の福祉行政を支えているのは，知事の事務部局（保健福祉部，民生部，生活福祉部，福祉保健局等の名称）であり，その下には，細かく設置された専門の課・室（児童家庭課，高齢者福祉課，介護保険課等）が設けられている。また，社会福祉に関する専門の窓口機関として，福祉事務所，児童相談所，身体障害者更生相談所，知的障害者更生相談所，婦人相談所が設置されている。

　地方公共団体の組織は，都道府県，政令指定都市，中核市[2]，市，特別区，町村に区分され，行

政福祉サービスを効果的に住民へ提供する役割をもっている。例えば，都道府県においては，担当エリアにおける福祉サービスの基盤整備と市町村との連絡調整，社会福祉法人や施設の許認可，児童相談所並びに福祉事務所の設置，地方社会福祉審議会の設置等が主な役割となる。

　一方，政令指定都市においても都道府県とほぼ同等の権限をもつ。中核市は，地方分権の推進策として1994年の地方自治法の改正に伴い創設されたもので，都道府県の権限の一部をもつ。

　市（政令指定都市，中核市を除く），特別区，町村では，市区町村長の事務部局としての部課が設置され，住民福祉サービスの窓口としての機能を果たしている。

　地方公共団体における審議会については，都道府県，政令指定都市，中核市に地方社会福祉審議会と児童福祉審議会が設置されている。市町村においては，必要に応じて市町村児童福祉審議会を設置することができる。

(1) 福祉事務所

　福祉事務所は，社会福祉法第14条に基づき設置され，法規上は「福祉に関する事務所」として規定されている。都道府県及び市（特別区を含む）には設置義務があり，町村においては任意となっている。全国には，1,248カ所の福祉事務所が設置（2018年4月現在）され，地域住民に身近な相談窓口としての機能をもつ福祉の第一線機関である。

　福祉事務所の取り扱う事務は，福祉六法（生活保護法，児童福祉法，母子及び父子並びに寡婦福祉法，老人福祉法，身体障害者福祉法，知的障害者福祉法）に定める援護，育成または更生の措置に関するものである。しかし，都道府県と市町村の福祉事務所ではその取扱事務は異なる。

　1993年度からは，入所措置事務等が市町村へ移譲されたことで老人福祉法と身体障害者福祉法が市町村へ，2003年度からは知的障害者福祉法の職務が市町村へ移管された。このことにより，都道府県の福祉事務所は福祉三法（生活保護法，児童福祉法，母子及び父子並びに寡婦福祉法）を所管し，市町村設置の福祉事務所は六法を所管している。

　福祉事務所は，生活保護の窓口であるとのイメージが強いように，生存権保障の役割を古くから担い，現在においても生活保護を主要な職務としていることには違いない。

　しかし，高齢化率の上昇とそれに伴う生活相談，離婚の増加に伴うひとり親家庭の生活問題，児童虐待の緊急通報等，福祉事務所が対応する職務は多岐にわたっているのが実情である。

　経済的に困窮し，最低限度の生活を維持することができなくなる恐れのある生活困窮者を対象とした生活困窮者自立支援法が2015年4月に施行され，市及び福祉事務所を設置する町村の責務が明らかにされた。このことで，就労による自立支援やセーフティネットとしての仕組みを多重化するなどの仕組みが図られた。なお，本法には3年を目途に制度の検討を必要とする検討規定があったため，2018年6月に「生活困窮者等の自立を促進するための生活困窮者自立支援法等の一部を改正する法律」が公布され，生活保護行政を取り巻く環境の整備が強化されている。

2）政令指定都市とは，政令で指定する人口50万以上の市のことである。中核市とは，人口20万以上の市で，都道府県の事務権限の一部を移譲された市のこと。

それらの対応を専門的に行う福祉事務所の職員には，所長，指導監督を行う職員，現業員（ケースワーカー）が配置されており，指導監督を行う職員と現業員は，社会福祉主事[3]でなければならない（社会福祉法第15条）。

所員の定数は，条例で定められるが，現業員の数は被保護世帯の数に準じ，標準人員の数を定めている（社会福祉法第16条）。

(2) 児童相談所

児童相談所は，児童福祉の高度な専門機関として児童福祉法第12条，第59条の4に基づき設置される行政の機関である。都道府県並びに政令指定都市に設置が義務づけられており，中核市のような人口の大きな市（政令で定める市）にも設置が認められ，2017年4月からは東京都の特別区においても設置が可能となった。児童相談所は，2018年4月1日現在で210カ所（支所は含まない）が設置されている。

その業務は，家庭，地域，学校等から持ち込まれる児童に関する各種の相談に応じ，高度で専門的な見地から調査・診断・判定を行い，児童や保護者等に対し必要な指導を実施する。また，必要に応じて児童の一時保護も行い，児童福祉施設への入所等，措置又はその解除が行われる。

相談内容の領域は，極めて広く，児童の障害に関する相談や教育や，しつけ等の育成に関する相談，虐待や家庭の様々な理由による養育環境に関する養護相談，触法行為やその恐れのある非行に関する相談等がある。2017年度の相談受付総数は，463,038件であり，養護相談は全体の42％を占め，これまで相談のトップであった障がい相談は40％となっている。

近年の児童虐待の増加をはじめとした養護相談件数の激増からも，住民の最も身近な市町村において虐待等の早期発見・防止に努める必要性から，児童福祉法を一部改正し，2005年4月からは児童相談を市町村の業務とした。このことは，市町村で全てを対応するということではなく，市町村と児童相談所との役割分担により行われる。市町村は一次的な初期対応を担い，進行するケースの後方支援を児童相談所が担う。また，緊急性，専門性の高い困難な対応を必要とする相談は児童相談所を中心に行われる。さらに児童家庭支援センター[4]やその他の関連機関等との連携を強化し，児童福祉の専門機関としての役割を一層発揮していくことが期待されている。

3）社会福祉主事とは，行政機関において福祉六法に基づく相談・指導等を行う任用資格をいう。社会福祉主事は，社会福祉法第18条・19条に規定されており，行政職員（公務員）として福祉関連の部署で事務（技術）吏員として働く際に必要となる。
4）児童家庭支援センターとは，地域の児童の福祉に関する各般の問題につき，児童に関する家庭その他からの相談のうち，専門的な知識及び技術を必要とするものに応じ，必要な助言を行うとともに，市町村の求めに応じ，技術的助言その他必要な援助を行うほか，保護を要する児童又はその保護者に対する指導を行い，あわせて児童相談所，児童福祉施設等との連絡調整等を総合的に行うことを目的とする施設である（児童福祉法第44条の2）。附置される施設は，児童福祉施設等であり，施設のもつ専門性を活用することで，児童の福祉の向上を図る。なかでも児童養護施設を運営する社会福祉法人に設置が多い。全国で122カ所（2017年10月現在）が運営されている。

(3) 地域包括支援センター

　地域包括支援センターは，2005年の介護保険法の改正により創設され，その目的は，地域住民の心身の健康保持及び生活の安定のために必要な援助を行うことにより，その保健医療の向上及び福祉の増進を包括的に支援することである。具体的には，公正・中立の立場による総合相談支援をはじめ，虐待の早期発見と防止等の権利擁護や包括的・継続的ケアマネジメント支援，介護予防ケアマネジメントの機能を有し，多職種との連携をもって支援のためのネットワークを構築する必要性から地域ケア会議の推進を図っている。まさに地域を包括する福祉機関としての役割をもつ。

　運営主体は，市町村又は市町村から委託を受けた法人（社会福祉法人や医療法人等）であり，保健師，社会福祉士，主任介護支援専門員が配置されている。設置・運営については，市町村が事務局となって，地域包括支援センター運営協議会を設置する。その構成は，被保険者，NPO，介護保険サービス関係者，関係職能団体，権利擁護や相談等を担う関係者等，地域の実情を踏まえて選定され，センター運営における中立性の確保や人材確保の支援，運営支援と評価，地域社会資源のネットワーク化等を図ることがその役割となる。

3）行政を取り巻く福祉機関

(1) 社会福祉協議会

　私たちの生活の課題は多岐にわたり，それらを解決できる行政サービスが全て地域に整っているともいえず，地域内の社会福祉に係る問題を行政機関へと働きかけることや地域住民の協働によって問題の解決を図ることも必要である。いわば，地域住民が「共に生きる社会」というノーマライゼーションの理念を基調として，住民や関係団体等とそのあり方を協議し，民間の立場で地域福祉の推進を担うのが社会福祉協議会である。

　社会福祉協議会は，住民参加型の福祉団体の必要性から，1951年に中央社会福祉協議会（現・全国社会福祉協議会）が発足し，都道府県社会福祉協議会や郡市区町村社会福祉協議会が同時進行で結成され，地域福祉活動の推進組織の基盤がつくられてきた。

　これまでにも社会福祉協議会が，積極的に取り組んできた事業とその成果は大きいものがある。例えば，地域在宅サービスであるが，今や介護保険制度により，被保険者は自らの必要とする介護サービスを契約に基づいて受けることができる。しかし，それ以前は，在宅支援サービス（ホームヘルプ事業，入浴・給食サービス等）は，共同募金会による配分金等を財源として，社会福祉協議会が地域住民や福祉関係者とともに先駆的かつ中核的に実施してきた背景がある。

　社会福祉協議会は，中央の組織として全国社会福祉協議会が設置され，全ての都道府県，市区町村において設置されている。その立場は，住民の参加を基本とし，社会福祉関係者と行政の支援を受けている公益的な組織であり，社会福祉法に位置づけられた民間の組織である。その民間であるがゆえの自主性と公共性という2つの側面を併せ持っているのが特徴である。

　都道府県社会福祉協議会においては，各市町村を通じて広域的な見地から行うことが適切な事業，社会福祉事業に従事する者の養成・研修，社会福祉事業の経営に関する指導及び助言，市町村社会

　　　　　　　　　　　　　A　社会福祉行政と従事者

福祉協議会の相互の連絡及び事業の調整等を実施している。また都道府県行政からの補助事業や委託事業も実施しており，福祉行政を支える重要な側面も有している。たとえば，低所得者に対する重要な施策である生活福祉資金貸付制度については，貸付原資が公費でまかなわれ，都道府県社会福祉協議会が債権管理者となり，市町村社会福祉協議会を相談窓口として貸付の実施を行っている。

　市区町村社会福祉協議会では，住民の生活に密着した福祉的な取組みが数多く実施される。その一例として，小地域を単位とした住民や関係者による支援のネットワーク化を図る「ふれあいのまちづくり事業」やボランティア活動の支援・育成，ホームヘルプサービス・デイサービス運営事業，入浴・給食サービス，老人福祉センターの運営等の高齢者生活支援サービス，障害者への生活支援サービス，民生委員・児童委員をはじめ各福祉関係団体やサークルとの連携・協働，地域福祉活動計画の策定，心配ごと相談等，取り組むべき事業は多岐にわたる。なお，当該市町村による補助事業や委託事業も含め市町村行政との関係も深く，地域における民間福祉の中核的な存在となっている。

　今後，ますます進展する高齢化によって，ひとり暮らし高齢者への見守り支援をはじめ，日常生活の支援や孤立防止等を地域の福祉課題としてとらえることが重要視されている。小地域ごとの住民や関係機関，さらには社会資源が互いにつながりあうことで，支え合いの「しくみ」を創るという「生活支援サービスの体制整備」が全国的に展開されており，「住民主体の原則」を活動の基盤とする市区町村社会福祉協議会の役割に大きな期待が寄せられている。

(2) 共同募金会

　共同募金運動とは，民間社会福祉事業を推進するための財源を国民自らが造成する運動であり，赤い羽根募金とも称される「国民のたすけあい運動」であり，1947年に全国一斉に展開され，今日に至っている。

　共同募金は，社会福祉法に規定される第一種社会福祉事業であり，都道府県を単位として毎年1回，厚生労働大臣の定める期間内に限って行う寄付金の募集である。その寄付金は，社会福祉事業，更生保護事業その他の社会福祉を目的とする事業を経営する者（国及び地方公共団体を除く）に配分することを目的としている（社会福祉法第112条）。

　共同募金運動は，計画募金である。地域の福祉ニーズと事業計画によってあらかじめ配分計画と募金の目標額が設定され，それに基づいて募金の募集が行われ，配分委員会の承認を得て配分が行われる。

　住民の福祉の財源が，納税以外に募金といった方法で募集されるといったことや戸別募金が全体の7割程度を占める状況からも寄付金募集のあり方に理解が得られにくいといった指摘もある。共同募金は，民間社会福祉事業の推進に役立てられることにより福祉のまちづくりが進むこと，計画募金であることや福祉の心を育むということ等に理解を得る努力を行っている。

　さらに，12月には「歳末たすけあい運動」も実施しており，その他に大規模な災害等による緊急支援のための「災害義援金」を「日本赤十字社」や「日本放送協会（NHK）」をはじめメディアと

の連携・協働により実施する等，極めて重要な団体である。

(3) 社会福祉法人

　社会福祉法人とは，社会福祉事業を行うことを目的として，この法律の定めるところにより設立された法人であり（社会福祉法第22条），わが国の社会福祉事業を民間の立場で支えている。その主たる事業とは，分類すると社会福祉事業，公益事業，収益事業である。このうち，社会福祉事業は，社会福祉法第2条に規定される第一種社会福祉事業と第二種社会福祉事業をいう。これらの事業は，同条に詳細に列記されているが，おおよそ簡単に整理すると，第一種社会福祉事業は，国，地方公共団体又は社会福祉法人が経営することを原則とし（同法第60条），入所施設を経営する事業や生活困難者等に無利子又は低利で資金を融通する事業等である。これらは，利用者の人権の侵害につながるリスクが高いことから，擁護すべき事業がみられる。第二種社会福祉事業は，デイサービス，ショートステイや保育所等の通所による事業等がある。

　公益事業並びに収益事業は，社会福祉事業に支障がない限り行うことができる事業であり，公益事業とは，社会福祉と関係性のある公益を目的にした事業をいい，収益事業とは，その収益を社会福祉事業もしくは公益事業に充てることを目的とした事業である（社会福祉法第26条）。

　法人格を取得するためには，社会福祉法に規定される要件を満たし，社会福祉事業の区域による所轄庁（都道府県知事，指定都市・中核市および市長，厚生労働大臣）の認可を受けなければならず，極めて高い公共性と公正かつ適正な運営責任が求められる。なお，2016年3月に成立した社会福祉法等の一部を改正する法律では，経営組織のガバナンスの強化，事業運営の透明性の向上，財務規律の強化，さらには地域における公益的な取り組みの責務等が課せられた。

　身近なところでは，社会福祉協議会をはじめ，保育所や福祉施設の多くが社会福祉法人格を有し社会福祉事業を担っている。

(4) NPO法人

　NPO（nonprofit organization）は，営利を目的としない民間の社会貢献活動を実施する団体で，特定非営利活動促進法に基づき位置づけられる。その分野は，福祉や保健・医療，学術・文化・芸術・スポーツ，環境，災害救援，地域安全，人権擁護，平和，国際協力，男女共同参画，科学技術，経済・消費他，多岐にわたり，51,609法人（2019年3月末現在）が認証を受けて活動している。

　同法によるとその目的は，「特定非営利活動を行う団体に法人格を付与すること並びに運営組織及び事業活動が適正であって公益の増進に資する特定非営利活動法人の認定に係る制度を設けること等により，ボランティア活動をはじめとする市民が行う自由な社会貢献活動としての特定非営利活動の健全な発展を促進し，もって公益の増進に寄与すること」である（法第1条）。また，特定非営利活動とは，不特定かつ多数のものの利益の増進に寄与するために行われるものであり（第2条），同法人は，特定の個人又は法人その他の団体の利益を目的として事業を行なってはならない（第3条）。NPO法人による福祉分野での活動そのものが，地域福祉の進展に直結していくことが期待される。

２．社会福祉の担い手と役割

　社会福祉従事者とは，社会福祉分野（児童相談所，福祉事務所，地域包括支援センター，社会福祉協議会，各種社会福祉施設，保健所，病院，その他の団体・事業所等）で働く様々な職種をひとまとめにした名称である。介護福祉士，社会福祉士，精神保健福祉士，保育士等の国家資格としての高い専門性を有する従事者をはじめ，介護現場で従事する初任者（ホームヘルパー）や社会福祉主事任用資格等の資格者，さらには民生委員・児童委員，主任児童委員，里親，ボランティア等の無資格のものまで多種の職種の者が従事している。

　専門性というと，そこには高度な知識や技術が求められるのであるが，それらを活かす上で最も大切なものは，福祉倫理である。これは，福祉従事者としての基本的かつ必須要件ともいえるものであり，たとえば人権を尊重することや従事者としてふさわしい福祉観や価値観をもつこと等である。よって福祉倫理の上に，知識や技術が成り立つとともに相互に関連しあうことで，確かな専門性が確立されるのである。

　さて，わが国は，世界でも類をみないスピードで高齢社会へと突入したことから，高齢者介護を中心に制度の整理・拡充が検討され，併せて専門的人材の養成・確保が急がれることとなった。国は，1987年に社会福祉士及び介護福祉士法を創設し，わが国における福祉の専門職としての資格を位置づけた。近年においては，高齢化率の上昇とともに介護保険サービスの需要が年々増加傾向にあり，この分野は極端な人手不足に陥っている。

　また，増加する認知症患者と団塊の世代が75歳となる2025年へ向けて，高齢者介護福祉施設を中心に外国人労働者の獲得を目指す傾向にある。さらに，待機児童ゼロを目指す子育て支援施策による幼保一元化や児童虐待等の養護問題，子育て環境の劣悪さから生じる児童家庭問題に対しても，高い福祉観や保育技術をもって対応することが求められ，保育士への期待も高まっている。

　しかし，福祉従事者については，離職率が高いのが現状である。その原因は，責任の重さと高い専門性に比して，低い給与水準が指摘されている。また，不規則勤務や残業等の問題も存在し，福祉従事者になることを敬遠する大きな要因であるともいわれている。このような状況から，国は，「社会福祉事業に従事する者の確保を図るための措置に関する基本的な指針」を定める等，労働環境の整備やキャリアアップの仕組みの構築等の観点から検討を重ね，人材確保に取り組んでいる。

１）社会福祉士・介護福祉士

　社会福祉士と介護福祉士は，「社会福祉士法及び介護福祉士法」に基づく国家資格であり，第一線の福祉機関でそれぞれの専門性を活かし，利用者の福祉を確保する重要な資格である。両者の定義であるが，社会福祉士は，「登録を受け，社会福祉士の名称を用いて，専門的知識及び技術をもって，身体上若しくは精神上の障害があること又は環境上の理由により日常生活を営むのに支障がある者の福祉に関する相談に応じ，助言，指導，福祉サービスを提供する者又は医師その他の保健医療サービスを提供する者その他の関係者との連絡及び調整その他の援助を行うことを業とする者」

（第2条）である。これは，社会福祉士の職務が単に相談援助にとどまらず，利用者が有する能力に応じて，尊厳を持った自立生活が営めるように，関連する各サービスとの連携を強化しつつ，総合的かつ包括的に援助していくことを社会福祉士に求めたものである。

　一方，介護福祉士は，「登録を受け，介護福祉士の名称を用いて，専門的知識及び技術をもつて，身体上又は精神上の障害があることにより日常生活を営むのに支障がある者につき心身の状況に応じた介護（喀痰吸引その他のその者が日常生活を営むのに必要な行為であつて，医師の指示の下に行われるもの（厚生労働省令で定めるものに限る。以下「喀痰吸引等」という）を含む）を行い，並びにその者及びその介護者に対して介護に関する指導を行うことを業とする者」（第2条）と規定されている。これは，介護福祉士の職務が，入浴や排せつ，又は食事その他の介護といった身体的介護にとどまらず，医師の指示の下に行われる医療的ケアをはじめ，認知症ケアや知的・精神・発達に障害のある者への対応等，心理的あるいは社会的な支援の必要性からも心身の状況に応じた介護を行うことを意味するものである。

　資格取得のためには，社会福祉士は，福祉系大学等における指定科目履修の方法をはじめ12種類のルートで受験資格を得て，国家試験を受験することになる。介護福祉士は，介護福祉士養成施設等で指定科目及び指定時間の教育を受け，国家試験の受験資格を得る方法をはじめ，福祉系高校等あるいは3年以上の実務経験等に加え実務者研修を経て，国家試験を受験する。なお，介護福祉士養成施設等で指定科目及び指定時間の教育を受けた者も2017年度から国家試験が課せられている。登録数は，社会福祉士で233,517名，介護福祉士で1,624,829名（2019年3月末現在）である。

　なお，両資格者の義務等については，信用失墜行為の禁止をはじめ，知りえた個人の秘密を保持する秘密保持，福祉サービス関係者との連携保持，自らの知識・技能の向上に努める責務，社会福祉士や介護福祉士でない者がその名称を使用できない名称使用制限等がある。

2）精神保健福祉士

　精神保健福祉士は，精神保健福祉士法に基づく国家資格であり，法は「精神保健福祉士の資格を定めて，その業務の適正を図り，もって精神保健の向上及び精神障害者の福祉の増進に寄与すること」をその目的としている（第1条）。

　精神保健福祉士の定義は，「登録を受け，精神保健福祉士の名称を用いて，精神障害者の保健及び福祉に関する専門的知識及び技術をもって，精神科病院その他の医療施設において，精神障害の医療を受け，又は精神障害者の社会復帰の促進を図ることを目的とする施設を利用している者の地域相談支援の利用に関する相談その他の社会復帰に関する相談に応じ，助言，指導，日常生活への適応のために必要な訓練その他の援助を行うことを業とする者」（第2条）とされている。

　資格取得のためには，保健福祉系大学等における指定科目履修をはじめ，11種類のルートで受験資格を得て，国家試験を受験することになる。登録数は，85,122名（2019年3月末現在）である。

　資格者の義務等については，常にその者の立場に立って誠実に業務を行う誠実義務をはじめ，信用失墜行為の禁止，知りえた個人の秘密を保持する秘密保持，各種サービスを提供する者・その他

の関係者との連携と主治医からの指導，資質向上の責務，名称の使用制限等がある。

3）保 育 士

　保育士は，児童福祉法に基づく国家資格であり，法の理念である児童の健全育成の重要な担い手である。さて，保育士の定義であるが，「登録を受け，保育士の名称を用いて，専門的知識及び技術をもつて，児童の保育及び児童の保護者に対する保育に関する指導を行うことを業とする者」（18条の４）である。

　資格取得のためには，大学や短期大学等の指定保育士養成施設（保育士を養成する学校やその他の施設）を卒業するか，または所定の保育士受験資格を得て，都道府県知事の実施する保育士試験を受験することになる。登録数は，1,530,872名（2018年４月現在）である。

　保育士には，名称の使用制限の他，信用失墜行為の禁止や秘密保持が課せられている。

　さて，現場の保育士は，保育所で勤務する保育士と施設で勤務する保育士とに大別される。保育所は，家庭や保護者の補完的役割を担い，乳児院，児童養護施設や障害児入所施設等の児童福祉施設においては，施設を生活の場とする子どもたちへの養護を行うことで，家庭や保護者の代替的な役割を担っている。

　近年の子育て環境の多様化に伴い，各種子育て支援事業では，児童福祉の専門職としての保育士の役割と期待が一層高くなっている。例えば，延長保育，休日保育，夜間保育や事業所内保育，保護者の就労形態等にあわせた保育サービスの拡充の他，地域子育て支援センターとしての役割を担う保育所や児童家庭支援センターを附置する児童福祉施設等で住民への相談・支援の業務を担っている。

　さらに，2006年10月からは，教育・保育を一体的に提供できる「認定こども園」がスタートし，ここに従事する職員は，幼稚園教諭の普通免許状と保育士資格の２つを持つ（保育教諭）ことが原則必要である。

　また，2015年９月には，地域限定保育士制度が創られ，翌年度からは本格的に実施される等，保育士の養成・確保へ向けた取り組みが行われている。

　このように，保育所や児童福祉施設の役割が，施設内の児童や保護者への支援や指導にとどまらず，施設外の児童や保護者，地域住民への相談支援が行われる場として，その機能が拡大している。増加する児童虐待に関しても，子どもの身体的状況や子どもや保護者からのサインを発見しやすい立場にあるため，保育士に求められる期待はこれまで以上に高まっているといえよう。

4）民生委員・児童委員，主任児童委員

　民生委員の歴史は古く，1917年には，岡山県に防貧活動を担う済世顧問制度が誕生し，翌年には大阪府に方面委員制度が創設され全国へ普及した。現在では，民生委員制度として100年を超える歴史を有し国民生活を支えている。

　民生委員・児童委員は，簡略して民生委員と呼ばれることが多い。これは民生委員が児童委員を

兼務していることもその理由としてあるが，児童委員制度の存在が十分に国民に周知されていない現状も存在する。民生委員・児童委員の行う職務は，公的な支援であり，厚生労働大臣により委嘱が行われる。また，委員への給与は支給されず（無報酬），任期は 3 年，特別区を含む市町村の区域ごとに配置される。民生委員は，都道府県知事の指揮監督を受けるものとされ，市町村長は，民生委員に援助を必要とする者に関する必要な資料の作成を依頼し，その他民生委員の職務に関して必要な指導をすることになっている。

なお，市町村には，定められた区域ごとに単位民児協（法定民児協）と称される民生委員協議会が組織され活動を展開している。厚生労働大臣による委嘱や県知事から指揮監督を受ける立場にあるが，実際には，市町村における関係性が最も強く，地域住民の最も身近な支援者としての役割を遂行している。

推薦については，都道府県知事によって行われるが，この推薦は，当該市町村の民生委員推薦会が推薦した者について行われることになる。その推薦会の委員は，当該市町村の区域の実情に通ずる者であり，市町村議会の議員，民生委員，社会福祉事業の実施に関係のある者等から市町村長が委嘱する。

民生委員は，民生委員法に「社会奉仕の精神をもつて，常に住民の立場に立つて相談に応じ，及び必要な援助を行い，もつて社会福祉の増進に努めるものとする」（第 1 条）といった任務が規定されており，具体的な職務としては，住民の生活状態を必要に応じ適切に把握すること，生活に関する相談に応じ，助言その他の援助を行うこと，福祉サービスを適切に利用するために必要な情報の提供その他の援助を行うこと，社会福祉関係者との連携とそれらの事業・活動を支援すること，福祉事務所その他の関係行政機関の業務に協力すること，さらにこれらの他に，必要に応じて住民の福祉の増進を図るための活動を行うことになっている。すなわち，行政協力活動と自主活動を担うのである。

児童委員の活動に関しては，児童福祉法を根拠とした活動を行うことになる。その職務は，児童及び妊産婦につき，その生活及び取り巻く環境の状況を適切に把握しておくこと，児童及び妊産婦の保護，保健その他の福祉に関し，サービスを適切に利用するために必要な情報の提供その他の援助及び指導を行うこと，児童の健やかな育成に関する気運の醸成に努めること等が掲げられている。

なお，児童委員は，1947年の児童福祉法制定時に創設された制度であり，近年の児童問題の複雑化かつ深刻さから児童委員活動を推進する目的で，1994年に主任児童委員が設置された。ここでいう「主任」とは，児童委員との関係で上下関係を示すものではない。民生委員が児童委員を兼務することで，児童福祉についての連絡調整と助言・協力を行いつつ，連携をもって児童福祉の増進を図るものである。

このように民生委員・児童委員，主任児童委員は，地域住民の最も身近な存在として重要な役割を担うのであるが，委員の高齢化や職務の多忙化等の理由により，改選時の欠員が問題となっている。委員に欠員が生じれば，住民を行政サービスへとつなぐことに支障が生じるため，委員の確保に苦慮している市町村も多い。

B 相談援助の体系と方法

1. 社会福祉援助技術（ソーシャルワーク）とは

　社会福祉の基本的な援助技術として，社会福祉援助技術（ソーシャルワーク），ケースワーク，グループワーク，コミュニティワークなどが挙げられる。ソーシャルワークという言葉は，社会福祉における援助の方法，体系として用いられている。この社会福祉援助は，援助者と周りの対人関係の中で固有の援助技術を活用しながら進めるものである。

　その援助の過程（プロセス）が問われるものであり，リッチモンド[5]（Richmond, M.）は「ソーシャルケースワークは，人間と社会環境との間を個別に，意識的に調整することを通してパーソナリティを発達させる諸"過程"から成り立っている」，パールマン[6]（Perlman, H. H.：1905〜2004）は「ソーシャルワークは，人々が社会的に機能する間に起こる問題をより効果的に解決することを助けるために福祉機関によって用いられる"過程"である」と定義した。

　このソーシャルワークの使命についてブトゥリム[7]（Butrym, Zofia T.）は，『ソーシャルワークとは何か』（1976年）で，ソーシャルワークの使命は，人間の苦境の軽減でありソーシャルワークの"価値前提"として以下の3つを挙げた。

① 人間尊重：人間が人間として生まれてきた事実そのもの，その人間の能力や行動にかかわらず人間は尊重されるべき存在である。

② 人間の社会性：人間は各々個々に独自性を持った生きものであり，その独自性を貫くために他者に依存する存在である。

③ 変化の可能性：人間は変化するものであるという成長及び向上の可能性に対する信念から生じ，環境の変化と人間変化及び成長との因果関係に基づく決定的な人生観に依拠するものではない。

　これらのソーシャルワークの実践全体に共通する要素を探求し，援助技術として共通する基盤を明らかにしたのがアメリカのバートレット[8]（Bartlett, H. M.：1897-1987）である。バートレットは，

5）『社会診断』（1917年），『ソーシャル・ケースワークとは何か』（1922年）を著し，ケースワークを体系化した。個別援助技術の語源であるケースワークという言葉を最初に用い，個別援助技術の生みの親であり「ケースワークの母」と呼ばれている。

6）アメリカの社会福祉研究者。『ケースワーク：問題解決の過程』（1957年）を著し，ケースワークの核となる要素として4つのP（person：人，problem：問題，place：場所，process：過程）を明らかにした。後に，専門職ワーカー：profession，制度・政策：provision のふたつを加えた。

7）イギリスのソーシャルワーク研究者。

8）アメリカのソーシャルワークの実践者，研究者。

人間の社会生活機能（個人や家族，集団や地域）に焦点をあてている。つまり，ソーシャルワークの関心は「人と環境との相互作用」である。

国際ソーシャルワーカー連盟協会（IFSW：International Federation of Social Workers）は，2000年7月に以下のようにソーシャルワークについて定義した[9]。

> ソーシャルワーク専門職は，人間の福利（ウェルビーイング）の増進を目指して，社会の変革を進め，人間関係における問題解決を図り，人々のエンパワーメント解放を促していく。ソーシャルワークは，人間の行動と社会システムに関する理論を利用して，人びとがその環境と相互に影響し合う接点に介入する。人権と社会正義の原理は，ソーシャルワークの拠り所とする基盤である。

また，日本社会福祉士会は，この定義の解説，価値，理論，実践についても詳細を掲載している[10][11]。

〈解説〉

様々な形態をもって行われるソーシャルワークは，人びととその環境の間の多様で複雑な相互作用に働きかける。その使命は，すべての人びとが，彼らのもつ可能性を十分に発展させ，その生活を豊かなものにし，かつ，機能不全を防ぐことができるようにすることである。専門職としてのソーシャルワークが焦点を置くのは，問題解決と変革である。従ってこの意味で，ソーシャルワーカーは，社会においての，かつ，ソーシャルワーカーが支援する個人，家族，コミュニティの人びとの生活にとっての，変革をもたらす仲介者である。ソーシャルワークは，価値，理論，および実践が相互に関連しあうシステムである。

〈価値〉

ソーシャルワークは，人道主義と民主主義の理想から生まれ育ってきたのであって，その職業上の価値は，すべての人間が平等であること，価値ある存在であること，そして，尊厳を有していることを認めて，これを尊重することに基盤を置いている。ソーシャルワーク実践は，1世紀余り前のその起源以来，人間のニーズを充足し，人間の潜在能力を開発することに焦点を置いてきた。人権と社会正義は，ソーシャルワークの活動に対し，これを動機づけ，正当化する根拠を与える。ソー

---

9) モントリオールにおける総会において採択され，日本語訳は日本ソーシャルワーカー協会，日本社会福祉士会，日本医療社会事業協会で構成する日本国調整団体が2001年1月26日決定した定訳である。ソーシャルワーク専門職のこの国際的な定義は，1982年に採択された IFSW 定義に代わるものである。

10) https://www.jacsw.or.jp/01_csw/08_shiryo/teigi.html 日本社会福祉士会ホームページ

11) ソーシャルワークの定義は，数年間の検討を経て，2014年，国際ソーシャルワーカー連盟（IFSW）および国際ソーシャルワーク学校連盟（IASSW）のメルボルン総会において採択され，「ソーシャルワーク専門職のグローバル定義」として改訂されている。（日本社会福祉士会「ソーシャルワークのグローバル定義」について https://www.jacsw.or.jp/06_kokusai/index.html#sw 参照）

シャルワーク専門職は，不利益を被っている人びとと連帯して，貧困を軽減することに努め，また，傷つきやすく抑圧されている人びとを解放して社会的包含（ソーシャル・インクルージョン）を促進するよう努力する。ソーシャルワークの諸価値は，この専門職の，各国別並びに国際的な倫理綱領として具体的に表現されている。

〈理論〉

ソーシャルワークは，特にソーシャルワークの文脈でとらえて意味のある，地方の土着の知識を含む，調査研究と実践評価から導かれた実証に基づく知識体系に，その方法論の基礎を置く。ソーシャルワークは，人間と環境の間の相互作用の複雑さを認識している。そして，人びとの能力が，その相互作用に対して働くさまざまな力—それには，生体・心理社会的要因が含まれる—によって影響を受けながらも，同時にその力を変えることができることをも認識している。ソーシャルワーク専門職は，複雑な状況を分析し，かつ，個人，組織，社会，さらに文化の変革を促すために，人間の発達と行動，および社会システムに関する理論を活用する。

〈実践〉

ソーシャルワークは，社会に存在する障壁，不平等および不公正に働きかけて取り組む。そして，日常の個人的な問題や社会的な問題だけでなく，危機と緊急事態にも対応する。ソーシャルワークは，人と環境についての全体論的なとらえ方に焦点を合わせた様ざまな技能，技術，および活動を利用する。ソーシャルワークによる介入の範囲は，主として個人に焦点を置いた心理社会的プロセスから社会政策，社会計画および社会開発への参画にまで及ぶ。この中には，人びとがコミュニティの中でサービスや社会資源[12]を利用できるように援助する努力だけでなく，カウンセリング，臨床ソーシャルワーク，グループワーク，社会教育ワークおよび家族への援助や家族療法までも含まれる。ソーシャルワークの介入には，さらに，施設機関の運営，コミュニティ・オーガニゼーション[13]，社会政策および経済開発に影響を及ぼす社会的・政治的活動に携わることも含まれる。ソーシャルワークのこの全体論的な視点は，普遍的なものであるが，ソーシャルワーク実践での優先順位は，文化的，歴史的，および社会経済的条件の違いにより，国や時代によって異なってくるであろう。

2．ソーシャルワークの体系

ソーシャルワークは，合理的・効率的・個別的な援助の方法であり，大きく直接援助技術，間接援助技術，関連援助技術の3つが挙げられる（図表4-1）。

12）人間の社会生活を支える制度やサービス，機関や人材の総称。
13）1960年代にロス（Ross, M. G.）が提唱した，地域住民の共通の問題を発見し，この対策を住民参加によって計画的に図るという理論。岡村重夫がロスの『コミュニティ・オーガニゼーション─理論と原則』を全訳し紹介した。

図表4−1　ソーシャルワークの体系

ソーシャルワーク	
直接援助技術	個別援助技術（ケースワーク） 集団援助技術（グループワーク）
間接援助技術	地域援助技術（コミュニティワーク） 社会福祉調査法（ソーシャルワーク・リサーチ） 社会福祉運営管理（ソーシャル・ウエルフェア・アドミニストレーション） 社会活動法（ソーシャル・アクション） 社会福祉計画法（ソーシャル・プランニング）
関連援助技術	ネットワーク，ケアマネジメント，スーパービジョン，カウンセリング，コンサルテーション

出所：山縣文治・岡田忠克編『よくわかる社会福祉〔第10版〕』ミネルヴァ書房，2014年，p.82，筆者一部改変

3．対象把握の変遷

　社会福祉援助活動の対象は，社会福祉士及び介護福祉士法の第2条において「身体上若しくは精神上の障害があること又は環境上の理由により日常生活を営むのに支障がある者の福祉に関するものである」とされている。

　社会福祉援助の対象がどのように把握されてきたのかということを友愛訪問活動，精神分析論と診断主義，システム概念とライフモデル，ナラティブ・アプローチという変遷を通して概観する。

　イギリスでは16世紀に，国家が貧困対策を始めた。当時はモア[14]（T. More：1478-1535）が「羊が人間を食う」と表現したように，毛織物市場の拡大により多くの農民が土地から切り離され，農地から牧草地へと囲い込みをされた。このため，農民が大量の浮浪者となる事態となった。これを改善するために慈善組織協会が友愛訪問（戸別訪問）を行い，これがアメリカに伝わり，慈善組織協会の事業方法はリッチモンドによってソーシャルワークへと体系化されていった。リッチモンドは『ソーシャル・ケースワークとは何か』（1922）で，ソーシャル・ケースワークを「人間と社会環境との間を個別に，意識的に調整することをとおしてパーソナリティを発達させる諸過程」と定義づけている。援助活動の出発点において「人」と「環境」の2つの側面を視野に収めて固有の観点を確保しようとしてきた（稲沢ら2008,22）。

　その後，1920年代になるとフロイト[15]（S. Freud：1856-1939）の精神分析論に影響を受け，「人」の無意識の精神的内界に注目する傾向が主流となったが，社会福祉援助の独自性を目指して「診断主義」という学派も生まれた。そして1940年代以降には“状況—の中の—人間”という概念に基づき，「人」を包括的に把握しようとした（稲沢ほか 2008,23）。

　1960年代の終わりになると，システムという「相互作用しあう要素の複合体」を概念として，社会福祉援助の理論化を進めていく試みも見られた。それによって，社会福祉援助の達成されるべき目標は「人と環境の最善の交互作用」とされ，リッチモンドが考えていた「人」と「環境」は，一つのシステムとして捉えられた。

　1970年代から，その延長線上にライフモデルが提唱された。人と環境が交互に作用する局面にお

14）イングランドの法律家，思想家。政治・社会を風刺した『ユートピア』を著した。
15）オーストリアの精神科医で精神分析の創始者。

いて発生する生活上の問題について具体的に全体状況を把握するためのアセスメント（事前評価）の重要性が強調された（稲沢ほか 2008,24）。

　しかし，人と環境を包括的なアセスメントに批判的な意見も出された。1つめは，人と環境のそれぞれについてのアセスメントは可能としても，両者の交互作用をどのように記述するかは不明瞭であること。2つめは，人と環境の相互作用は物理的や客観的な関係性ではなく，本人の受け取り方や意味づけといった主観性である領域において見出されるのではないかという考え方である。この2つの批判的な意見から，クライエント自身の語る言葉を通してクライエント独自の捉え方を読み取ろうという姿勢が生まれた。これが「ナラティブ・アプローチ」である。

　この背景となる理論は「社会構成主義」であり，人はそれぞれの固有の物語（ナラティブ），主観的な捉え方に基づいて生きており，それらはクライエントにとってかけがえのない大切な物語として最大限に尊重されるべきものという考え方である。

　このように人と環境の捉え方は，対象把握が客観化の傾向が強まっていくことで，クライエント自身の主観的なナラティブ・アプローチの立場へと変遷してきたのである（稲沢ほか 2008, pp.25-27）（図表4-2）。

1）個別援助技術（ケースワーク）

　ケースワークは，19世紀後半にイギリスの慈善組織協会が行ったCOS運動（COS：Charity Organization Society）で生まれた生活問題解決のための援助法である。心理学・精神分析学（社会科学）の影響を受け，個別性を重視する。多くの慈善団体との連絡や調整によって貧困家庭への支援を，

図表4-2　対象把握の変遷

出所：稲沢公一・岩崎晋也編『社会福祉をつかむ［改訂版］』有斐閣，2008年，p.26を筆者一部改変

友愛訪問員と呼ばれるボランティアが個別訪問活動を行ったことが，ケースワークの始まりと言われている。

リッチモンド（Richmond, M.）は，ケースワークについて「個人と環境に総合的に働きかけ，その関係を望ましい状態に調整しながら，パーソナリティの発達を図ろうとするもの」と述べている。また，ケースワークの過程を社会調査，社会診断，社会治療の3領域に分類し，援助は計画的に行われるものとしている。時代の要請や変化により，ケースワークは多様な展開をみせる。相談機関のみならず，社会福祉施設においても重要な専門技術である。

バイスティック[16]（Biestek, F. P.：1912-1994）は，個別援助技術を用いる際に援助者に求められる基本的な姿勢について，7つの原則を挙げている（図表4-3）。

2）集団援助技術（グループワーク）

集団援助技術は，個々のメンバーやそのグループ全体が抱えている問題をグループそのものの力

図表4-3　バイスティック：ケースワークの7つの原則

原則	内　容
1，個別化：クライエントを個人として捉える	一人一人のクライエントがそれぞれに異なる独特な性質を認め，理解すること。それぞれのクライエントに合った援助の原則と方法を適切に使い分けること。人は個人として認められるべきであり，単に「一人の人間」ではなく，独自性をもち「特定の一人の人間」としても対応される。
2，意図的な感情の表出：クライエントの感情表現を大切にする	クライエント自身が，とりわけ否定的感情を自由に表現したいというニードをもっていると認識すること。ケースワーカーは，彼らの感情表現を妨げたり非難するのではなく，彼らの感情表現に援助という目的をもって耳を傾ける必要がある。彼らの感情表出を積極的に刺激したり励ますことが必要。
3，統制された感情の表出	ケースワーカーが自分の感情を自覚して吟味するとは，まずはクライエントの感情に対する感受性をもち，クライエントの感情を理解すること。ケースワーカーが援助という目的を意識しながら，クライエントの感情に適切な形で反応すること。
4，受容：受けとめる	ケースワーカーが，クライエントの人間としての尊厳と価値を尊重しながら，彼の健康さと弱さ，また好感をもてる態度もてない態度，肯定的感情と否定的感情，あるいは建設的な態度及び行動と破壊的な態度及び行動などを含め，クライエントを現在のありのままの姿で感知し，クライエントの全体にかかわること。
5，非審判的態度：クライエントを一方的に非難しない	ケースワーカーは，クライエントに罪があるかないか，あるいはクライエントがもっている問題やニーズに対してクライエントにどれくらいの責任があるかなどを判断すべきではない。しかし，クライエントの態度や行動，彼がもっている判断基準を多面的に評価する必要がある。クライエントを一方的に非難しない態度には，ワーカーが内面で考えたり感じたりしていることが反映されクライエントに自然に伝わるものである。
6，クライエントの自己決定：クライエントの自己決定を促して尊重する	ケースワーカーが，クライエントの人間としての自ら選択し決定する自由と権利そしてニードを具体的に認識すること。また，クライエントが利用できる適切な資源を地域社会や彼自身の中に発見して活用し援助する責務をもっている。
7，秘密保持：秘密を保持して信頼感を醸成する	クライエントが専門的援助関係の中で打ち明ける秘密の情報を，ケースワーカーがきちんと保全すること。これにより，信頼感を伴う援助関係を形成する上で欠かせないことである。秘密保持はクライエントの基本的権利に基づく。これは，ケースワーカーの倫理的な義務である。

出所：F.P.バイスティック／尾崎新・福田俊子・原田和幸訳『ケースワークの原則［新訳　改訂版］援助関係を形成する技法』誠信書房，2006年，p.27，p.36，pp.54-55，pp.113-114，p.141，p.164，p.190より筆者改変

16）アメリカの社会福祉研究者。利用者と援助者の望ましい援助関係を形成するためにケースワークの7原則を示した。

図表4-4　コノプカ：集団援助技術の原則

原則	内　　　容
1．個別化	集団援助技術における個別化には，「メンバーに個別化」と「グループの個別化」の二つの側面がある。前者には，個々のメンバーの個性を尊重して，その個人を理解した上で援助を展開すること。後者は，グループに対してもそれを一つの援助対象とみなし，同じようなグループであっても，それぞれの個性を尊重して援助を行うこと。
2．受容	受容の原則とは，グループのメンバーの価値，あるいは言動や感情などに対して，ありのままを受け入れていくこと。援助者が，同情ではなく共感的な態度でメンバーやグループに接していくことが信頼関係（ラポール）を築くことにつながる。
3．参加	参加の原則とは，グループ活動に対してメンバーの自主的・主体的・参加を促すこと。援助者は様々な障壁を可能な限り取り除いた上で，メンバーの能力に応じた環境を整えることが大切。それによって，メンバーの主体的参加が促進され，グループ内の協力関係や相互作用が活発化する。
4．経験（体験）	経験（体験）の原則とは，グループ活動を通して経験を積み，メンバーが感情や考えを交換・共有することで各自が社会的成長を図るというもの。集団援助技術におけるグループは，一種の疑似社会である。その許容的な雰囲気の中で培った経験は，実社会に戻った際の行動な大きな原動力になる。
5．葛藤解決	葛藤解決の原則とは，グループ内の様々な葛藤・課題を，グループ自らが解決できるように導くというもの。葛藤という困難を乗り越えれば，グループはより成長していく。援助者は，葛藤を成長の機会と捉え，グループ内で自己解決ができるよう側面的に援助することが必要。
6．プログラム活動	プログラム活動の原則とは，メンバーの参加動機を明確にするため，効果の期待できるプログラムを綿密に計画し，目標設定や評価を継続的に実施すること。プログラム活動は，あくまで問題解決の手段であって，活動そのものが目的でないことを忘れてはいけない。
7．制限	制限の原則とは，メンバー一人ひとりを尊重する意味から，メンバーの行動に境界線を設定することで，グループ内に一種の規範を確立するというもの。例えば，他のメンバーの迷惑になる言動や持ち物の制限，グループワークの時間・回数や場所の明示などを行うことによって，効果的な活動が出来るようにする。

出所：石田慎二・山縣文治編『社会福祉［第4版］』ミネルヴァ書房，2010年，p.152より筆者一部改編

を活用して，個人の成長や問題解決を促すための技術である。グループワークではワーカーとクライエントの援助関係の他に，メンバー同士の関係や集団力動を活用するので複数の援助関係が存在すると言われる。グループワークを行う際に，援助者が留意することとして，コノプカ[17]（Konopka, G.：1910-2003）が提唱した14の原則がある。以下に，主な7つの原則である①個別化の原則　②受容の原則　③参加の原則　④経験（体験）の原則　⑤葛藤解決の原則　⑥プログラム活動の原則　⑦制限の原則を挙げる（図表4-4）。

3）間接援助技術

　間接援助技術とは，個人を取り巻く環境的側面に働きかけを行うもので，市町村単位の地域問題や社会福祉についての調査などを行うことによって，対象者を間接的に援助するものである。

　地域援助技術（コミュニティワーク）は，地域社会自体の問題解決能力を高めること，地域住民の組織化や地域活動への参加促進，さまざまな社会福祉関係機関，施設や団体間の連携を通じて住民にとって住み良い地域社会づくりを目指した援助技術である。

　社会福祉調査法（ソーシャルワーク・リサーチ）は，社会福祉サービスの必要性を見極めるための資料を得ることを目的とした調査，援助活動を促進するために実態を把握するための調査である。

17）ドイツ出身のアメリカのグループワーク研究者。児童相談や非行少年などを対象とした実践的調査を重ね，グループワークの発展に貢献した。

それを基に，地域福祉の推進を図り具体的計画を作成する方法が社会福祉計画法（ソーシャル・プランニング）である。また，社会福祉政策やサービス内容の改善や，新たな社会福祉サービスを国や地方自治体に働きかける社会活動法（ソーシャル・アクション）がある。そして，社会福祉サービスを提供する施設や機関がサービスの向上，また効果的なサービス提供のために社会福祉運営管理（ソーシャル・ウエルフェア・アドミニストレーション）の技術も必要である。

4）関連援助技術

　社会福祉の実践において，経験の浅い社会福祉施設の職員などのソーシャルワーカーが業務遂行するためには，専門知識・技術を習得しながら専門職としての実践，訓練を必要とする。経験のあるソーシャルワーカーが指導者となり，初心者が学習してきた知識や技術を実地の経験と課題を解決できるように養成していく過程である。これは，間接的には利用者へのサービスの質の向上となり，直接的には初心者の資質向上や養成となる。このように，よりよい実践をしていくための養成，訓練の過程をスーパービジョンという。

　そして，スーパービジョンを受ける人をスーパーバイジー，スーパービジョンを行う指導者をスーパーバイザーと呼ぶ。

　スーパービジョンの目的には，次の2つがある。1つめは，ソーシャルワーカーの養成，訓練である。専門的知識，技術，倫理を修得し専門職として成長していくためにはスーパービジョンは不可欠である。2つめは，所属する機関，組織の機能，役割にそった職務を遂行し，機関に期待される援助をするためである。したがって，機関や組織に固有の機能を修得しなければならない。スーパービジョンは，ソーシャルワークの発展とともに展開された。

　スーパービジョンには，以下の3つの機能がある。

① 教育的機能：ソーシャルワークにとって必要な理論，方法，面接の仕方，アセスメント，介入などの知識や技術を実践の場で活用できるように教育すること。

② 支持的機能：スーパーバイジーが成長するためには，スーパーバイザーの支持・受容が重要である。

③ 管理的・評価的機能：その機関の機能や組織，その他業務内容などについての必要な知識を与え，それらについて管理・監督をする機能が管理的機能である。評価的機能は，勤務態度，勤務内容，業務成果などを評価すること。

　スーパービジョンの方法には，個別スーパービジョン，グループスーパービジョン，ライブ・スーパービジョンなどがある。

　個別スーパービジョンは，スーパーバイザーとスーパーバイジーと一対一の形態で，援助技法がきめ細かく修得できる反面，スーパーバイザーの個人的属性の影響を受けやすく，上下関係の固定化や依存的関係に陥りやすくなる。グループスーパービジョンは，一人のスーパーバイザーと複数のスーパーバイジーの形態であり，メンバー間の相互作用を活用して訓練するもので，集団の力を通して自発性の形成や，お互いの経験を共有するため視野を広げられる。しかし，職場で多くの人

数を拘束することになり，業務に支障をきたす可能性もある。ライブ・スーパービジョンは，スーパーバイザーとスーパーバイジーが同じ実践に関わりながら，直接的に教育や訓練をしていくものである。

4．相談援助の過程

　個別援助技術（ケースワーク）では，クライエント（問題を抱えている人）に対してソーシャルワーカー（援助技術において専門的な訓練を受けた人）が，社会資源を活用しながらクライエント自身が主体となって問題の解決をできるように援助していくものである。基本的には以下のような過程を経て行われる（図表4-5）。

1）インテーク

　相談援助の最初のプロセスで「受理面接」と呼ばれ，相談に入るための導入である。このインテークの段階から，ソーシャルワーカーの姿勢や態度に傾聴や受容的な態度が求められる。クライエントとの信頼関係（ラポール）の形成に努めることで，クライエントが不安や緊張を軽減し，自らの問題を語り始めることになる。援助関係において両者は対等な立場であり，クライエントの潜在的な能力を発揮できる状況の中，クライエントが問題に対して主体的に取り組めるようにソーシャルワーカーは配慮しなければならない。

2）アセスメント

　問題を正確に把握し，ニーズの充足のために情報収集・分析・整理を行うためのプロセスである。クライエントの主訴，問題の詳細，クライエントの考えや感情及び行動，相談者の生活歴や価値観，日常生活に障害となっていることを，クライエントの生活様式やネットワークを含めて総合的に判断する必要がある。ソーシャルワーカーは情報収集において，クライエントの個人的な生活や秘密に触れる機会があるので，クライエントのプライバシーの保護には十分に留意しなければならない。

図表4-5　相談援助の過程

出所：稲沢公一・岩崎晋也『社会福祉をつかむ［改訂版］』有斐閣，2008年，p.69筆者一部改変

情報の分析や記録には「マッピング技法 」（クライエントの問題や関係性を視覚的に捉える技法）が有効で，これによりクライエントの抱える問題や関係性を視覚的に捉えられる。マッピング技法には「エコマップ[18]（人間相関図）」「ジェノグラム[19]（世代関係図）」「ファミリーマップ[20]（家族図）」などがある。

　効果測定・援助効果の評価（エバリューション）によっては，図表4-5のように再アセスメントを行う。

3）計画（プランニング）

　援助の具体的方法を選び，実施するための計画を立てる。援助目標の設定では，問題解決の優先順位や実現の可能性，援助目標の達成のための具体的な方法を選定する。プランニングでは，クライエントの権利を基にし「エンパワメント」を高めながら援助する。エンパワメントとは，「元気にすること，力を引き出すこと，そして共感に基づいた人間同士のネットワーク化」である[21]。

4）介入（インターベンション）

　クライエントに面接を通して行う心理的な直接的援助と，クライエントを取り巻く環境である家族への働きかけや他の施設や機関との連携，新たに援助するための資源の開発などの間接的介入がある。クライエント自身の権利を表明できない子どもや障害者，認知症高齢者などに代わって権利擁護を行うアドボカシー[22]などの活動も必要になる。

5）効果測定（モニタリング）・援助効果の評価（エバリューション）

　援助過程が目標を達成しているかどうかを事前・中間・事後の段階で見極め，このまま終結へ向かうか，何かしらの問題が確認された場合には再アセスメントを行って援助目標や援助計画の見直しを行う。

6）終結（ターミネーション）

　終結には，①問題の解決，②当該機関において対応できない問題になった　③クライエントが援

18）福祉的なニーズや課題をもった人に対してどのような社会資源があるかをマップにしたもの。図式化することで，全体の関係性を簡潔に把握し，各機関の役割を検討するために有効である。
19）3世代以上にわたる多世代の家族関係を図式化したもの。家族構成や家族状況（結婚，離婚，死別，同居，別居など）の情報。血縁関係にかかわらず，家族との関係が深い同居人などを含む。
20）家族関係を記号で表し，家族構成の配置や相互交流を図式化したもの。家族のコミュニケーションや情緒的な結びつき，力関係などを捉える。
21）安梅勅江（編）（2005）『コミュニティ・エンパワメントの技法　当事者主体の新しいシステムづくり』医歯薬出版，p.5
22）アドボカシー（advocacy）は，「代弁」や「権利擁護」と訳される。障害のために独力では権利の行使に困難を伴う人々の支援として，その意見を代弁すること。本人に代わって，あるいは本人と共に異議を唱え，その権利を擁護しようとする理念，また実際の援助活動。

助を拒否，などが挙げられるが，クライエントの希望が反映された形での終結が望ましい。クライエントとソーシャルワーカーが終結への取り組みを行う中で，クライエント自身がその援助関係での成果を評価できれば，今後の自立と自己決定を促し，エンパワメントが高まったことになる。終結後のクライエント自身の生活において，何らかの困難さに直面した場合に自らが解決法を見出して克服していけるようになることが理想である。

5．ソーシャルワーカーの倫理綱領

社会福祉援助を行うにおいて，実践場面の行動指針として専門職の倫理がある。これは，専門職として業務遂行において職業上の基本的行動を示したものであり，倫理綱領は必要不可欠なものである。

社会福祉援助専門職の倫理綱領としては，1986年に日本ソーシャルワーカー協会が「ソーシャルワーカーの倫理綱領」を宣言した。そして，1993年に日本社会福祉士会は，この倫理綱領を採択した。その後，社会福祉専門職団体協議会（ソーシャルワーク専門職能4団体）を中心に，この倫理綱領の見直しがされ，2005年に共通倫理綱領である「ソーシャルワーカーの倫理綱領」が承認された。倫理基準は大きく4つに分かれ，「利用者に対する倫理責任」「実践現場における倫理責任」「社会に対する倫理責任」「専門職としての倫理責任」となっている（図表4-6）。

図表4-6　ソーシャルワーカーの倫理綱領

利用者に対する倫理責任	利用者との関係，利用者の利益の最優先，受容，説明責任，利用者の自己決定の尊重，利用者の意思決定能力への対応，プライバシーの尊重，秘密の保持，記録の開示，情報の共有，性的差別・虐待の禁止，権利侵害の防止
実践現場における倫理責任	最良の実践を行う責務，他の専門職等との連携・協働，実践現場と綱領の遵守，業務改善の推進
社会に対する倫理責任	ソーシャル・インクルージョン，社会への働きかけ，国際社会への働きかけ
専門職としての倫理責任	専門職の啓発，社会的信用の保持，専門職の擁護，専門性の向上，教育・訓練・管理における責務，調査・研究

出所：日本精神保健福祉士協会「ソーシャルワーカーの倫理綱領」
　　　http://www.japsw.or.jp/syokai/rinri/sw.html より筆者作成

C　地域包括ケアシステム

1．地域包括ケアシステムとは

地域包括ケアという概念をはじめて提起したのは，広島県御調町の公立みつぎ病院（現在：尾道市，

公立みつぎ総合病院）の山口昇医師（現在：公立みつぎ総合病院名誉院長・特別顧問）であり，1970年代以来，御調（みつぎ）町で展開した医療と福祉にまたがるケアの実践に与えた名称である。また，山口医師は「寝たきりゼロ作戦」を提唱した医師としても知られる。

　山口医師によると，勤務する病院に高度な医療体制が整備され，救命率が向上してきた頃から，ADLが低下したり，寝たきりの方々が増え出した。山口医師は，寝たきりの原因は，家族介護力の低下，おむつでの失禁を余儀なくされる不適切な介護，自宅の療養環境上の問題，さらに，日中の家族不在により家に閉じこもりがちにならざるを得ないために起こる認知能力の低下がみられることなど，複合的な要因によるものであったと分析した。急性期医療，つまり，救命し病気を治療することは病院の本来の任務であるが，それだけではない。退院後の寝たきりを何とか防止できないか。このような思いから立ち上がった取り組みが山口医師が45年程前に始めた「寝たきりゼロ作戦」であり，介護保険で言う「介護予防」である。寝たきりは，完全にゼロにすることはできないが，初期の段階であれば何とか防止することができる。そのためには，医療，介護，福祉の連携が必要だということに山口医師らは気づかされたのである。

　当時は，福祉は措置の時代であったため，山口医師らは行政と連携することから始めた。これが現在の保健福祉センターである。町役場の厚生課の保健と住民課の福祉を病院の医療と一緒にするという完全な改革を実行した。1970年代には医療を自宅に届ける出前医療，訪問看護，保健師の訪問，訪問リハビリテーション，さらに，地域住民による地域活動の充実などの活動を導入するとともに，1980年代には病院に健康管理センターを増設，社会福祉協議会も移設し，ここに町役場の福祉と保健行政を集中させ，保健医療介護の一体的な推進体制を構築した。まさに，保健，医療，福祉の連携・統合という制度を実現したのである。山口医師らは，このシステムを「地域包括ケアシステム」と呼んだ。山口医師が40余年前に提唱した地域包括医療（ケア）の定義は，①地域に包括医療を，社会的要因を配慮しつつ継続して実践し，住民のQOLの向上をめざすもの。②包括医療（ケア）とは，治療（キュア）のみならず保健サービス（健康づくり），在宅ケア，リハビリテーション，福祉・介護サービスのすべてを包括するもので，施設ケアと在宅ケアとの連携及び住民参加のもとに，地域ぐるみの生活・ノーマライゼーションを視野に入れた全人的医療（ケア）。③地域とは単なるAreaではなくCommunityを指す，としている。包括ケアというのは治療だけではなく，健康づくりから在宅ケア，リハビリテーション，介護サービスすべてを包含する。そして，施設ケアと在宅ケアの連携と，住民も参加する体制で，地域ぐるみの生活という視点が大切であるとしている。

　40余年前に実践されてきたこの取り組みは，「病気や介護が必要な状態になっても適切なサービスを利用して個人の自立とQOLの追求が可能になるよう，医療や介護を通じた個々人の心身状態にふさわしいサービスが切れ目なく提供されるようなサービス体制の提供を目指す」ものであり，今日の地域包括ケアシステムの理念を実践した先進的な取り組みである。この理念の実践で大切なことは，患者を“医療の対象者”として捉えるのではなく，患者を“生活している人”として，その人の“生活の質”という観点で捉えるということである。そうすることで，地域社会の変化がい

かに寝たきりの障害者や高齢者を発生させているか，ということに気づくことができるのである。これまでのような医療だけの力では，家族介護力の低下や療養環境の問題，孤立の問題などへの対処や問題解決はできない。療養生活をしている人々の生活の質の向上をはかるためには，多職種との連携，新たなサービスなどの整備，地域住民参加によって問題を解決していく手法を開発し，スムーズな解決を実現するために，組織改革を行うなどの取り組みが不可欠なのである。

2．地域包括ケアシステムの構築の経緯

　こうに，「地域包括ケアシステム」という言葉は，それ自体は古くから存在するが，それから20余年後の2000年の社会福祉法改正のなかに地域福祉の推進が盛り込まれ，住民参画による「地域ケアシステムづくり」として登場して以後，盛んに使われるようになる。2000年には介護保険制度が施行され，様々な介護サービスが導入されたが，一方では，介護保険によるサービスだけでは地域の介護課題を解決することが困難であることも明らかになった。2006年の介護保険制度の見直しに大きく影響を与えた高齢者介護研究会報告書「2015年の高齢者介護」では，「介護以外の問題にも対処しながら介護サービスを提供するには，介護保険のサービスを中核としつつ，保健・福祉・医療の専門職相互の連携，さらにはボランティア等の住民活動も含めた連携によって，地域の様々な資源を統合した包括的なケアが必要」であると示された。この報告書を受けて「地域ケア，地域ケアシステム」の考え方が示され，医療制度改革においても「地域ケア体制」という考え方が示された。こうして，2006年の介護保険制度の見直しでは，2015年の本格的な超高齢社会への「入り口」（高齢者人口の増加，認知症高齢者の増加，高齢独居世帯の増加）を見据え，10年後に向けて3つのサービスモデルへの転換 と認知症ケアの基本的な考え方の見直しが図られた。こうして，保険者・市町村がその運営に直接的に責任を持つ地域密着型サービスが誕生し，地域支援として包括的・継続的マネジメント等を担う地域包括支援センターが設置された。そして市町村は，その行政区，また，地域包括支援センターの日常生活圏域での「地域包括ケアシステム」構築が課題となった。

　さらに，社会保障国民会議「第二分科会（サービス保障（医療・介護・福祉））中間とりまとめ」の報告によると，「国民の医療・介護・福祉サービスに対する需要について，社会全体としてどのように応えていくか，という点については，まず，個人の生活を成り立たせていく基本的責任はその人自身にある，という意味での『自立・自助』を基本に置き，次に，個人の選択・自由意思を尊重しながら個人の抱える様々なリスクを社会的な相互扶助（＝共助）の仕組みでカバーしていく，さらにそれでもカバーできない場合には直接的な公による扶助（＝公助）で支える，という，『自立と共生』の考え方に立って制度を構築していくことが必要である」とし，さらに，「同時に，『社会的な相互扶助（＝共助）の仕組み』として，社会保険のような「制度化された仕組み」のみならず，地域社会の中での支え合いやNPO・住民参加型相互扶助組織のような『自律的・インフォーマルな相互扶助（共助）の仕組み』を活用し，制度化されたサービスの受け手として，それのみに依存して生きるのではなく，国民一人一人が相互扶助の仕組みに参加し，共に支え合って生きていくことを実感できるような地域社会づくりが重要である」とした。そして，2009年に提出された地域包

括ケア研究会報告書においては，「互助」を加え，「共助」との役割が明確化されている。

3. 目指すべき地域包括ケアシステムのあり方

1）地域包括ケアシステムの構築の必要性

わが国が諸外国に例をみないスピードで高齢化が進行していることは周知のとおりである。2019年現在，高齢者は3,580万人を超え，国民の約3.5人に1人の割合である。2042年には約3,900万人とピークを迎え，その後は，後期高齢者の人口割合が増加し続けることが予想されている。また，単身者や夫婦のみの高齢者世帯，さらには認知症高齢者が近年急増しており，今後も増加が見込まれている。このような状況の中，約800万人存在すると言われている団塊の世代が75歳以上となる2025年以降は，医療や介護需要がさらに増加することが予測されている。それに伴って，認知症高齢者も確実に増加する。このような認知症高齢者の生活を地域で支えていくためにも，地域包括ケアシステムの構築が重要になってくる。なお，地域包括ケアシステムは，「地域住民の生活を包括的（総合的）にケア（支援）していく仕組み」であり，「地域みんなのお互いの支え合いの仕組み」である。その必要性として，以下の4点があげられる。

① 2025年には，団塊の世代がすべて75歳以上の後期高齢者となり，要介護認定率の高い後期高齢者が急増する。そのため，医療・介護サービスが不足して，安心した生活が続けられなくなる危険性がある。

② 5年後の2025年に間に合うように，医療・介護・予防・生活支援が一体的に提供される仕組み（地域包括ケアシステム）を整え，たとえ要介護状態となっても，誰もが住み慣れた地域で自分らしい暮らしを最後まで続けられるようにしなければならない。

③ 後期高齢者の急増に伴い，今後，認知症高齢者の増加も見込まれる。そのための，仕組みづくりが必要である。

④ 後期高齢者の増加は，大都市部で急増することが見込まれており，それぞれの地域の特性に応じて，地域の自主性や独自性に基づく取り組みが求められる。

2）介護保険法における「地域包括ケア」に係る理念規定の創設

介護保険法の理念を実現するために，「国および地方公共団体は，被保険者が，可能な限り，住み慣れた地域でその有する能力に応じ自立した日常生活を営むことができるよう，保険給付に係る保健医療サービス及び福祉サービスに関する施策，要介護状態等となることの予防又は要介護状態等の軽減若しくは悪化の防止のための施策並びに地域における自立した日常生活の支援のための施策を，医療及び居住に関する施策との有機的な連携を図りつつ包括的に推進するよう努めなければならない」と規定されている（介護保険法第5条3項）。

3）地域包括ケアシステムの概要

(1) 地域包括ケアシステムの姿

　地域包括ケア研究会（2008年）は，地域包括ケアシステムについて，「ニーズに応じた住宅が提供されることを基本とした上で，生活上の安全・安心・健康を確保するために，医療や介護のみならず，福祉サービスを含めた様々な生活支援サービスが日常生活の場（日常生活圏域）で適切に提供できるような地域での体制」であるとしている。つまり，利用者のニーズに応じて包括的かつ継続的に，住まい・医療・介護・介護予防・生活支援などのサービスが，概ね30分でかけつけられる圏域で提供されるとしている。地域社会全体として，24時間サービスを提供できる仕組みであると言える。このシステムの実現のために，2012年度の介護保険制度改正では，24時間の定期巡回・随時対応型の訪問看護等のサービスやサービス付き高齢者向け住宅等の整備が行われた。そして，近隣住民やボランティアなどの参加を得ながら，要介護・要支援者のニーズに応じて包括的にサービスが提供され，かつ，状態や生活環境の変化に応じた継続的なサービスの提供が必要であるとされている。また，地域包括ケアシステムは，「自助・互助・共助・公助」それぞれの地域の関係者の参加によって，初めて形成されるとしている（図表4-7）。

　ひとくちに地域と言っても，人口の増減は横ばいながらも後期高齢者の急増が見込まれる大都市部，後期高齢者の増加は緩やかではあるが人口が減少する町村部等，高齢化の進展状況には大きな地域差が生じている。その他，地域の年齢構成，地域資源等に地域差があるなかで，保険者である

図表4-7　地域包括ケアシステムの姿

○ 団塊の世代が75歳以上となる2025年を目途に、重度な要介護状態となっても住み慣れた地域で自分らしい暮らしを人生の最後まで続けることができるよう、**住まい・医療・介護・予防・生活支援が一体的に提供される地域包括ケアシステムの構築**を実現していきます。

○ 今後、認知症高齢者の増加が見込まれることから、認知症高齢者の地域での生活を支えるためにも、地域包括ケアシステムの構築が重要です。

○ 人口が横ばいで75歳以上人口が急増する大都市部、75歳以上人口の増加は緩やかだが人口は減少する町村部等、高齢化の進展状況には大きな地域差が生じています。

　地域包括ケアシステムは、保険者である市町村や都道府県が、地域の自主性や主体性に基づき、地域の特性に応じて作り上げていくことが必要です。

出所：厚生労働省「地域包括ケアシステム」2016年

市町村や都道府県が，地域の自主性や主体性に基づき，地域の特性に応じたケアを構築していくことが重要であり，まさに地域力が問われていると言える。このようなことから，社会保障制度改革国民会議報告書においても，地域包括ケアシステムの構築は「21世紀型のコミュニティの再生」と位置づけている。

(2) 地域包括ケアシステムの構成要素

　地域包括ケアシステムを構成する要素は，「すまい」「医療」「介護」「介護予防」「生活支援介護」の5つがあげられている。これらを詳しく表現すると，「すまいとすまい方」「医療・看護」「介護・リハビリテーション」「保健・介護予防」「生活支援・福祉サービス」となる。こられの構成要素は，各々に提供されるのではなく，それぞれの役割に基づいて互いに連携しながら在宅での生活を支える。つまり，できる限り住み慣れた自宅や地域で暮らし続けながら，必要に応じて医療や介護等のサービスを使い，最期を迎えられるような体制である。「本人・家族の選択と心構え」を地域での生活の基盤とし，それぞれの「すまいとすまい方」で生活を構築するための，しっかりとした「生活支援・福祉サービス」が整っていてこそ，専門職の提供する「医療・看護」や「介護・リハビリテーション」や「保健・介護予防」は十分に力を発揮できる。このように，地域包括ケアシステムは，「医療」「介護」「介護予防」という専門的なサービスの前提として，「すまい」と「生活支援・福祉サービス」の整備があるとしている。

　地域包括ケアシステムの捉え方として，図表4-8が示されている。この図は，「医療」や「介護」といった専門職が提供するサービスは「葉」として表されているが，今後の介護需要の急増に備えるためには，この「葉」を大きく育てていかなければならない。しかし，人口減少社会の中で専門サービスである「葉」を育てていくことになるため，まずは，生活の基盤である「すまいとすまい

図表4-8　地域包括ケアシステムの捉え方

出所：厚生労働省資料（2020年2月2日）

方」が「鉢」のようにしっかりとしている必要がある。さらに，植木鉢に満たされる養分を含んだ「土」に例えられる，一人ひとりの「介護予防」や介護保険制度外の市場サービスから近隣住民の支え合いまでを含む幅広い「生活支援」が充実しなければ，専門職は専門職でなければ提供できないサービスに集中することができずに枯れてしまう可能性がある。また，「皿」で表されているように，これらの全ての基礎として，各個人には自ら選択し，その家族を含め心構えを持つことが求められるということを意味している（図表4−8）。

(3) 自助・互助・共助・公助からみた地域包括ケアシステム

　地域包括ケアシステムは介護保険制度だけでは完結しない。地域に暮らす一人ひとりの暮らし方に関する選択と心構えを前提に，多様な関係主体がネットワーク化を図ることが必要不可欠である。その際，地域によって人口動態や医療・介護需要等が大きく異なり，医療や介護資源の地域差も大きい実態があるため，目指すべき地域包括ケアシステムの姿は地域によって異なる。地域包括ケア研究会によると，住み慣れた地域で生活を送る高齢者の多様な生活ニーズに応えられる仕組みをつくるためには，「公助」「共助」だけではなく，「自助」を基本としつつ，多様な主体と自治体が協働しながら地域全体を支えあう「互助」の体制をつくっていくことが重要となるとしている。

　なお，地域包括ケア研究会は「自助」・「互助」・「共助」・「公助」について，図表4−9のように示している。

図表4−9　「自助・互助・共助・公助」からみた地域包括ケアシステム

出所：地域包括ケア研究会報告書「地域包括ケアシステムの5つの要素と『自助・互助・共助・公助』2013年

4．市町村における地域包括ケアシステム構築のプロセス

　市町村は，介護保険制度の保険者の役割を担っている。また，地域支援事業[23]を活用して地域

図表4-10　市町村における地域包括ケアシステム構築のプロセス（概念図）

出所：厚生労働省「地域包括ケアシステム」2016年

　の状況を踏まえた地域包括ケアシステムの構築および運用が求められている。このような役割は，地域の課題の把握と社会資源の発掘，地域の関係者による対応策の検討，対応策の決定・実行，評価について PDCA サイクル[24] によって展開され，介護保険事業計画へと反映される（図表4-10）。

　なお，地域包括ケアシステム構築のプロセスの詳細は，以下のとおりである。

23）地域支援事業とは，できる限り住み慣れた地域で，できる限り自分の力で活動的な生涯を送りたいという願いを実現するために，要介護・要支援状態になる前から，一人ひとりの状況に応じた予防対策を図るとともに，要介護状態になった場合においても，地域で自立した日常生活を送れることを目的として実施される。地域支援事業を充実させることによって，地域の多様な主体を活用し，地域特性に合った取り組みを推進することが期待されている。今後，市町村には，団塊の世代が75歳以上の後期高齢者に達する2025年までに，①生活支援の充実，②多様なニーズに対する予防給付，③地域支援事業の充実，を満たす仕組みを構築する必要がある。今後，地域支援事業の取り組みとその強化が求められる。

24）業務プロセスの管理手法の一つで，計画（plan）→実行（do）→評価（check）→改善（act）という4段階の活動を繰り返し行うことで，継続的にプロセスを改善していく手法。PDCA サイクルは4つのステップから成る。"Plan" では，目標を設定してそれを達成するための行動計画を作成する。"Do" では策定した計画に沿って行動する。"Check" では行動した結果と当初の目標を比較し問題点の洗い出しや成功・失敗の要因を分析する。"Act" では分析結果を受けてプロセスや計画の改善実施体制の見直しなどの処置を行う。"Act" が終わると再び "Plan" に戻り次のサイクルを実施する。これを繰り返すことによって次第にプロセスが改善されることが期待されている（IT 用語辞典より）。

(1) 地域課題の情報収集

① 地域課題の把握のためには，日常生活圏域ニーズ調査，地域ケア会議の実施，医療・介護情報の「見える化」が必要である。

② 日常生活圏域のニーズ調査には，調査票の配布による量的調査のみならず，地域の様々な当事者・専門職・住民への面接ヒアリング調査，懇談会の開催などの多様な手法により，質的な調査も含めてニーズを把握する。

③ 地域ケア会議では，地域包括支援センター等の個別事例の検討を通じて地域のニーズや社会資源の現状を把握する。

④ 医療・介護情報の「見える化」を通じて，それぞれの地域や自治体の現状を他の市町村と比較することで客観的に分析することも大切である。

(2) 地域課題の明確化

情報を量的・質的に収集し分析することで，高齢者のニーズを明らかにするとともに，住民・地域の課題，社会資源の課題（特に，地域包括ケアシステムの5つの構成要素である医療・介護・予防・住まい・生活支援の課題），支援者の課題（地域の専門職の分野ごとの数，資源，その連携・ネットワークの現状と課題）を明確にする。

(3) 社会資源の発掘

こうした課題の明確化と同時に，地域にある社会資源の発掘，地域住民リーダーの発掘，住民相互の助け合い・支え合いの仕組みも発掘する。

(4) 地域の関係者による対応策の検討

① 現状とニーズの分析に基づく課題の明確化，社会資源の発掘を基礎に，それらの解決の仕組みづくりに向けて対応策を協議し，施策化する。そのための地域の関係者による検討が必要である。

② 都道府県との調整（とくに医療計画との調整）や他の関連計画との調整はもちろん，次期計画がまち･づくり計画であることを意識し，地域福祉的な視点をもって，障害，児童・子育て，難病，生活困窮などの生活課題に応えていくことが必要である。そのための地域住民との議論や勉強会，意見募集（パブリックコメント）も欠かせない。

③ 次期計画の作成にあたっては，地域ケア会議等を通じて，保健・医療・福祉の関係者の協働を創り出し，個別支援を充実させるとともに，地域課題への普遍化を通じてまちづくりを前進させる取り組みも必要である。

(5) 対応策の決定と実行

対応策の枠組みは，以下のとおりである。

① 介護サービス

　　a．地域ニーズに応じた在宅サービスや施設のバランスのとれた基盤整備

　　b．将来の高齢化や利用者数の見通しに基づく必要量

② 医療・介護連携

　　a．地域包括支援センターの体制整備（在宅医療・介護の連携）

　　b．医療関係団体等との連携

③ すまい

　　a．サービス付き高齢者向け住宅等の整備

　　b．住宅施策と連携した居住確保

④ 生活支援と介護予防

　　a．自助（民間活力），互助（地域社会での支え合い）等を活かせる仕組みづくり

　　b．社会参加の促進による介護予防

　　c．地域の実情に応じた事業実施

⑤ 人材育成

　　a．専門職の資質向上

　　b．介護職の処遇改善

　なお，市町村では，2025年に向けて3年ごとの介護保険事業計画の策定・実施を通じて，地域の自主性や主体性に基づき，地域の特性に応じた地域包括ケアシステムを構築していくことになっている。介護保険事業計画の位置づけ，および第5期計画以降の介護保険事業計画に向けた今後のスケジュールは，図表4−11のとおりである。

図表4−11　2025年を見据えた介護保険事業計画の策定等

出所：厚生労働省「介護保険事業（支援）計画の現状と方向性について」

5．地域包括支援センターの位置づけ

　地域包括支援センターは，「地域住民の心身の健康の保持及び生活の安定のために必要な援助を行うことにより，その保健医療の向上及び福祉の増進を包括的に支援することを目的とする施設」である（介護保険法第115条の46）。地域包括支援センターは，地域の高齢者の総合相談，権利擁護や地域の支援体制づくり，介護予防の必要な援助などを行い，高齢者の保健医療の向上および福祉の増進を包括的に支援しており，地域包括ケア実現に向けた中核的な機関として市町村が設置している。なお，地域包括支援センターの設置責任者は市町村であるが，社会福祉法人などへ委託することも認められており，全国で5,020ヵ所が設置されている（厚生労働省，2017年10月現在）。

⑴　地域包括支援センターの業務

　地域包括支援センターの業務内容は，地域支援事業と指定介護予防支援事業に大別され，地域支援事業については，さらに包括的支援事業と多職種協働による地域包括支援ネットワークの構築に分けられる。そのうち，包括的支援事業の業務には，①介護予防ケアマネジメント業務，②総合相談支援業務，③権利擁護業務，④包括的・継続的ケアマネジメント支援業務が含まれる。

　地域包括支援センターには，保健師等，社会福祉士等，主任介護支援専門員等が配置され，チー

図表4-12　地域包括支援センターの業務

出所：厚生労働省「地域包括ケアシステムについて」2015年

ムアプローチによって介護予防ケアマネジメント業務，総合相談支援業務，権利擁護業務，包括的・継続的ケアマネジメント支援業務などを行う。各業務はそれぞれの独自性を有しながらも相互に関係し合いながら行われている。居宅介護支援事業所や施設の介護支援専門員も地域包括支援センターと連携し，地域包括ケアの推進を目指している（図表4-12）。

(2) 介護支援専門員の役割

　介護支援専門員は，要支援および要介護高齢者に対して，自立支援をめざし包括的・継続的ケアマネジメントによる支援を行うことによって，地域包括ケアを提供する役割を担っている。つまり，要支援・要介護高齢者が地域包括ケアを活用して，住み慣れた地域で安心して尊厳のある生活を継続できるかどうかは，介護支援専門員にかかっていると言っても過言ではない。市町村や地域包括支援センターの役割を認識した上で，それぞれの機能を効果的に活用する必要がある。

　また，地域包括ケアシステムにおいては，在宅から施設，施設から在宅へというように要介護・要支援者の生活の場が変更されることになる。医療との連携はもちろんのことではあるが，在宅介護支援事業所と施設の介護支援専門員の連携は極めて重要になる。

6. 地域ケア会議の活用

　地域ケア会議には5つの機能がある。①個別課題解決機能，②ネットワーク構築機能，③地域課

図表4-13　地域ケア会議の推進

出所：厚生労働省「地域ケア会議の推進」2015年

題発見機能，④地域づくり・資源開発機能，⑤政策形成機能である。これらの５つの機能は，すべてを一つの会議で遂行しようとするものではなく，既存の会議でいずれかの機能を果たしている場合は，その会議を活用し充実していくとしている。

地域ケア会議はその目的に応じて行政職員，地域包括支援センター職員，介護サービス事業者，医療関係者，民生委員，そして介護支援専門員などが参加して，市町村や地域包括支援センターが主催して開催される（図表4－13）。

地域包括ケアシステムを構築するためには，高齢者個人に対する支援とともに，それを支える社会基盤の整備が必要になる。地域ケア会議は，個別ケースの支援内容の検討をとおして，①介護支援専門員による自立支援に資するケアマネジメントの支援，②地域包括支援ネットワークの構築，③地域課題の把握を目的としている。さらに，地域の実情に応じて，地域課題に応じた地域づくりや資源の開発などを行うことを目的としている。地域に存在している自助・互助・共助・公助を組み合わせた地域のケア体制を整備し，「地域住民の安心・安全と QOL 向上」を目指していくための手腕が問われてくる。

7．地域における医療と介護の総合的な確保

1）社会保障制度改革国民会議報告書を踏まえた医療・介護分野改革の方向性

医療・介護分野の改革の方向性は，①急性期医療を中心に人的・物的資源を集中投入し，医療の機能分化を進める。②医療機能分化と同時に，在宅医療・在宅介護を大幅に充実させ，地域での包括的なケアシステムを構築する。③受け皿となる地域の病床や在宅医療・在宅介護を充実させる。④病床の機能分化政策の展開は，退院患者の受入れ体制の整備政策と同時に行う。⑤入院から退院（在宅）までの提供者間のネットワーク化の強化など改革の方向性は上記のように要約できる（「社会保障制度改革国民会議報告書」2013年8月6日）。

2）地域における医療及び介護の総合的な確保を推進するための関係法律の整備等に関する法律（医療介護総合確保推進法）

この法律は，医療法，介護保険法などの19の法律を一括して改正する法律として，2014年に成立した。今後は，この法律を具現化していくことになるが，その趣旨は，効率的で質の高い医療提供体制の構築と，地域包括ケアシステムの構築によって，地域における医療と介護を総合的に確保することである。

この法律は，地域における医療および介護の総合的な確保を推進するために，医療法，介護保険法等の関係法律についての整備を行うということの趣旨も含んでいる。法整備のうち，主要なものについて以下に整理する。

1．地域介護施設整備促進法等関係：新たな基金の創設と医療・介護の連携強化

　　① 消費税増収分を活用した新たな基金を都道府県に設置

　　② 医療と介護の連携を強化

2．医療法関係：地域における効率的かつ効果的な医療提供体制の確保

①　病床の医療機能（高度急性期，急性期，回復期，慢性期）等を報告し，地域医療構想（ビジョン）を医療計画において策定

②　医師確保支援

3．介護保険法関係：地域包括ケアシステムの構築と費用負担の公平化

①　地域支援事業の充実とあわせ，予防給付（訪問介護・通所介護）を地域支援事業に移行し，多様化

②　特別養護老人ホームについて，在宅での生活が困難な中重度の要介護者を支える機能に重点化

③　低所得者の保険料軽減を拡充

④　一定以上の所得のある利用者の自己負担を2割へ引き上げ

⑤　「補足給付」の要件に資産などを追加

4．その他

①　診療の補助のうちの特定行為[25]を明確化（看護師の研修制度を新設）

②　医療事故に係る調査の仕組みの位置づけ

　この法律の施行期日は，公布日とし，ただし，医療法関係は2014年10月以降，介護保険法関係は，2015年4月以降に順次施行された。

3）医療・介護サービス提供体制の一体的な確保

　2025年に向けて，高度急性期から在宅医療・介護までの一連のサービス提供体制の一体的で総合的な確保を行うために，①都道府県が策定する医療計画と介護保険事業支援計画の一体的で，強い整合性を持った策定，②消費税相当分を活用した新たな財政支援制度を法定化し，都道府県に基金を設置した（図表4-14）。

　なお，在宅医療の充実と在宅医療・介護連携の推進のために行われた制度改正については以下のとおりである。

　介護保険法における地域支援事業の見直しとしては，在宅医療・介護の連携推進については，①

25）現在，その仕組みの前提となる特定行為の内容，研修のあり方等についても，「チーム医療推進のための看護業務検討ワーキンググループ」において検討が続けられ，制度創設に当たっての基本的な考え方の整理がなされ研修制度（案）がまとめられた。この研修制度（案）では，特定行為とは，①行為そのものに「技術的な難易度又は判断の難易度」があることに加えて，②予め対象となる病態の変化に応じた行為の内容が明確に示された，特定行為に係るプロトコールに基づき，看護師が患者の病態の確認を行った上で実施することがある行為，としている。特定行為の区分（案）を見ると，気道確保に係る行為，人工呼吸療法に係る行為，動脈血液ガス分析関連，循環器関連，ドレーン管理関連，創傷管理関連，循環動態に係る薬剤投与関連，血糖コントロールに係る薬剤投与関連，栄養・水分管理に係る薬剤投与関連，栄養に係るカテーテル管理関連，精神・神経症状に係る薬剤投与関連，感染に係る薬剤投与関連，皮膚損傷に係る薬剤投与関連，ろう孔管理関連，以上14の区分がなされ，さらに細部に行為名が明記されている（日本看護協会）。

図表4-14　地域医療介護総合確保基金の概要

都道府県計画及び市町村計画（基金事業計画）

○　**基金に関する基本的事項**
・公正かつ透明なプロセスの確保（関係者の意見を反映させる仕組みの整備）
・事業主体間の公平性など公正性・透明性の確保
・診療報酬・介護報酬等との役割分担

○　**都道府県計画及び市町村計画の基本的な記載事項**
　医療介護総合確保区域の設定※1　／　目標と計画期間（原則1年間）　／　事業の内容、費用の額等　／　事業の評価方法※2
　※1　都道府県は、二次医療圏及び老人福祉圏域を念頭に置きつつ、地域の実情を踏まえて設定。市町村は、日常生活圏域を念頭に設定。
　※2　都道府県は、市町村の協力を得つつ、事業の事後評価等を実施
　　　　国は都道府県の事業を検証し、基金の配分等に活用

○　**都道府県は市町村計画の事業をとりまとめて、都道府県計画を作成**

地域医療介護総合確保基金の対象事業

1　地域医療構想の達成に向けた医療機関の施設又は設備の整備に関する事業（※）
2　居宅等における医療の提供に関する事業（※）
3　介護施設等の整備に関する事業（地域密着型サービス等）
4　医療従事者の確保に関する事業（※）
5　介護従事者の確保に関する事業

※　基金の対象事業は、平成26年度は医療を対象として1、2、4を、平成27年度以降は介護を含めて全ての事業とする。

出所：厚生労働省「医療と介護の一体的な改革」2015年

これまで医政局施策の在宅医療連携拠点事業（2011年度・2012年度），在宅医療推進事業（2013年度〜）により一定の成果が得られた。それを踏まえ，介護保険法の中で制度化し，全国的に取り組む。②具体的には，介護保険法の地域支援事業に位置づけ，市町村が主体となり，地区医師会等と連携しつつ，取り組む。③消費税増収分等を財源として活用し，介護保険料と合わせて，市町村の在宅医療・介護連携の取り組みを支援するなどの3点である。

　一方，医療法における医療計画の見直しは，①地域における医療および介護を総合的に確保するための基本的な方針に即して，国が定める医療計画の基本方針と介護保険事業支援計画の基本方針を整合的なものとして策定。②医療計画と介護保険事業支援計画の計画期間が揃うよう，2018年度以降，医療計画の計画期間を6年に改め，在宅医療など介護保険と関係する部分については，中間年（3年）で必要な見直しを行う。③地域医療構想（ビジョン）の中で将来の在宅医療の必要量を示すとともに，在宅医療を担う医療機関や訪問看護等の提供体制に係る目標や役割分担，在宅療養患者の病状の変化に応じた病床の確保のあり方等を医療計画に盛り込むなどの3点である。

4）医療・介護サービス保障の強化

　社会保障制度改革国民会議報告書において，疾病構造を踏まえた「病院完結型医療」から，地域全体で患者を支える「地域完結型医療」への改革がなされていくなかで，在宅医療・在宅介護の一体的なサービス提供体制の見直しが求められている。昨今は平均寿命の延伸よりも，健康の質を重視する健康寿命の延伸へと社会の関心は変化してきている。生産年齢人口の多い時代の疾病構造や医療とは異なり，高齢社会の疾病は，慢性疾患による受療が多い。複数の疾患を抱える高齢患者が多い時代の医療は，病気と共存しながらQOLの維持・改善を目指す医療のあり方にシフトしなければならないのである。そのためには，病床機能に応じた医療資源の投入による入院医療強化，在

図表4－15　在宅医療・介護の連携推進の方向性

在宅医療・介護の連携推進の方向性

○　疾病を抱えても、自宅等の住み慣れた生活の場で療養し、自分らしい生活を続けられるためには、地域における
　医療・介護の 関係機関（※）が連携して、包括的かつ継続的な在宅医療・介護の提供を行うことが必要である。

　（※）在宅療養を支える関係機関の例
　　・地域の医療機関 （定期的な訪問診療の実施）
　　・在宅療養支援病院・診療所（有床）（急変時に一時的に入院の受け入れの実施）
　　・訪問看護事業所 （医療機関と連携し、服薬管理や点眼、褥瘡の予防、浣腸等の看護ケアの実施）
　　・介護サービス事業所 （入浴、排せつ、食事等の介護の実施）

○　このため、関係機関が連携し、多職種協働により在宅医療・介護を一体的に提供できる体制を構築するため、市町村が中心と
　なって、地域の医師会等と緊密に連携しながら、地域の関係機関の連携体制の構築を図る。

出所：厚生労働省「在宅医療・介護の連携推進の方向性」2015年

宅医療の充実，地域包括ケアシステムの構築などにより，何処に住んでいても，その人にとって適切な医療・介護サービスが受けられる社会を構築していかなければならない。

　このように，在宅医療・介護の連携が強調される必要がある。在宅医療・介護の連携推進の方向性は以下の２点である（図表4－15）。

①　疾病を抱えても，自宅等の住み慣れた生活の場で療養し，自分らしい生活を続けられるためには，地域における医療・介護の関係機関が連携して，包括的かつ継続的な在宅医療・介護の提供を行うことが必要である。在宅療養を支える関係機関で，地域の医療機関は，定期的な訪問診療の実施，在宅療養支援病院・有床診療所は，急変時の一時的な入院の受け入れの実施，訪問看護事業所は，医療機関と連携し，服薬管理や点滴，褥瘡の予防，浣腸等の看護ケアの実施，介護サービス事業所は，入浴，排せつ，食事等の介護の実施，というように各関係機関の連携体制の構築が重要となる。

②　このため，関係機関が連携し，多職種協働により在宅医療・介護を一体的に提供できる体制を構築するため，市町村が中心となって，地域の医師会等と緊密に連携しながら，地域の関係機関の連携体制の構築を図る。

5）認知症初期集中支援チームと認知症地域支援推進員

　「認知症の人は，精神科病院や施設を利用せざるを得ない」という考え方を改め，「認知症になっ

認知症専門医による指導の下（司令塔機能）に早期診断、早期対応に向けて以下の体制を地域包括支援センター等に整備
○認知症初期集中支援チーム━複数の専門職が認知症が疑われる人、認知症の人とその家族を訪問（アウトリーチ）し、認知症の専門医による鑑別診断等を
（個別の訪問支援）　ふまえて、観察・評価を行い、本人や家族支援などの初期の支援を包括的・集中的に行い、自立生活のサポートを行う。
○認知症地域支援推進員━認知症の人ができる限り住み慣れた良い環境で暮らし続けることができるよう、地域の実情に応じて医療機関、介護サービス事業
（専任の連携支援・相談員）　所や地域の支援機関をつなぐ連携支援や認知症の人やその家族を支援する相談業務等を行う。

出所：厚生労働省「認知症施策の推進」2014年

　ても本人の意思が尊重され，できる限り住み慣れた地域のよい環境で暮らし続けることができる社会」の実現を目指すため，介護保険法の地域支援事業に認知症初期集中支援事業を位置づけられた。この事業は，認知症専門医による指導の下（司令塔機能）に早期診断，早期対応に向けて「認知症初期集中支援チーム」と「認知症地域支援推進員」の体制を地域包括支援センター等に整備し，認知症の人やその家族に早いうちから関わりを持ち，早期診断・早期対応に向けた支援体制を構築することを目的としている。認知症初期集中支援チームと認知症地域支援推進員の役割と実施体制のイメージは図表4−16のとおりである。

8．生活支援サービスの充実と高齢者の社会参加

　単身者世帯等が増加し，支援を必要とする軽度の高齢者が増加するなか，生活支援サービスの必要性が大きくなっている。生活支援サービスを充実させるためには，ボランティア，NPO，民間企業，協同組合等の地域の多様な主体がサービスを提供していく必要がある。

　一方，高齢者の介護予防が求められているが，高齢者自身がボランティア等に参加して生活支援サービスの担い手になると，地域の中での新たな社会的役割や生きがいを持つことになる。その結果，介護予防につながるというように，相乗効果をもたらす。

　新しい地域支援事業では，地域の実情に応じた多様で柔軟な生活支援サービスを充実させ，高齢者を重層的に支えるとともに，高齢者が担い手として社会参加できる地域づくりを目指すこととさ

図表4−17 生活支援サービスの充実と高齢者の社会参加

○ 高齢者が住み慣れた地域で暮らしていくためには、生活支援サービスと高齢者自身の社会参加が必要。
○ 多様な主体による生活支援サービスの提供に高齢者の社会参加を一層進めることを通じて、元気な高齢者が生活支援の担い手として活躍することも期待される。このように、高齢者が社会的役割をもつことにより、生きがいや介護予防にもつながる。

出所：厚生労働省「生活支援サービスの充実と高齢者の社会参加」2015年

れている（図表4−17）。ボランティア等の開発やそのネットワーク化などを行う「生活支援サービスコーディネーター」配置も，地域支援事業に位置づけられた。

　地域のつながりが希薄になったとされる今こそ，新しい地域支援事業を介して地域を活性化させる取り組みが求められている。

参考文献

・Butrym, Z. T., *The Nature of Social Work*, Macmillan, London, 1976.（川田誉音『ソーシャルワークとは何か—その本質と機能』川島書店，1986年）
・デジタル大辞泉　http://dictionary.goo.ne.jp/（2015年10月23日）
・Felix, P. Biestek, S. J., The Casework Relationship, Loyola University Press, 1957.（尾崎新・福田俊子ほか『ケースワークの原則［新訳　改訂版］　援助関係を形成する技法』誠信書房，2006年）
・石田慎二・山縣文治『社会福祉［第4版］』ミネルヴァ書房，2010年
・稲沢公一・岩崎晋也編『社会福祉をつかむ［改訂版］』有斐閣，2008年
・太田貞司「『介護予防』と『地域ケアシステム』」笹谷春美他編『介護予防—日本と北欧の戦略』光生館，2009年
・太田貞司「地域社会を支える『地域包括ケアシステム』」太田貞司・森本佳樹編著『地域包括ケアシステム』光生館，2011年
・大塚達雄，井垣章二他編『入門社会福祉』ミネルヴァ書房，2007年
・介護情報サービスかながわ
　https://www.rakuraku.or.jp/kaigonavi/riyousha/（2019年12月5日）
・九州社会福祉研究会編『21世紀の現代社会福祉用語辞典』学文社，各年度版
・厚生労働省ホームページ
　http://www.mhlw.go.jp/（2014年10月11日）
・厚生労働省「生活支援サービスの充実と高齢者の社会参加」

https://www.mhlw.go.jp/seisakunitsuite/bunya/hukushi_kaigo/（2019年12月1日）
・厚生労働省「地域ケア会議の推進」
https://www.mhlw.go.jp/topics/2015/02/dl/tp0219-06-02p.pdf（2019年12月1日）
・厚生労働省「在宅医療・介護の連携推進の方向性」
https://www.mhlw.go.jp/seisakunitsuite/bunya/hukushi_kaigo/（2019年12月1日）
・厚生労働省「認知症施策の推進」
https://www.mhlw.go.jp/file/06-Seisakujouhou-12600000-Seisakutoukatsukan/（2019年12月1日）
・厚生労働統計協会編『国民の福祉と介護の動向』各年度版
・国立社会保障・人口問題研究所「日本の将来推計人口（2006年12月推計）―表1出生中位（死亡中位）推計の表1-8出生・死亡および自然増加の実数ならびに率」
http://www.ipss.go.jp/syoushika/tohkei/suikei07/（2014年10月10日）
・国立社会保障・人口問題研究所「日本の世帯数の将来推計（全国推計）2013（平成25）年1月推計」
http://www.ipss.go.jp/pp-ajsetai/j/HPRJ2013/t-page.asp（2014年11月10日）
・新版・社会福祉学習双書編集委員会『社会福祉協議会活動論』全国社会福祉協議会，2002年
・『新共同募金ハンドブック』中央共同募金会，2012年
・社会福祉の動向編集委員会編『社会福祉の動向』中央法規，各年度
・社会保障制度改革国民会議「報告書―確かな社会保障を将来世代に伝えるための道筋」(2013（平成25）年8月6日)，pp.21-25
・社会保障国民会議「第二分科会（サービス保障（医療・介護・福祉）中間とりまとめ」
http://www.kantei.go.jp/jp/singi/syakaihosyoukokuminkaigi/（2014年11月10日）
・総務省ホームページ
https://www.stat.go.jp/data/topics/topi1131.html（2019年12月5日）
・高橋紘士『地域包括ケアシステム』オーム社，2012年
・高橋紘士『事例を通じて，我がまちの地域包括ケアを考えよう「地域包括ケアシステム」事例集成―できること探しの素材集』日本総合研究所，2014年
・地域包括ケア研究会「平成20年度地域包括ケア研究会報告書―今後の検討のための論点整理」『平成20年度老人保健事業推進費等補助金（老人保健健康増進事業）報告書』三菱UFJリサーチ＆コンサルティング，2008年
・地域包括ケア研究会「地域包括ケア研究会報告書（平成22年3月）」三菱UFJリサーチ＆コンサルティング，2010年
・地域包括ケア研究会「報告　地域包括ケアシステムの構築における今後の検討のための論点」
・地域包括ケア研究会「報告　地域包括ケアシステムの5つの要素と『自助・互助・共助・公助』2013年
・筒井孝子「日本の地域包括ケアシステムにおけるサービス提供体制の考え方―自助・互助・共助の役割分担と生活支援サービス」『季刊・社会保障研究』Vol.47，No.4，2012年
・内閣府ホームページ
http://www.kantei.go.jp/jp/singi/syakaihosyoukokuminkaigi/（2014年9月1日）
・内閣府『平成24年度版　高齢社会白書』2012年
http://www8.cao.go.jp/kourei/whitepaper/w-2012/（2014年9月1日）
・内閣府「平成24年度高齢化の状況及び高齢社会対策の実施状況　第1章高齢化の状況」『平成25年度版高齢社会白書（全体版）』2013年
http://www8.cao.go.jp/kourei/whitepaper/w-2013/zenbun/（2014年9月1日）
・日本看護協会ホームページ「平成25年看護関係統計資料集」2013年
http://www.nurse.or.jp/nursing/tokutei/（2014年10月10日）
・日本社会福祉士会ホームページ
https://www.jacsw.or.jp/06_kokusai/IFSW/files/07（2019年12月5日）
・日本精神保健福祉士協会ホームページ「ソーシャルワーカーの倫理綱領」
http://www.japsw.or.jp/syokai/rinri/sw.htm/
・柳澤孝主・坂野憲司編『相談援助の理論と方法I［第2版］』弘文堂，2009年

・吉田眞理『社会福祉』青踏社，2008年
・山口昇「青森県保健・医療・福祉包括ケア推進大会：特別講演「地方分権時代の地域包括ケアについて
　—尾道市（旧みつぎ町）における取り組みから—」
　https://www.pref.aomori.lg.jp/soshiki/kenko/kkenkofu/（2014年9月1日）
・山縣文治・岡田忠克『よくわかる社会福祉［第10版］』ミネルヴァ書房，2002年
・全国地域包括・在宅介護支援センター協議会ホームページ
　https://www.zaikaikyo.gr.jp/about/index.html（2019年12月5日）

第5章

主要国の社会保障

A イギリス

人口（千人）	66,310	2019年
面積（千平方キロ）	243	
首　都	ロンドン	
言　語	英　語	
高齢化率（％）	18.1	2015年
社会保障給付費（％） （対国民所得比）	22.6	2015年
合計特殊出生率	1.79	2017年
平均寿命	女性：83.2 男性：79.7	2016年

1. 概　要

　イギリスの社会保障制度は，1911年のアスキス自由党政権の国民保険法に始まる。その後，第二次世界大戦中の1942年に「ベヴァリッジ報告」が提起され，イギリス最初の労働党単独内閣であるアトリー内閣によって1945年，ベヴァリッジ・プランに基づく体系的な社会保障制度が実施された。1970年代後半になると福祉政策が財政を圧迫して経済発展が阻害され，また産業国有化政策による国民の労働意欲の低下などの問題が指摘されるようになり，「イギリス病」とさえ言われるようになった。そこで，1980年代のサッチャー保守党政権は，民営化と共に福祉国家の縮小を掲げ，「小さな政府」への方向転換を図った。しかし，サッチャー政権のもとで経済は活性化したが，一方で貧富の格差の拡大，若年層の失業の増加，犯罪の増加など社会の荒廃という弊害をもたらした。

　1997年からブレア労働党政権は，福祉国家を掲げつつも，そのモデルチェンジをはかり，従来の財政支出によって完全雇用を目指すというケインズ的経済政策を放棄し，経済活力を維持しつつ，

格差の縮小，貧困の解消という社会正義に向けた政策の実現をかかげた。すなわち，経済効率と公平性の両立を目指す「第三の道」[1]をとり，例えば最低賃金制度を復活するなど，規制緩和を雇用政策にうまく組み合わせるなど社会保障制度の立て直しを図った。2010年からの保守党キャメロン政権は，自立自助路線を基本としつつも，不平等や貧困，家庭問題，医療などを重視して，「大きな政府」でも「小さな政府」でもなく，ボランティア部門の強化による「大きな社会」を構築するとしてきたが，2016年の国民投票で欧州連合（EU）からの離脱派が勝利したため，EU残留を訴えていた首相は辞任した。代わってテリーザ・メイが首相となったが，2019年7月，EU離脱を主導したボリス・ジョンソンが首相となった。今後の政策展開が注目される。

2．年金保険

　キャメロン政権による年金改革案が提示され，2014年5月，年金改革法が成立し，これにより現行の2階建て年金を定額の一層型の年金に再構築し，2016年4月以降に受給資格年齢に達する者から新年金制度が適用されることになっている。

　そのため，イギリスの現行の年金制度は，2016年4月からこれまでの基礎年金と国家第二年金に代えて，定額・一層型の年金制度（「国家年金」）になり，2階建てから1階建てになった（2016年4月6日以降に支給開始年齢に到達する者が対象）。支給開始年齢は現在，男性が65歳，女性が64歳3か月であるが，女性は2018年中に65歳に引き上げ，男女ともに2046年までに68歳に引き上げる予定である。

　強制加入対象者は被用者及び自営業者で，年金受給資格期間は10年である。保険料率は25.8％（本人12％，事業主13.8％）である。財政方式は賦課方式で，国庫負担は原則としてない。

3．医療保障

　医療保障制度は，第二次世界大戦後の1948年に制定された国民保健サービス（NHS）により，疾病予防やリハビリテーションを含め包括的な保健医療サービスが公共サービスとして原則無償で全国民に提供されている。このNHSは，わが国のような社会保険方式ではなく，必要な財源の大半を一般財源により賄うことで運営されている。すなわち，必要な財源の80％以上が租税，他に国民保険からの拠出金18％強，患者負担が1％強となっている。イギリスでは公的医療保障制度であるNHS以外に民間の医療保険も利用されているが，それはごく一部にとどまり，NHSが医療保障の中心的役割を果たしている。

　受診方法はわが国とは異なり，すべて国民は自分のかかりつけの診療所を登録し，救急の場合以外はその診療所の一般医の診察を受けなければならない。そして検査や入院など高度な医療サービスが必要な場合は病院が紹介される。したがって，軽い症状の患者が病院で治療を受けることはな

1）第三の道とは，旧来の福祉国家が持つ限界と，80年代におけるサッチャー政権の新自由主義政策がもたらした歪みをともに乗り越え，市民社会刷新を訴える新しい社会民主主義の政治理念。代表的著書にギデンズ（Giddens, A.）による『第三の道—効率と公正の新たな同盟』がある。

く，診療所と病院の機能分化がなされている。患者負担については，かかりつけ医の診断を経たうえで病院を紹介されたのであれば，その病院での診療は，たとえ検査や手術を受けたとしても無料となる。ただし，薬剤費については一部負担がある。

4. 介　護

　イギリスは，わが国のような独立した介護保険制度は有していない。そのため，同国の介護施策は医療と社会福祉で担っている。具体的には，国が運営する国民保健サービス（NHS），地方自治体のソーシャルケアサービス，各種手当等の金銭給付，民間団体による各種サービスなどがあり，児童・大人に対しても，高齢者・障害者に対しても共通のサービス提供体制が取られている。特に医療分野である NHS がケース提供の理念構築においても積極的に関与し，患者中心という理念がそのまま対人介護サービス分野にも拡張されている。

B ドイツ

人口（千人）	81,302	2018年
面積（千平方キロ）	357	
首都	ベルリン	
言語	ドイツ語	
高齢化率（％）	21.7	2015年
社会保障給付費（％） （対 GDP 比）	26.2	2013年
合計特殊出生率	1.57	2017年
平均寿命	女性：83.3 男性：78.7	2016年

1. 概　要

　1883年のビスマルクの疾病保険法に端を発する。1871年のドイツ統一期に，帝国宰相であったビスマルクは，1881年に労働者災害保険を提案するが，法案は議会で否決される。しかし，彼はヴィルヘルムⅠ世の「皇帝詔勅（Kaiserliche Botschaft）」（1881年）にもとづいて，1883年に疾病保険法，1884年に労災保険法，1889年に廃疾・老齢年金保険法を制定した。ここに世界ではじめて社会保険政策が実行されたのであり，これらはビスマルクの巨大三部作と称される。

　社会保障の母国としてのドイツの社会保障の目的は，基本法に謳われている社会的公正と社会的

安定を制度的に保障することにある。こうした社会的基本権を実現するための社会保障制度の中核
として，年金保険，医療保険，労働災害保険，失業保険および介護保険の5つの社会保険制度があ
る。これらの制度は適宜，社会法典に編入され，求職者基礎保障やその他の制度とともにドイツ社
会保障を形成している。わが国の社会福祉に該当するものとして児童および青少年扶助と社会扶助
がある。今日，高齢化の進展などに伴い増加する社会保障費用をどのように負担していくかは，ド
イツにおいても避けて通ることができない課題となっている。

２．年金保険

　ドイツの公的年金保険は，1889年に制定された「廃疾・老齢年金保険法」が始まりである。同制
度は，被保険者が老齢となり稼働能力が減少または死亡した場合に，減少したあるいは得られなく
なった収入について代替給付を行うことにより，その者または遺族が生計を維持するうえでの主柱
となる。ドイツの公的年金制度は社会法典第6編に規定されており1階建ての，いわゆる現業労働
者と職員を対象とする「一般年金保険」および鉱山従事者のみを対象とする「鉱山労働者年金保険」
の2つの制度からなる。適用対象者は，原則として「労働報酬を得て働いている者」であるため，
専業主婦など就労してない者に加入義務はない。また自営業者であっても，教師，助産婦など特定
のグループに属する者も強制被保険者となる。ただし，原則的には強制被保険者とされる就業者で
あっても，医師や弁護士のように職能別の老齢保障制度がある場合は，申請をすることにより加入
義務が免除される。就業者であっても「僅少所得労働者」や65歳以上の老齢年金受給者は加入が免
除されている。このようにドイツの法定年金制度は，わが国のような皆年金体制とはなっていない
が，任意加入により多くの者へ門戸を開放しているのであり，この点にドイツの特徴がある。保険
料率は18.7％（労使折半）で支給開始年齢は2015年12月現在，65歳4ヵ月であるが，2029年までに
67歳に引き上げる予定である。なお，年金受給資格期間は5年で，賦課方式を採用している。国庫
負担は2016年現在，給付費の26.2％である。

３．疾病保険

　ドイツの公的疾病保険は，1883年に賃金労働者を対象として創設された世界でもっとも古い社会
保険制度として知られており，現在，社会法典第5編に規定されている。この疾病保険制度は，被
用者を中心とし，一部の自営業者，失業手当Ⅰなどを受給している失業者，法定年金受給者などを
対象とした一般制度と自営農業者を対象とした農業者疾病保険から成り，強制被保険者および任意
被保険者，家族被保険者により構成されている。ただし，ドイツの法定疾病保険はわが国のような
皆保険体制はとっておらず，年間労働収入が保険加入限度額以上の高額所得者については，法定疾
病保険と民間疾病保険を選択することができるという特徴がある。また保険者は，疾病金庫と呼ば
れる公法上の法人であり，連邦・州および地方自治体からは独立したもので，当事者自治の原則の
下で運営されている（いわゆる組合管掌方式）。また，疾病金庫のための医療サービス機関があり，
介護保険の認定や各金庫に対する助言などを行っており，その財政は疾病金庫と介護金庫が折半で

負担している。

　なお，医療保障制度の効率化を目的に疾病金庫の競争を促進するため，強制被保険者および任意被保険者（農業金庫など特別な制度を除く）は，一定の条件の下，法の規定する疾病金庫の中から自身の加入する保険者を選択することができることとなっている（各疾病金庫は，独自の保険料率を設定する）。なお，疾病金庫間の公正な競争の前提条件を整備するため，被保険者の年齢，性別および障害年金受給の有無，家族被保険者数，基礎収入の格差などに関するリスク構造調整が導入されている。

4．介護保障

　ドイツの公的介護保障は，制度的には介護保険と介護扶助で対応する。公的介護保険は，1995年に導入され，社会法典第11編に編入された。介護保険の保険者は，法定疾病保険の保険者である疾病金庫に併設された介護金庫であり，介護保険の被保険者は疾病保険の被保険者である。また疾病保険の被保険者の配偶者，事実上の配偶者および子（原則18歳未満）といった被扶養家族も介護保険の加入者となる。わが国と異なり，被保険者および被扶養家族は，法の定める要介護状態にあれば，年齢・原因を問わず，介護保険の給付を受けることができる。ここにいう要介護状態とは，肉体的・精神的・知的疾病または障害のために日常的かつ規則的に繰り返される活動について，かなりの程度の援助を必要とする状態が6ヵ月以上継続，または継続が予見されうる場合のことをいう。

　介護保険の給付を受けるためには，わが国と同様，被保険者が要介護状態にあるかどうか，またどの程度の介護が必要かを確認することを目的に要介護認定を受ける。従来は身体的機能の低下を重視した要介護認定が行われ，その要介護度（Stufe）の区分は第Ⅰ〜Ⅲの3段階で，それぞれの給付額が定められていたが，こうした身体的機能の低下を重視する要介護度認定では，認知機能が低下した者の要介護度が低くなるとの批判があったため，要介護度（Pflegegrad）の区分は，介護者の「時間」ではなく，要介護者の介護の「必要度」で判断することとされ，2017年1月から要介護認定の基準が見直され，認知機能低下についても，身体的機能低下と同等に評価され5段階となった。これにより，認知症患者のための世話や見守りも，身体的な介護と同様に評価されることになった。

　この新たな5段階の要介護認定制度は，①運動能力，②認知機能およびコミュニケーション能力，③行動および心理症状，④日常動作，⑤病気または治療への対処，⑥日常生活および社会生活の6分野について，申請者の自立度がどの程度かを調べ，要介護等級を判定することになる。

　介護保険の財源は，ほぼ保険料だけで賄われている。わが国のような利用者負担と公的資金の投入はない。現金給付があるのもわが国とは異なる。介護保険料は被用者の場合は労使折半で納付され，自営業者等は全額自己負担である。従来の保険料率は所得の1.95％であったが，給付改善のため，2017年1月より2.55％に引き上げられた。23歳以上65歳未満の子供がいない被保険者は0.25％アップの2.8％である。

　ドイツの介護保障体制は，フォーマル部分とインフォーマル部分の組み合わせという「補完性」で成り立っている。その中身は，公的な介護保険制度でカバーされる範囲に制限があり，それを超

過した部分については私的保険や自己負担，家族負担で対応する。社会扶助実施者は，在宅介護においては介護者（友人・親戚等）による介護の優先を求めている（社会扶助法第64条）。しかし，それでもカバーできない部分が存在する場合，社会扶助である公的扶助によってカバーされることになる。すなわち，ドイツの公的介護保障は制度的には介護保険と介護扶助で対応することになる。

C フランス

人口（千人）	65,466	2019年
面積（千平方キロ）	544	
首都	パリ	
言語	フランス語	
高齢化率（％）	18.9	2015年
社会保障給付費（％） （対国民所得比）	32.2	2015年
合計特殊出生率	1.92	2017年
平均寿命	女性：85.7 男性：80.1	2016年

1．概　要

　1945年6月，フランスの社会保障計画が発表された。この計画は，当時の社会保険理事長ピエール・ラロックを中心に企画立案されたことから「ラロック・プラン」と呼ばれている。ラロック・プランは，第二次世界大戦後のフランス社会保障制度のあり方を示すもので，社会保障の一般化，自律性，単一金庫の三原則を明示した。ここでいう一般化原則は社会保障の適用範囲を拡大し全国民を対象とするというもので，自律性の原則は社会保障制度の財政および具体的な管理運営のあり方を示す原則である。財源を国家予算に頼ることなく，被保険者の拠出する保険料を唯一の財源とするものである。また，管理運営を当事者に委ねるものである。単一金庫の原則とは，制度運営の組織に関する原則であり，一元的な組織で社会保障全体の管理運営を行うものである。この三原則に基づく社会保障制度が即座に実現された訳ではなく，とりわけ一般化の原則は，今日も制度改革が続けられている。

　現在，フランスの社会保障制度は，大きく分けて社会扶助制度と社会保険制度から構成され，前者が後者を補完する構造になっている。ここでいう社会扶助制度は，税方式をとり，医療扶助，住宅扶助，高齢者扶助，家族扶助等を含む。社会保険制度は，保険料によって賄われる制度で，疾病

保険，家族手当，労災保険，老齢保険などに区分できる。また，社会保険は職域によって異なる多数の制度で構成されており，民間被用者・農業労働者などを対象とする「一般制度」，公務員・軍人・船員・国鉄職員などを対象とする「特別制度」，農業経営者や農産物・食品加工の被用者を対象とする「農業制度」，これらの制度に属さない自営業者などを対象にする「非被用者制度」の4つに大別される。なかでも加入者が多く，代表的な制度が一般制度である。保険料は労使で分担するが，使用者負担の割合が大きい。ただし，家族手当と労災保険については被用者負担がない。

2．年金保険

フランスの年金制度は，法定基礎制度として1階建ての強制加入の職域年金が4つの職業別・階層別制度（民間被用者・農業被用者・公務員・自営業者）に分立している。ただし，無業の者（学生・主婦等）は適用対象外とされるが，一般制度に任意加入することができる。法定基礎制度は拠出制年金であり，わが国の厚生年金に相当する。また，法定基礎制度の支給水準の低さをカバーするための補足年金制度がある。被用者を対象とする最も代表的な制度が「一般制度」である[2]。

保険料率は17.75％（事業主10.45％，本人7.30％）である。年金受給資格期間の定めはない。2010年年金改革により，支給開始年齢は62歳からとなった。ただし，満額受給年齢は67歳からとなる。その水準は従前賃金のうちのもっとも高い25年間の平均賃金の50％であるが，実際はこれに補足年金が付加される。フランスの年金は，41年加入すれば満額の年金が受給できるが，2015年，フランス年金改革が実施され，基礎年金の保険料が追納できることになった。財政方式は賦課方式で，国庫負担は2016年現在，歳入の36.6％である。

3．医療保険

フランスの国民の大部分は，一般制度や特別制度などのいずれかの医療保険制度に加入している。疾病保険は，疾病の治療に対して医療給付を行う。加えて，疾病時の所得保障を目的とした金銭給付を行う。これらの給付の管理は，「医療保険金庫」が行っている。医療保険金庫は，労使当事者代表による自主管理方式がとられている。

疾病保険の財源は，目的税の税収と国の財源負担もあるが，当事者である被保険者とその雇用主の保険料が中心である。被保険者の保険料額は，賃金（報酬または所得）の総額に保険料率を乗じた額である。保険料率は，13.85（2013年1月現在）であり，このうち0.75％を被用者が負担し，使用者が13.10％を負担する。医療給付の内容は，一般的・専門的医療，歯科医療，補てつ，補装具の支給，分析・検査，入院加療，移送，薬剤の支給などである。医療給付は償還払い方式で行われる。給付率（償還率）は，具体的な診療行為の類型に応じて異なる。具体的には外来診療70％，入院治療が80％である。薬剤の給付率は，基本的に65％であるが，他に代替できるものがなく，きわめて高価な特定の薬剤の給付率は100％である。この他，傷病のために労働不能となった場合，そ

2）2014年2月には，年金制度の将来と公平性を保障するため，保険料率の引き上げや保険料納付期間の延長等を内容とする年金制度の改革が実施された。

の期間につき4日目から6ヵ月を限度として日額手当金が支給される。ただし，長期的な疾病などについては，3年を限度としている。

4．介護保障

　フランスにはドイツやわが国のような介護保険法はない。同国での介護保障は，障害児者介護と高齢者介護に分けられ，介護給付には，一定の所得以下のものが受給する社会扶助による介護関連の給付，障害児者介護給付（障害児者補償給付），高齢者介護給付がある。2001年7月，「高齢者の自律の喪失への対応および個別化自律手当」（APA）が公布され，以後，APAが高齢者介護の中核をなすものとなった。APAの支給対象者は，60歳以上のフランス人及びフランスに合法的に長期滞在する外国人で，日常活動に支障のある者であり，2012年末現在で，120万人が受給している。財源は公費で賄われる。具体的には財源の約3分の2を県が，約3分の1を全国自立連帯基金が負担している。

D　アメリカ

人口（千人）	327,750	2018年
面積（千平方キロ）	9628	
首都	ワシントンD,C	
言語	英語	
高齢化率（％）	14.6	2015年
社会保障給付費（％） （対国民所得比）	19.3	2011年
合計特殊出生率	1.82	2016年
平均寿命	女性：81.1 男性：76.1	2016年

1．概　　要

　アメリカにおいては，政府は原則として個人の生活に干渉しないという自己責任の精神と，連邦制で州の権限が強いことが，社会保障制度のあり方にも大きな影響を及ぼしている。また，医療保障や高齢者の所得保障の分野において顕著であるが，民間部門の果たす役割が大きいことが特徴であり，また，州政府が政策運営の中心的役割を果たすものが多い。公的年金たる社会保障年金に上乗せされるものとして，企業年金が多様な発展を見せている。

アメリカの代表的な社会保障制度としては，大部分の有業者に適用される老齢・遺族・障害年金（OASDI：Old-Age, Survivors, and Disability Insurance）のほか，高齢者等の医療を保障するメディケア（Medicare：Medical ＋ Care）や低所得者に医療扶助を行うメディケイド（Medicaid：Medical ＋ Aid）といった公的医療保障制度，補足的所得保障や貧困家庭一時扶助（TANF：Temporary Assistance for Needy Families）といった公的扶助制度がある。このように，アメリカでは年金分野においては広く国民一般をカバーする社会保障年金制度が存在するが，医療分野においてはこうした制度は存在せず，公的医療保障の対象が限定されている。

2．年金保険

　アメリカの公的年金制度は，広く国民をカバーする社会保障年金制度が存在し，一般制度である老齢・遺族・障害年金（OASDI）と，公務員，鉄道職員など一定の職業のみを対象とする個別制度とに大別される。老齢・遺族・障害年金は，一般に社会保障年金（Social Security）と呼ばれ，連邦政府の社会保障庁が運営している。この制度は，被用者や自営業者の大部分を対象とし，社会保障税を10年間以上納めた者に対し，（受給の要件を満たした時から）死亡時までの間，年金を支給する社会保険制度である。給付については，老齢年金の支給開始年齢は原則65歳であったが，2003年から2027年までの間に段階的に67歳に引き上げられることとなっている。

　遺族年金保険（Survivors Insurance）はOASDIの受給資格をもった者が死亡した場合に，65歳以上の配偶者（婚姻期間が9ヵ月以上），離別配偶者（婚姻期間が10年以上），未婚かつ17歳以下（学生の場合には19歳未満）の子等に支給される。配偶者は60歳（障害をもつ場合には50歳）から減額年金を受給することができ，さらに同一生計にあった配偶者には255ドルの死亡一時金も支給される。一方，婚姻期間が10年以上の離別配偶者については，65歳から満額年金が，60歳から減額年金が支給される。婚姻期間が10年未満の離別配偶者であっても15歳以下の子どもまたは障害児を育てている場合には年齢にかかわらず遺族年金が支給される。

　障害年金保険（Disability Insurance）は，OASDIの受給資格をもった者がその障害要件を満たす場合に支給される。障害要件とは「死に至るかまたは12ヵ月以上継続すると思われる心身障害によって実質的有償活動（SGA：Substantial Gainful Activity）ができないこと」と規定されており，障害別の具体的な認定基準は社会保障庁規則によって定められている。

　障害年金保険の給付は，65歳未満で上記受給要件を満たした障害者に対して5ヵ月（歴月）間の待機期間を経た後に支給される。障害者が65歳に達すれば，老齢年金給付に切り替えられる。障害があっても，有償活動に復帰するか稼働能力があると判定されれば障害年金の給付は停止される。

3．医療保障

　アメリカの医療保障は，民間医療保険と連邦政府や州政府が所管する公的医療保険・医療扶助から構成されている。公的医療保険としては65歳以上の高齢者や身体障害者に対する医療保険制度であるメディケア（Medicare）がある。したがって，アメリカは国民全体を対象とした，いわゆる「国

民皆保険」ではない。また，医療保障の一翼を担う貧困・低所得者を対象とする医療扶助であるメディケイド（Medicaid）がある。メディケアとメディケイドのどちらも1965年に制定された社会保障法修正法により創設されたものである。これらの適用者以外は民間の医療保険に加入するしかない[3]。それにしても，アメリカには医療保険に加入していない無保険者や医療費増加の問題があり，それに対処するため，2010年3月，オバマ大統領による医療制度改革法が制定された[4]。

① メディケア

メディケアの実施主体は連邦政府で，これは4つの部分（パートAからD）から構成されている。パートAは，入院の費用をカバーする病院保険である。その財源は社会保障税収入の一部が充てられている。入院は原則90日までの給付であり，最初の60日間について免責額（その額までは患者が負担するもの）が設定されているほか，61日以後も一定の患者負担があり，特別に入院日数を延長した後（151日以上）の入院にはパートAは適用されず，全額患者負担となる。退院後のスキルドナーシング施設（SNF）の入所については，給付期間は100日までである。最初の20日までは自己負担なし，21日から100日までは一定の自己負担がある。退院後の在宅医療については耐久性のある医療用具についての20％の負担を除き自己負担がない。支払方式は診療群別定額払い方式（DRG-PPS）が中心である。

パートBは，補充的医療保険で，任意加入である。被保険者はパートAの強制適用者，米国在住の65歳以上の米国市民等で保険料を支払う者である。パートBの給付は，医師の診療サービス，外来病院サービス，作業療法のようなパートAでは給付されないその他の医療サービスと在宅サービス等である。年間一定額の免責額が設定されており，それを超過した場合に超過分の20％を患者負担とすることが基本である。支払方式は診療報酬点数表に基づく出来高払い（RBRVS）である。

パートCは1998年に導入された，民間医療保険が提供する民間保険で，加入者はパートAとパートBの加入者である。その内容はメディケアを超えるサービスの提供である。パートDは2003年のメディケア処方薬改善現代法により導入されたもので，主な目的は処方薬の費用をカバーすることである。加入資格はすでにパートAあるいはBに加入しているもので，メディケアが公認する民間保険会社等により運営されている。

② メディケイド

メディケイドは，低所得者を対象にした公的医療扶助を行う制度である。連邦政府と州政府が共同して実施している。各州はメディケイドの実施を義務付けられていないが，実際にはアメリカ全土で実施されている。実施主体は州であり，州は連邦政府のガイドラインを踏まえつつも，広範な裁量権を有し，独自に給付内容を決定し，運営していることから，給付の内容は州によってかなり

3）2010年の時点で，公的医療保険のカバー人口の割合は31％で，これに対して民間医療保険のカバー人口は64％，いずれの保険にも加入していない人口の割合は16％となっている（徐2012：175）。

4）しかし，2013年の改革は，公的医療保険の枠組み拡大ではなく，民間医療保険への加入を促進するという方法を用いて，政府による価格介入とフリーライダー防止の強化により，国民皆保険を実現しようとするものである。

異なることになる。ただし，連邦政府からの資金助成を得るためには一定の義務的な給付を実施する必要がある。

4．介護保障

　アメリカでは高齢者を対象にした普遍的な公的介護保障制度はない。そのため，メディケアやメディケイドなどの医療保障制度によって介護サービスが提供されているが，その対象や範囲は限られている。メディケアによる介護サービスは，退院後のケアなど医療に関連した場合に提供されるもので，給付は退院後の一定期間に限られている。また，メディケイドでは施設ケアや在宅ケアなどのサービスが提供されているが，これらは低所得者を対象にしているため，ミーンズテストを受けることが必要となり，ケアを必要とする高齢者に収入や資産がある限り，メディケイドによるサービスは提供されない。このため，介護サービスを必要とする高齢者の多くは，個人で費用を負担し，自らの資産を使い果たした時に，メディケイドの受給資格を得てサービスの提供を受けることになる。アメリカの介護保障システムは，高齢者の自助努力を重視し，個人の経済的負担で対処できないときに初めて公的救済を行う制度となっている。

E　スウェーデン

人口（千人）	10,220	2018年
面積（千平方キロ）	450	
首都	ストックホルム	
言語	スウェーデン語	
高齢化率（%）	19.6	2015年
社会保障給付費（%） （対国民所得比）	27.6	2011年
合計特殊出生率	1.85	2016年
平均寿命	女性：84.25 男性：80.78	2018年

1．概　　要

　スウェーデンの社会保障制度は，広範かつ高水準の所得保障を特徴とし，制度ごとに提供主体が明確に分かれている。国民全体に平等な所得保障を行う必要があるという観点から，国が年金・児童手当・傷病手当などの現金給付を行う。他方，保健医療サービスは一定の効率性を担保しつつ，

地域ごとに異なる状況を勘案するという観点から，ランスティング（日本の県に相当する広域自治体）が供給主体となっている。また，高齢者福祉や保育サービス等については，住民のニーズに対し，細やかに対応する必要があるという観点から，コミューン（日本の市町村に相当する基礎的自治体）によって担われている。

社会保障の中核である社会保険は，わが国とは異なり，年金など社会保険料で費用が賄われる給付だけではなく，児童手当や住宅手当などの一般財源で費用が賄われる各種手当も含まれており，その対象は自営業者も含めてスウェーデンに居住する全住民である。社会保険給付は，その対象により，①家族・児童への経済的保障，②傷病・障害に対する経済的保障，③高齢者への経済的保障の３つに区分できる。

2．年金制度

スウェーデンの公的年金制度は，1999年改正により，賦課方式で運営される所得比例年金と積立方式で運営される積立年金（プレミアム・ペンション）の仕組みへと再編成され，さらに年金支給額が一定水準に満たない者には，国庫負担によって賄われる最低保証年金制度が設けられている。

年金の支給開始年齢は，61歳以降から自ら選択することができる（支給開始年齢に応じて年金額は増減する）が，最低保証年金は65歳からとなっている。所得比例年金の支給額は生涯に納付した保険料額の水準と平均余命などを基に算出され，また積立年金の支給額は納付保険料の積立分とその運用利回りによって決定される仕組みとなっている。なお，積立年金の運用機関は登録されている金融機関などの中から個人が選択する仕組みとなっている（運用機関を指定しない場合は，国の機関である積立年金庁に登録されることになる）。所得比例年金と積立年金の保険料率は，将来にわたって18.5％に固定されることとなり，そのうち16％が所得比例年金部分，2.5％が積立年金部分となっている。

遺族年金は，2003年から制度変更が行われた。有期（12ヵ月）の生活転換年金（18歳以下の子がいる場合は延長可能），寡婦年金（1990年に廃止されたが経過的に支給），両親とも死亡した場合の遺児年金などがある。同様に，障害年金についても2003年から制度変更が行われた。30〜64歳までの傷病年金（給付期間は無期または有期），19〜29歳までの活動補償（給付期間は３年の有期で更新可能）が支給されている。

さらに，2003年からは国内居住期間が短いなどの理由により最低保証年金が低額になる場合などに，生活保障水準の確保のために，高齢者生計費補助が新設された。支給対象者は，原則としてスウェーデンに居住する65歳以上の者で，所得比例年金，積立年金などを受給しても所得が一定水準に満たない場合に支給される。

3．医療・保健

スウェーデンでは，医療・保健政策は社会保健省が管轄し，実際の行政は広域自治体であるランスティングの管轄になっている。わが国と異なり，健康保険・医療保険の制度はない。税方式によ

る公営サービスであり，財源の基本的構造はランスティングの税収が約7割，国からの補助金が約2割となっている。保健医療の基盤である初期医療（プライマリーケア）は公立・私立の診療所が行い，専門医療はランスティングが運営する病院が行う。「平等な医療を受ける権利」を保障するために，公立・私立の診療所は対等で，補助金も対等に分配され，医療を必要とする住民はどちらかを選択することになる。また，住所地以外のランスティングでの受診も可能である。

患者自己負担の水準は，「保健医療法」において設定された上限額の範囲内で，各ランスティングがそれぞれ独自に設定するのが原則である。具体的には，外来では通院1回あたりの定額が，初診か否か，患者の年齢・受診先により設定されている。法によるプライマリーケアの外来診療の自己負担の上限は全国一律1年間に1,100クローナ（2018年）であり，各ランスティングはこれより低い額を定めることができる。多くのランスティングでは，20歳未満の子については無料である。2018年の入院に係る医療の自己負担の上限は日額100クローナ，薬剤については年間2,250クローナ，歯科については22歳以下が無料で，疾病保険から治療のための負担金の一部支援などが行われている。原則として医療費の支給期間に制限はない。医療費を賄うための財源は，ランスティングの税収，国からの交付金・補助金，患者の自己負担などとなっているが，中心となるのは住民税（所得税）である。患者の自己負担分に関しては，ランスティングごとに異なるが，基本的にはサービス内容に応じて一定額を支払う仕組みとなっている。

4．介護保障

介護をコミューンが担う体制になったのは，1982年に施行された社会サービス法（The Social Service Act）が契機である。その背景には高齢者施設の整備が，増加する高齢者人口に追い付かず，施設への入居が思うようにいかなくなったことによる。その後，高齢者のケアの質は，1992年に実施されたエーデル改革を契機に飛躍的に向上した[5]。エーデル改革が導入された理由は，医療と福祉部門の管轄がランスティングとコミューンで分かれているための弊害が生じていることにあった。そのため，ランスティングが担当していた高齢者医療の一部をコミューンに移譲し，高齢者の初期医療と福祉がコミューンへ統合化された。これにより，ランスティング運営の高齢者医療のうち，初期医療とされる長期医療ケアの一部・ナーシングホーム，デイケア，介護付き特別住宅における看護，自宅での訪問看護がコミューンへと移管された。

介護サービスは，本人または家族の申請に基づき，コミューンの援助判定員による要介護度判定およびサービスの量・内容のアセスメントを経て開始される。判定基準等は各コミューンにより異なる。在宅サービスとしては，ホームヘルプ，訪問看護，訪問リハビリ，デイケア，ショートステイ，夜間巡回ヘルプなどがある。施設サービスは，エーデル改革以後，従来の医療・介護の入所施設が「特別住宅（ケア付き住宅）に位置づけられ，自宅で提供されるサービスとの差異はほとんど

5）エーデル（Ädel）とは，1988年12月発足の高齢者委員会（Äldredelegationen）の頭文字のÄとdelga-tionen（委員会）のdelをつなぎ合わせたもの。因みにÄdelは，スウェーデンで「高貴な」という意味である（増田 2014：77）。

なくなり，居住費用や食費は利用者負担となっている。また特別住宅においてもホームヘルプなど
においても，ホームヘルプなど一部の在宅ケアサービスを受けることができる。

参考文献

・厚生労働省編『世界の厚生労働』正陽文庫，2019年
・厚生労働省編『令和元年版高齢社会白書』，2019年
・徐林卉「アメリカ高齢者医療の現状およびオバマ医療改革の取り組み」立命館大学『社会システム研究
　25号』2012年，pp.173-191
・『社会保障入門2019』中央法規，2019年
・田畑洋一編著『現代社会保障論』学文社，2009年
・増田雅暢編著『世界の介護保障第2版』法律文化社，2014年

社 会 福 祉 通 史

西暦	年号	日本の福祉関連事項	外国の福祉関連事項	一般史
593	推古元	四箇院設置		
			カリタス(12-13世紀)	
1601			エリザベス救貧法(英)	
1662			定住法(英)	
1722			ワークハウステスト法(英)	アメリカ独立宣言(1776)
1782			ギルバート法(英)	
1791	寛政3	七分積金制度創設		フランス革命(1789)
1795			スピーナムランド制度(英)	マルサス『人口論』(1798)
1802			工場法(英)	
1819			T.チャルマーズの慈善活動(英)	
1834			新救貧法(英)	
1852			エルバーフェルト制度(独)	
1868	明治元	大阪府救恤場開設		明治維新
1869	明治2	農民救恤の詔	ロンドン慈善組織協会設立(英)	
		東京府三田教育所開設		
1870	明治3	脱籍無産者復籍規則	バーナードホーム開設(英)	天然痘流行
1871	明治4	京都府窮民授産所開設		種痘館開設(1870)
		行旅病人取扱規則		
		棄児養育米給与方		
1872	明治5	東京府養育院設立		
1873	明治6	医制76ヶ条		地租改正
		三子出生貧困者へ養育漁給与方規則		
1874	明治7	恤救規則制定		種痘規則
1875	明治8	官役人夫死傷手当規則制定		内務省に衛生局設置
		窮民一時救助規則制定		
		京都府癲狂院開設		
		海軍退隠令		
1876	明治9	陸軍恩給令		天然痘予防規則
1877	明治10	博愛社設立	バッファローに慈善組織協会設立(米)	
1878	明治11	戦没死傷者扶助料概則		
1879	明治12	東京府癲狂院開設		コレラ流行
1880	明治13	備荒儲蓄法制定		伝染病予防規則
				自由民権運動
1881	明治14	行旅死亡人取扱規則制定	社会政策大憲章(独)	
1883	明治16	海軍恩給令, 陸軍恩給令	疾病保険法(独)	
1884	明治17	官吏恩給令	セツルメント運動(英)トインビーホール開設	
			労災保険法(独)	
1885	明治18	私立予備感化院設立〔高瀬真卿〕	フェビアン協会設立(英)	内閣制度確立
1886	明治19		セツルメント運動(米)	日本薬局法制定
			ロンドン貧困調査開始〔C.ブース〕(英)	学校令
1887	明治20	岡山孤児院設立〔石井十次〕		
1889	明治22	大日本帝国憲法制定	老齢廃疾保険法(独)	
			シカゴにハルハウス開設(米)	
1890	明治23	官吏恩給法		第1回帝国議会
1891	明治24	孤女学院(滝乃川学園)設立〔石井亮一〕		濃尾大地震
1897	明治30	キングスレー館設立〔片山潜〕	労働者災害補償法(英)	日清戦争開始(1894)
		伝染病予防法実施		
1899	明治32	家庭学校設立〔留岡幸助〕	ヨーク貧困調査〔S.ラウントリー〕(英)	
		船員法制定		
		水難救護法制定		
		行旅病人及行旅死亡人取扱法制定		
		北海道旧土人保護法制定		
		罹災救助基金法制定		
		『日本之下層社会』刊〔横山源之助〕		
1900	明治33	感化法制定		
		精神病者監護法制定		
1901	明治34	慈善師範学校開設	ナショナルミニマム論の提唱(英)	日露戦争開始(1904)
1906	明治39	廃兵院法制定		らい予防法制定(1907)

西暦	和暦			
1908	明治41	第1回感化救済事業講習会 中央慈善協会設立	老齢年金法制定(英) 児童法(英)	
1909	明治42		白亜館会議(米) 最低賃金法制定(英) 職業紹介所法制定(英) 救貧法王命委員会報告(英)	大逆事件(1910) 韓国併合(1910)
1911	明治44	工場法公布(1916施行) 恩賜財団済生会設立	国民保険法(失業保険・疾病保険)(英)	
1913	大正2		ライヒ保険法 (社会保険の単一法典化)(仏) 多子家族への扶助法(仏) 精神薄弱児法(英) 国民年金保険法(スウェーデン)	日本結核予防協会設立 第1次世界大戦開戦(1914) 看護婦規則(1915)
1916	大正5	『貧乏物語』刊〔河上肇〕		工場法(1916)
1917	大正6	岡山県済世顧問制度創設 軍事救護法制定 内務省に救護課設置	『社会診断』刊〔M.リッチモンド〕(米)	
1918	大正7	米騒動勃発 大阪府方面委員制度創設	婦人参政権(英)	
1919	大正8	国立武蔵野感化院開院 精神病院法制定	パリ平和会議,国際労働憲章 第1回ILO総会(ワシントン) ワイマール憲法(独)	結核予防法制定
1920	大正9	内務省社会局設置	全英セツルメントおよびソーシャル・アクション・センター協会創設(英) 婦人参政権(米) 失業保険法制定(英)	
1921	大正10	大阪市民館の設立 職業紹介法制定 中央社会事業協会(中央慈善協会改称)	社会事業家連盟設立(米)	
1922	大正11	健康保険法制定(1927施行) 少年法,矯正院法制定	『ソーシャルケースワークとは何か』刊 〔M.リッチモンド〕(米)	ソ連成立
1923	大正12	恩給法制定 盲学校及び聾唖学校令		関東大震災
1924	大正13	『社会事業と方面委員制度』がまとめられる 〔小河滋次郎〕 東大セツルメント開設	ジェネバ宣言	
1925	大正14	『女工哀史』刊〔細井和喜蔵〕		普通選挙法制定
1926	昭和元	『社会事業概説』刊〔矢吹慶輝〕 児童愛護会設立　経済保護施設設置盛ん		
1927	昭和2	公益質屋法制定 聖路加国際病院で医療社会事業を開始	失業保険法(独)	花柳病予防法制定
1929	昭和4	救護法制定(1932施行)	国際社会保障会議創設	世界恐慌
1930	昭和5	婦人セツルメント設立〔奥むめお〕 東京に最初の無産者診療所開設	児童憲章(仏)	昭和恐慌
1931	昭和6	全日本方面委員連盟結成 全国養老事業協会設立		満州事変 東北地方大飢饉
1932	昭和7	東京市立光明学校開設	家族手当法(仏)	五・一五事件
1933	昭和8	少年教護法制定 児童虐待防止法制定	ニューディール政策(米)	ナチス政権獲得 国際連盟脱退
1934	昭和9	母子愛育会設立 傷兵院法制定		
1935	昭和10	東京市京橋区,わが国最初の公立保健所設置	社会保障法(米) アレン・ボーレイ方式(米)	
1936	昭和11	方面委員令	第二次ヨーク市調査開始 〔S.ラウントリー〕(英)	二・二六事件
1937	昭和12	母子保護法制定 保健所法制定 軍事扶助法制定	公衆衛生法制定(英)(1936) 寡婦・孤児老齢年金法制定(英)	日中戦争
1938	昭和13	社会事業法制定 職業紹介法改正 厚生省設置 国民健康保険法制定		国家総動員法

1939	昭和14	船員保険法制定	レイン報告(米)	第2次世界大戦開戦
		職員健康保険法制定		結核予防会設立
1940	昭和15	国民優生法制定	『ケースワークの理論と実際』刊 (G.ハミルトン)(米)	大政翼賛会発会 国民体力法制定
1941	昭和16	労働者年金保険法制定		太平洋戦争開戦
		医療保護法制定		
		厚生省生活局(社会局改称)		
1942	昭和17	戦時災害保護法制定	ベヴァリッジ報告(英)	
		国民健康保険法改正	ILO「社会保障への道」をまとめる	
		厚生事業(社会事業改称)		
		国民医療法制定		
1943	昭和18	戦争死亡傷害保険法制定		
1944	昭和19	厚生年金保険法制定		
1945	昭和20	戦災孤児等保護対策要項策定	社会保障プラン(仏)	広島,長崎原爆投下
		厚生省に社会局再設	家族手当法(英)	第2次世界大戦終戦
		GHQ覚書「救済並びに福祉計画に関する件」		
		GHQ覚書「公衆衛生に関する覚書」		国際連合成立
		生活困窮者緊急生活援護要綱		
1946	昭和21	「社会救済」に関するGHQ覚書発表	ユニセフ設立(国連)	日本国憲法公布
		(旧)生活保護法制定	国民保健サービス(NHS)法制定(英)	
		労働関係調整法制定	国民保険法制定(英)	
		民生事務所開設,民生委員令		
		全日本民生委員連盟発足		
		浮浪児その他児童保護等の応急措置		
		主要地方浮浪児等保護要項		
		近江学園等開設〔糸賀一雄〕		
1947	昭和22	厚生省に児童局設置	国際社会保障協会創設(ISSA)	第1次ベビーブーム
		児童福祉法制定		学校教育法制定
		少年の町のフラナガン神父来日		地方自治法制定
		労働基準法制定		国家公務員法制定
		失業保険法制定		警察法制定
		失業手当法制定		改正民法公布
		労働者災害補償保険法		
		職業安定法制定		
		災害救助法制定		
		食品衛生法制定		
		第1回共同募金実施		
		日本社会事業協会設立		
		保健婦助産婦看護婦令制定		
		保健所法全面改正		
		教育基本法制定		
		労働省設置		
1948	昭和23	マーケットバスケット方式採用	世界人権宣言(国連)	ガンジー首相暗殺
		日本国立私立療養所患者同盟結成		
		予防接種法制定		経済安定9原則
		民生委員法制定	国民扶助法制定(英)	
		少年法,少年院法制定	児童法制定(英)	
		国立光明寮設置法制定		
		優生保護法制定	WHO設立	
		国家公務員共済組合法制定		
		医療法制定		
		医師法,医療法,保健婦助産婦看護婦法制定		
		日本肢体不自由児協会設立		
		里親家庭制度開始		
		国民健康保険法改正		
1949	昭和24	身体障害者福祉法制定	障害扶助新設(米)	シャウプ勧告
		生活保護法施行規則に不服申立制	児童憲章(国連)	
		日本精神薄弱者愛護協会再建		
		厚生省設置法制定		
		国立身体障害者更生指導所設置法制定		
		民生委員(協力機関に変更)		

		GHQ,厚生行政に関する6項目提案発表		
		母子福祉対策要綱		
		労働組合法		
		緊急失業対策法		
		社会保障制度審議会発足		
1950	昭和25	新・生活保護法制定	廃疾扶助新設(米)	朝鮮戦争開戦
		精神衛生法制定		警察予備隊創設
		医療法人制度導入		
		社会保障制度審議会「社会保障制度に関する勧告」提出		
		社会福祉主事設置		
		全国養護施設協議会結成		
1951	昭和26	社会福祉事業法制定		対日平和条約調印
		整肢療護園開設		日米安全保障条約調印
		児童憲章制定		結核予防法制定
		福祉事務所発足		
		全国社会福祉協議会発足		
1952	昭和27	戦傷病者戦没者遺族等援護法制定		講和条約
		手をつなぐ親の会結成大会		国連総会日本加盟決議
		日本子どもを守る会結成		
		母子福祉資金の貸付等に関する法律制定		
1953	昭和28	日雇労働者健康保険法制定	保健教育福祉省設置(英)	
		日本民主医療機関連合会結成		
		社会福祉事業振興会法設定		
		日本医療社会事業家協会結成		
		精神薄弱児対策基本要綱		
1954	昭和29	厚生年金保険法制定(定額部分の導入支給開始年齢60歳への引き上げ)		自衛隊法制定
		生活と健康を守る全国連絡会議結成		
		市町村職員共済組合法制定		
		私立学校教職員共済組合法制定		
		日本社会福祉学会発足		
1955	昭和30	世帯更生資金貸付制度発足	『コミュニティ・オーガニゼーション』刊〔M.マレー〕(米)	神武景気
		日本社会事業学校連盟創立	全米ソーシャルワーカー協会設立	経済自立5か年計画
				森永粉ミルク中毒事件
1956	昭和31	売春防止法制定		国連に正式加盟
		「家庭養護婦派遣事業」が長野県上田市で開始		
		第1回『厚生白書』発表		
1957	昭和32	朝日訴訟開始	『ソーシャルケースワーク問題解決の過程』刊〔R.パールマン〕(米)	
		低所得者の医療費貸付制度創設		
1958	昭和33	新・国民健康保険法制定	身体障害者雇用法制定(英)	
		国立精神薄弱児施設(秩父学園)設置		
		家庭奉仕員制度大阪で実施		
		職業訓練法制定		
		農林漁業団体職員共済組合法制定		
1959	昭和34	国民年金法制定	児童の権利宣言(国連)	岩戸景気
		最低賃金法制定		
		保健福祉地区組織育成中央委員会発足		
1960	昭和35	精神薄弱者福祉法制定		日米安保新条約調印
		東京都、家庭奉仕員制度実施		三池労組スト
		薬事法制定		国民所得倍増計画
		日本ソーシャルワーカー協会設立		
		身体障害者雇用促進法制定		
		国立教護院(鬼怒川学園)設置		
		家庭養護寮発足		
1961	昭和36	児童扶養手当法制定	社会保障憲章(第5回世界労働組合大会で採択)	小児マヒ流行
		国民年金拠出制発足		「厚生行政長期計画構想試案」発表
		国民皆年金・皆医療体制実現		
		3歳児健診		
		エンゲル方式採用		
		藤木訴訟開始		

1962	昭和37	社会保障制度審議会「社会保障制度の総合調整に関する基本方策についての答申及び社会保障制度の推進に関する勧告」 地方公務員共済組合法制定 社会福祉協議会基本要項策定	国民保険法(スウェーデン)	キューバ危機 看護婦不足深刻化
1963	昭和38	老人福祉法制定 東京で高齢者無料職業紹介事業開始 第1回公的扶助セミナー	ナーシングホーム法(英)	サリドマイド系睡眠薬による奇形児出産 地方自治法改正(業務委託)
1964	昭和39	重度精神薄弱児扶養手当法制定 母子福祉法制定 日本精神医学ソーシャルワーカー協会結成	貧困に対する戦争(米) 経済機会法制定(米) 公民権法(米)	東京オリンピック 東海道新幹線開通
1965	昭和40	格差縮小方式の採用 母子保健法制定 厚生年金法改正「1万円年金」厚生年金基金制度創設 精神衛生法改正(通院医療費の公費負担) 社会保障研究所設立	メディケア・メディケイド(米)	ベトナム戦争激化
1966	昭和41	国民健康保険法改正(7割給付実現) 国民年金法改正 雇用対策法制定 第1次雇用対策基本計画 特別児童扶養手当法制定 (重度精神薄弱児扶養手当法の改正)	補足給付制度(英) 老人健康保険制度(米) 社会保障省設立(英)	
1967	昭和42	朝日訴訟最高裁判決(国側勝訴) 身体障害者相談員,家庭奉仕員等の創設 全国障害者問題研究会結成大会		公害対策基本法制度
1968	昭和43	厚生省児童家庭局に障害福祉課新設 最高裁,朝日訴訟上告審打切り判決 国保7割給付	シーボーム報告(英)	人類初の月面着陸(1969)
1969	昭和44	厚生年金保険法改正(2万円年金) 福祉5法担当職員の新設・増員決定 東京都,国に先がけ児童手当制度実施		「新全国総合開発計画」
1970	昭和45	心身障害者対策基本法制定 厚生省「社会福祉施設緊急整備5ヵ年計画」 家内労働法制定	地方自治体社会福祉法制定(英)	日本万国博覧会 高齢化率7%を越える 東京で光化学スモッグ発生
1971	昭和46	児童手当法制定 高年齢者等雇用安定法制定 中央社会福祉審議会「社会福祉士法」制定試案発表 厚生省「社会福祉事業団」設置通知	英国ソーシャルワーカー協会設立(英) ドル・ショック 精神薄弱者(知的障害者)の権利宣言(国連)	環境庁設置 第2次ベビーブーム
1972	昭和47	堀木訴訟開始 東京都老人総合研究所設立 児童手当制度創設 勤労婦人福祉法制定		日中国交正常化実現 沖縄返還 札幌オリンピック
1973	昭和48	老人福祉法改正(老人医療無料化) 高額医療費支給制度創設 健康保険法改正(高額療養費,家族7割給付) 年金改革(5万円年金,物価スライド制の導入) 療育手帳制度の実施 心身障害者世帯の公団住宅への優先入居制度 児童扶養手当法改正(障害,老齢福祉年金との併合を認める) 摂津訴訟 「いのちの電話」発足 公害健康被害補償法制度	社会保障法改正(米)	金大中事件 第1次石油危機 福祉元年
1974	昭和49	雇用保険法制定 特別児童扶養手当制度創設	フォード政権(米)	
1975	昭和50	教育・医療・福祉施設保母育児休業法	障害者の権利宣言(国連) 国際婦人年(国連) 社会保障法タイトル20(米) 社会法典(独)	ベトナム戦争終結 国家財政の歳入欠陥

西暦	年号			
1976	昭和51	都市児童全育成事業		南北ベトナム統一 ロッキード事件 国債発行急増
1977	昭和52	１歳６か月児健診の実施 雇用保険法改正(雇用安定事業創設)		
1978	昭和53	「第１次国民健康づくり」 　(健康増進・疾病予防・リハビリを一体化) ショートスティ開始		イラン革命の動き 第２次石油危機
1979	昭和54	養護学校義務制実施 デイサービス開始 薬事法改正(新薬承認の厳格化,副作用報告 　再評価,GMP等の法制化) 医薬品副作用被害救済基金法制定	国際児童年(国連)	サッチャー政権(英)
1980	昭和55	公営住宅法改正(単身者の公営住宅入居制度) 武蔵野市福祉公社設置	障害者インターナショナル 　(ウィニペグ会議；創設1981)	ベビーホテル問題 第二臨調(財政再建) 過疎地域振興特別措置法
1981	昭和56	母子及び寡婦福祉法(母子福祉法が名称改正) 児童福祉法改正,延長・夜間保育の実施 生活保護法123号通知	国際障害者年(国連) 日米貿易摩擦 難民条約批准	レーガン政権(米) ミッテラン政権(仏) 「財政再建元年」 「第２次臨時行政調査会」 　設置
1982	昭和57	老人保健法制定 ホームヘルパーを課税世帯も可能に(在宅福 　祉拡充) 障害者対策に関する長期計画	障害者に関する世界行動計画 バークレー報告(英) 保険・医療サービス法(スウェーデン)	地域改善対策特別設置法
1983	昭和58	がん対策関係閣僚会議「対がん10ヵ年総合 　戦略」決定	社会保障法修正法(米)	国連・障害者の十年 大韓航空機撃墜
1984	昭和59	健康保険法改正(退職者医療制度) 身体障害者福祉法改正 生活保護基準の算定 　に水準均衡方式採用 医療費本人１割負担 雇用保険法改正(高年齢求職者給付金の創設)		
1985	昭和60	第１次年金改革(基礎年金導入) 第１次医療法改正(医療計画) 男女雇用機会均等法制定 労働者派遣法制定 児童手当法改正 社会福祉・医療事業団法成立		ゴルバチョフ書記長選出(ソ) 円高 補助金問題等検討会報告
1986	昭和61	日本ソーシャルワーカー協会「倫理綱領」策定 高年齢者雇用安定法制定(60歳定年) 老人保健法改正(老人保健施設) 行革一括法(機関委任事務整理法) 長寿社会対策大綱 国際社会福祉会議(東京で開催)	障害者サービス法(オーストラリア)	チェルノブイリ原子力 　発電所事故(ソ連)
1987	昭和62	社会福祉士及び介護福祉士法制定 精神保健法(精神衛生法の改正) 障害者の雇用の促進等に関する法律 　(身体障害者雇用促進法が名称改正) 義肢装具士法制定 福祉関係3審議会「施設費用徴収基準のあり 　方」意見具申 労働基準法改正(週40時間労働制を目標)		米ソ,中距離核戦力全廃 　条約調印 バブル景気 地域雇用開発等促進法 臨床工学技士法
1988	昭和63	国民健康保険制度改正(高額医療費市町村に 　おける運営の安定強化) 「第２次国民健康づくり」(「運動」の重要性) 障害者の雇用の促進等に関する法律施行 シルバーサービス振興会「倫理綱領」	グリフィス報告(英) 近親者介護手当・休暇法(スウェーデン)	税制改革
1989	平成元	福祉関係3審議会合同企画分科会 「今後の社会福祉のあり方について」意見具申 年金法改正(完全自動物価スライド制) 国民年金基金創設(1991実施) 高齢者保健福祉推進10か年戦略(ゴールドプラン)	児童の権利に関する条約採択(国連)	ベルリンの壁崩壊 天安門事件 東西冷戦終結宣言 日米構造協議 昭和天皇没

		後天性免疫不全症候群の予防に関する法律 思春期クリニック事業開設 民間事業者による老後の保健及び福祉のための総合的施設の整備の促進に関する法律 雇用保険法改正(パートへの適用拡大)		消費税導入(3%)
1990	平成2	福祉関係8法の改正 生活福祉資金運営要綱 (世帯更生資金名称改正) 国民健康保険制度改正(保険基盤安定制度) 高年齢者雇用安定法制定(65歳までの再雇用)	障害を持つアメリカ人法(アメリカ障害者法:ADA法)(米) 国民保健サービス及びコミュニティケア法(英) 中国障害者保障法承認(中国)	イラク・クウェート侵攻 東西ドイツ統一 1.57ショック 宇野政権,海部政権 バブル経済崩壊
1991	平成3	児童手当法改正 老人保健法改正(老人訪問看護制度化) 母子保健法改正 育児休業法制定		湾岸戦争 ソビエト連邦解体 欧州連合(EU)創設合意
1992	平成4	新・社会福祉協議会基本要綱策定 時短促進法制定 健康保険法改正(中期財政運営の導入) 医療法改正(医療提供の理念の規定) 看護職員人材確保法制定 福祉人材確保法制定	エーデル改革(スウェーデン) 地球サミット開催(ブラジル)	バブル経済はじける
1993	平成5	障害者基本法公布(心身障害者対策基本法改正) 「福祉関係8法改正」完全実施 パートタイム労働法制定 福祉用具の研究開発及び普及の促進に関する法律制定 薬事法及び医薬品副作用被害救済・研究振興基金法改正 精神保健法改正(グループホームの法定化) 労働基準法改正(変形労働制導入)		クリントン政権(米) 細川連立政権
1994	平成6	21世紀ビジョン策定 新・ゴールドプラン策定 エンゼルプラン策定 健康保険法改正(入院時の食事療養に係る給付の見直し,付添看護の解消) 老人福祉法改正 国民年金法等改正(60歳前半の老齢厚生年金の見直し) 母子保健法改正 高齢者・身体障害者等が円滑に利用できる特定建築物の建築の促進に関する法律(ハートビル法)制定 地域保健法制定(保健所法が名称改正,保健所機能の強化) がん克服新10ヵ年戦略 雇用保険法改正(育児休業給付創設) 高齢者介護・自立支援システム研究会報告書 児童の権利に関する条約批准	介護保険法(独) 国際家族年(国連) 世界アルツハイマーデー提案 (国際アルツハイマー協会&WHO)	マンデラ大統領選出(南ア) 高齢化率14%を越える 羽田政権 村山連立政権
1995	平成7	精神保健及び精神障害者の福祉に関する法律(精神保健法)改正 障害者プラン(ノーマライゼーション7か年戦略)策定 高齢者社会対策基本法制定 育児休業,介護休業等育児又は家族介護を行う労働者の福祉に関する法律(育児休業法の改正法)制定	世界社会開発サミット(国連)	阪神・淡路大震災 地下鉄サリン事件 世界貿易機関(WTO)発足
1996	平成8	老人保健福祉審議会の公的介護保険に関する最終報告 厚生年金保険法改正(特別支給の老齢厚生年金の定額部分の支給開始年齢を段階的に引き上げ) 厚生省「障害保健福祉部」設置	貧困家庭一時扶助制度(米)	らい予防法廃止 橋本内閣成立 O-157感染症拡大 HIV訴訟・和解 厚生省汚職

1997	平成9	基礎年金番号の実施 国民年金法改正 薬事法改正(医薬品安全性確保対策の充実) 母体保護法(優生保護法改正により名称改正) 児童福祉法改正(保育制度改正) 健康保険法改正(本人8割給付) 介護保険法制定(2000年実施) 臓器移植法制定 精神保健福祉士法制定 男女雇用機会均等法改正 医療保険制度改革(本人8割給付)		ブレア政権(英) 香港返還 アジア通貨危機 地球温暖化防止京都会議 社会保障構造改革 消費税率引き上げ(5%)
1998	平成10	特定非営利活動促進法制定 知的障害者福祉法(精神薄弱者福祉法名称改正) 障害者の雇用の促進に関する法律改正 感染症の予防及び感染症の患者に対する医 　療に関する法律制度 雇用活性化総合プラン 社会福祉基礎構造改革中間報告	反排除法(仏) 日独社会保障協定	金大中韓国大統領就任 スハルト大統領就任 シュレーダー政権(独) 民主党の創立 小渕政権 長野オリンピック
1999	平成11	児童買春,児童ポルノ禁止法制定 緊急雇用対策 参画社会基本法制定 精神保健福祉法改正 第9次雇用対策基本計画 感染症法施行 新・エンゼルプラン策定 ゴールドプラン21策定	国際高齢者年(国連) 新年金制度(スウェーデン) 日英社会保障協定	欧州単一通貨(ユーロ)参加 　11ヵ国で発足 完全失業率の急上昇 脳死移植法実施 国旗・国歌法成立
2000	平成12	社会福祉法(社会福祉事業法改正) 医師法改正(臨床研修の必修化) 交通バリアフリー法制定 少年法改正(改正少年法) 児童虐待の防止等に関する法律制定 雇用保険法改正 児童手当法改正(義務教育就学前まで延長) 健康保険法改正 介護保険制度実施 身体障害者福祉法等の改正 年金改革関連法成立 「21世紀における国民健康づくり運動」実施		プーチン大統領就任(露) 南北朝鮮首脳会談 ドイツ,原発全廃へ 中東和平交渉決裂 ヒトゲノム解読完了, 　米・英・日で発表 沖縄サミット 森政権
2001	平成13	省庁再編 配偶者からの暴力の防止及び被害者の保護に 　関する法律(DV法)制定 国民年金法改正(年金額改正特例) 確定給付企業年金法制定 確定拠出年金法制定 育児休業,介護休業等育児又は家族介護を行 　う労働者の福祉に関する法律改正 (児童福祉法改正) 社会保障改革大綱(政府・与党社会保障改革 　協議会) 地方雇用開発促進法改正 ハンセン病補償法 総合雇用対策 新しい高齢社会対策大綱策定(閣議決定)	国際ボランティア年(国連) 高齢者の自律の喪失への対応及び個別 　化自律手当(APA)公布(仏)	米ブッシュ政権 米同時多発テロ(9.11) 米英軍アフガニスタン 　タリバン政権空爆
2002	平成14	健康増進法制定 身体障害者補助犬法制定 少子化対策プラスワン 健康保険法改正 児童扶養手当制度改正 母子及び寡婦福祉法の改正法成立 ホームレスの自立の支援等に関する特別措 　置法成立		日朝平壌宣言 サッカーワールドカップ 　日韓共催

		薬事法及び採血及び供血あっせん業取締法改正		
2003	平成15	支援費制度施行		イラク復興支援特別措置法
		次世代育成支援対策推進法		個人情報保護関連5法制定
		児童福祉法改正(子育て支援事業の法定化)		失業率が5.5%(既往最高)
		職業安定法改正		SARS発生
		少子化社会対策基本法成立		
		雇用保険法改正		
		介護報酬・介護保険料改定		
		健康保険・厚生年金で総報酬制実施		
		母子家庭の母の就業の支援に関する特別措置法		
		感染症法及び検疫法改正		
		地方健康増進計画の策定		
		若者自立・挑戦プラン		
		新障害者基本計画を策定		
2004	平成16	国民年金法改正(保険料水準の上限固定及び給付水準の自動調整の仕組みの導入,年金積立金管理運用独立行政法人の設立等)	日米社会保障協定日韓社会保障協定	アテネオリンピック
		障害者基本法改正		
		第3次対がん10ヵ年総合戦略		
		若者人間力強化プロジェクト		
		児童虐待防止法改正		
		少子化社会対策大綱		
		児童手当法改正(小学校第3学年修了前まで延長)		
		児童福祉法改正(児童相談に関する体制の充実等)		
		育児・介護休業法改正(休業の対象労働者の拡大等)		
		子ども・子育て応援プラン(新・新エンゼルプラン)策定		
2005	平成17	介護保険法改正(予防重視型システムへの転換)	「ハルツIV」改革法実施(独)	個人情報保護関連5法施行
		発達障害者支援法施行	社会保障に関する日本国政府とフランス共和国政府との間の協定の実施に伴う厚生年金保険法等の特例等に関する法律成立	合計特殊出生率が過去最低の1.26
		障害者自立支援法制定		
		「地域介護・福祉空間整備等交付金」を創設		
		次世代育成支援推進法実施		
		自立支援プログラム策定・実施	社会保障に関する日本国とベルギー王国間の協定の実施に伴う厚生年金保険等の特例等に関する法律成立	
		「地域雇用創造支援事業」実施		
		独立行政法人年金・健康保険福祉施設整理機構法成立		
		障害者の雇用の促進等に関する法律の一部を改正する法律成立		
		高齢者の虐待の防止,高齢者の養護者に対する支援等に関する法律成立		
2006	平成18	高年齢者雇用安定法改正施行	日加社会保障協定署名	北朝鮮核実験
		医療制度構造改革		安倍政権
		ハンセン病療養所入所者等に対する補償金の支給等に関する法律成立		
		石綿による健康被害の救済に関する法律成立		
		就学前の子どもに関する教育,保育等の総合的な提供の推進に関する法律成立		
		過重労働による健康障害防止のための総合対策改定		
		医療法改正(良質な医療を提供する体制の確立を図る)		
		薬事法改正(販売制度改正,違法ドラッグ対策の強化)		
2007	平成19	児童虐待の防止等に関する法律及び児童福祉法改正(2008年4月施行)	日豪社会保障協定署名	成長力底上げ戦略福田政権
		配偶者からの暴力の防止及び被害者の保護等に関する法律改正(2008年1月施行)		
		児童手当法改正		
		「放課後子どもプラン」実施		
		パートタイム労働法改正		
		雇用保険法等の一部を改正(労働条件確保事		

		業を廃止)		
		社会保障協定の実施に伴う厚生年金保険法等の特例等に関する法律成立		
		国民年金事業等の運営の改善のための国民年金法等の一部を改正する法律成立		
		厚生年金保険の保険給付及び国民年金の給付に係る時効の特例等に関する法律成立		
		日本年金機構法制定		
2008	平成20	「子どもと家族を応援する日本」重点戦略	日オランダ社会保障協定署名	北京オリンピック
		新待機児童ゼロ作戦	日チェコ社会保障協定署名	金融危機
		安心と希望の医療確保ビジョン	日スペイン社会保障協定署名	麻生政権
		老人保健制度廃止	老人長期療養保険法実施(韓)	リーマン・ショック
		後期高齢者医療制度制定	介護発展法(独)	（世界同時不況）
		後期高齢者の診療報酬体系の創設		
		社会保障国民会議の設置		
		ハンセン病問題の解決の促進に関する法律		
2009	平成21	雇用保険等の一部を改正する法律	日イタリア社会保障協定署名	鳩山政権
		「障害者制度改革推進本部」設置	日アイルランド社会保障協定署名	
2010	平成22	障害者自立支援法改正		菅政権
		日本年金機構発足(社会保険庁廃止)	アメリカ医療保険改革法(オバマケア)	
		子ども手当制度施行		
2011	平成23	復興基本法制度		東日本大震災
		高齢者住まい法改正		野田政権
		障害者虐待防止法制度		福島第一原発事故発生
		求職者支援制度開始		地上デジタル放送開始
		民法改正(親権一時停止等)		復興庁設置法
				新燃岳噴火
2012	平成24	国民年金法等改正		東京スカイツリー開業
		子ども・被災者支援法制度		日本維新の会結党
		子ども・子育て支援法制度		第2次安倍内閣(アベノミクス)
2013	平成25	日本バーグ条約批准		富士山世界文化遺産登録
		障害者差別解消法制度		和食 無形文化遺産登録
		障害者雇用促進法改正		特定秘密保護法制度
		障害者権利条約批准		
		障害者総合支援法施行		
		生活困窮者自立支援法制度		
2014	平成26	過労死等防止対策推進法制度	ケア法の実施(英)	青色LEDでノーベル物理学賞受賞
		認定社会福祉士制度開始		（天野浩・赤崎勇・中村修二）
		子どもの貧困対策に関する大綱		消費税5％→8％に増
				STAP研究問題
				集団的自衛権限定的容認を決議決定
				デング熱
				第3次安倍内閣
2015	平成27	生活困窮者自立支援法施行		ノーベル生理学・医学賞（大村智）
				ノーベル物理学賞(梶田隆章)
				北陸新幹線東京─金沢区間延伸
				箱根山火口周辺警報
				口永良部島噴火
				マイナンバー制度
2016	平成28	雇用保険法改正		熊本地震
		社会福祉法改正		リオデジャネイロオリンピック
		障害者総合支援法改正		鳥取地震
		児童福祉法改正		
		児童虐待防止法改正		
		発達障害者支援法改正		
		児童扶養手当法改正		

2017	平成29	社会福祉法改正 児童福祉法改正 児童虐待防止法改正 子ども子育て安心プラン策定 障害者総合支援法改正 地域包括ケアシステムの強化のための介護 　保険法等の一部を改正する法律公布 新オレンジプラン改定 雇用保険法改正 育児・介護休業法改正 老齢給付の受給資格期間の短縮	労働法典改正（仏） 第3次介護強化法（独） 「十三五」健康老齢化計画発表（中）	天皇退位特例法成立
2018	平成30	生活困窮者自立支援法改正 生活保護法改正 生活保護基準改正 子ども・子育て支援法改正 児童虐待防止対策体制総合強化プランの決定 年金生活者支援給付金制度の開始	共和党トランプ大統領が就任（米） 「職業人生選択の自由のための法律」 　成立（仏）	働き方改革関係法律の成立 ニッポン一億総活躍プラ ン閣議決定
2019	平成31 令和元	児童虐待防止対策総合強化プラン 児童虐待防止対策の強化を図るための児童 　福祉法等の一部を改正する法律の成立 幼児教育・保育の無償化開始 子ども・子育て支援法の改正 障害者の雇用の促進等に関する法律の一部 　を改正する法律の成立 認知症施策推進大綱の決定 児童扶養手当法改正		第4次安倍内閣 皇位継承 消費税率8％から10％へ の引き上げ（2019年10 月実施）
2020	令和2		イギリスEU離脱（2020年1月31日）	新型コロナウイルス 東京オリンピック・パラ リンピック予定

参考文献

一番ヶ瀬康子・小川政亮他監修『社会福祉辞典』大月書房，2002年

金子光一『社会福祉のあゆみ』ミネルヴァ書房，2005年

川池智子・田畑洋一他編著『現代社会福祉概論』学文社，2001年

菊池正治・阪野貢『日本近代社会事業教育史の研究』相川書房，1980年

厚生労働省編『厚生労働白書』各年版

古賀昭典編『社会福祉・社会保障』広川書店，1988年

社会保障入門編集委員会編『平成27年度版　社会保障入門』中央法規，2015年

田畑洋一・岩崎房子・大山朝子・山下利恵子編著『新社会福祉・社会保障』学文社，2013年

仲村優一・岡村重夫他編『現代社会福祉事典』全国社会福祉協議会，1982年

林迪廣・古賀昭典編『社会保障法講義（改訂版）』法律文化社，1982年

増田雅暢『世界の介護保障』法律文化社，2014年

社会福祉の動向編集委員会『社会福祉の動向2020』中央法規，2020年

厚生労働省編『海外情勢報告書　世界の厚生労働』正陽文庫，各年版

索　引

[編著者紹介]

たばた　よういち
田畑　洋一
東北大学大学院文学研究科博士後期課程修了　博士（文学）
西九州大学家政学部社会福祉学科助教授を経て，
現在，鹿児島国際大学大学院特任教授

いわさき　ふさこ
岩崎　房子
鹿児島国際大学大学院福祉社会学研究科博士後期課程修了　博士（社会福祉学）
鹿児島純心女子大学国際人間学部専任講師を経て，
鹿児島国際大学福祉社会学部准教授

おおやま　あさこ
大山　朝子
鹿児島国際大学大学院福祉社会学研究科博士後期課程修了　博士（社会福祉学）
現在，鹿児島国際大学福祉社会学部准教授

やました　りえこ
山下　利恵子
鹿児島国際大学大学院福祉社会学研究科博士後期課程修了　博士（社会福祉学）
現在，鹿児島国際大学福祉社会学部准教授

社会保障—生活を支えるしくみ〈第3版〉

2016年4月1日　　第1版第1刷発行
2017年4月1日　　第2版第1刷発行
2020年4月10日　　第3版第1刷発行

編著者　　田畑　洋一　　岩崎　房子
　　　　　大山　朝子　　山下利恵子
発行者　田　中　千津子
発行所　㈱　学　文　社
〒153-0064　東京都目黒区下目黒3－6－1
電話（03）3715-1501㈹　振替 00130-9-98842
http://www.gakubunsha.com

落丁・乱丁の場合は，本社にてお取替します　　　印刷／新灯印刷㈱
定価は，カバー，売上カードに表示してあります　　〈検印省略〉

ISBN 978-4-7620-2998-1